華人文化主體性研究叢書

戰前臺灣哲學諸相

實存的行旅

廖欽彬—著

五南圖書出版公司 印行

致　謝

　　本書得以出版，首先要感謝國立政治大學華人文化主體性研究中心提供的資源，特別是中心主任林遠澤教授以及中心博士級研究員兼執行祕書林淑芬老師，同時向五南圖書出版團隊的校對、排版等編輯工作表達謝意。另外要向提供本書封面設計使用陳澄波〈上海碼頭〉油畫使用權的財團法人陳澄波文化基金會致謝。本書匿名審查人給予許多寶貴意見及建議，在此也表達謝意。本書順利出版並非作者一人力量造就，在此向鼓勵、關懷並給予直接幫助本人撰寫此書的所有師長朋友致上最高謝意。

目　次

第一部　洪耀勳的實存哲學

第二部　臺灣哲學諸相：歷史、宗教與儒教

導　論

Introduction

　　本書目的在於透過挖掘與闡釋哲學在東亞地區被接受、發展與轉化的過程，思考臺灣哲學的跨文化發展面貌及其能發揮的當代性意義。這種哲學發生學的探討，不同於用漢語介紹、思考或應用西方哲學的漢語哲學，[1] 它因哲學對自身或事物的反思、批判精神，顯現在各種不同的文化圈，形成獨特的面貌。這些使哲學發生學得以成立的異文化與風土，無疑是獨一無二、不可替代的珍貴寶物。

　　本書試圖勾勒的「戰前臺灣哲學」，並不是一個已經擁有具體特徵或形象的哲學體系，僅僅只是近代東亞哲學發展的其中一個思維動態。本書的內容，由三個研究方向構成，分別是：（一）檢討歐陸哲學在日本被接受、發展與轉化的歷史脈絡。（二）檢視在上述歷程中所形成的日本哲學與在臺灣日治時代誕生的臺灣哲學之間的影響關係及其差異性與獨特性。（三）藉由探討洪耀勳（1902-1986）的實存哲學、楊杏庭（1909-1987）的歷史週期法則論、曾景來（1902-1977）的佛陀自覺論、張深切（1904-1965）的批判儒教、張文環（1909-1978）文學的偶然論意象，突顯哲學在臺灣的特質及其當代性意義。

　　這三個方向恰好顯示出，透過探討「臺灣哲學與日本哲學、歐陸哲學的連動」所產生的「戰前臺灣哲學諸相」。此連動，可說是普遍哲學精神的特殊共舞現象，就如同汪洋大海上的波浪共舞。這種具有東西

1　洪子偉與鄧敦民指出漢語哲學與臺灣哲學的區分（參見洪子偉、鄧敦民編《啟蒙與反叛：臺灣哲學的百年浪潮》，〈導論〉，臺北：臺灣大學出版中心，2019年）。本書與兩人立場不同調，不從臺灣哲學的立場主張和漢語哲學的差異。

方哲學連動的近代東亞哲學乃至臺灣哲學，又和全球的近代化運動，處在不可分割的關係網絡裡。本書的內容，雖是在此一反後現代思維的巨視框架下形成，卻又帶有後現代的思維特徵。因為這些內容既是在邊陲、幽暗中誕生，卻又和哲學的普遍精神有某種程度上的連結。本書企圖闡釋的正是這種既有普遍性又有特殊性的哲學運動，而非哲學知識、體系的轉移、擴散或延異現象。[2] 理由是：哲學知識或體系的「複製」，雖能顯露出推動者（接受者）的意圖或其歷史背景，但絕不能帶出具創造性、複數性、開放性的哲學發展活動。

　　或許會有人提出質疑，像這種過時的歷史性研究，究竟能帶給我們何種具生產性的論述或言論？哲學的探討，若無法關聯到當代政治或實踐倫理的層面，究竟能具有何種建設性的當代意義？針對這樣的疑問，本人亦不得不重新思考哲學研究與社會實踐（應用）之間的關聯，當然這已經屬於政治哲學、法哲學或臨床哲學等範疇，必須另闢蹊徑來進行回應。[3] 以下是本書分兩部八篇文章及一篇附錄形構「戰前臺灣哲學諸相」的導論內容。

　　本書第一章「風土論的跨文化開展：和辻哲郎、洪耀勳、貝爾

---

[2] 此說法某個程度上呼應了陳東升提出的「臺灣知識的社會生成說」（參見洪子偉、鄧敦民編《啟蒙與反叛：臺灣哲學的百年浪潮》，〈推薦序二〉）。臺灣哲學的建構，不限定在臺灣本土的單向發展或臺灣哲學家的孤立思維，必須是既限定在時空之中，又超越時空限制的知識連鎖。

[3] 關於哲學與社會實踐的討論，近年來筆者開始關注由大阪大學臨床哲學研究室發起人鷲田清一提倡的臨床哲學。此成形於1990年代以降的新哲學動態，主要關心的是哲學與各種社會現場之間的關聯。這和余德慧發起的人文臨床運動，有類似的發展趨向。關於此論述，參見廖欽彬〈日本臨床哲學運動之初探：與臺灣人文臨床的對話〉，余安邦編《人文臨床與倫理療癒》，臺北：五南圖書出版，2017年11月，頁75-93。筆者另有一篇文章處理的是，日本精神科醫師木村敏以京都學派哲學為方法的臨床哲學與黎建球的哲學諮商之比較（參見〈京都學派與木村敏的臨床哲學：與臺灣哲學諮商的比較〉，《臨床哲學：東亞哲學會議專號》，第20號，2019年3月，頁2-18）。

克」，以京都學派周邊哲學家和辻哲郎（1889-1960）至今仍膾炙人口的風土論為主軸，展開其跨文化發展的論述。和辻的風土論奠基在其「人間」學、倫理學以及現象學的批判式繼承工作上，在1930年代中期，便經由臺灣哲學家洪耀勳（1902-1986）的在地轉移，具有異地風貌。洪耀勳的臺灣風土論萃取了和辻風土論的特殊性及普遍性立場，思考臺灣風土及臺灣人的主體性問題。另一位在此章被檢討的法國哲學家貝爾克（Augustin Berque, 1942-）從人文地理學觀點，批判式地繼承和辻的風土論，提出處理「風土與人」的通態性（trajectivité）概念。此章從三者的風土論提煉出「風土與人」的二元論（分離）與一元論（不離）立場，試圖引導讀者思考當代哲學仍須面對的精神科學與自然科學之矛盾對立，藉此開拓風土論更廣泛的哲學議題性。

第二章「東亞脈絡下的實存哲學發展：宗教實存與藝術實存」，以實存概念在當代日本哲學界的討論為起點，回溯到京都學派哲學家田邊元（1885-1962）的實存哲學論述，並論及受該論述影響的洪耀勳，如何藉由引介齊克果（Søren Aabye Kierkegaard, 1813-1855）、尼采（Friedrich Wilhelm Nietzsche, 1844-1900）的實存論述，來思考臺灣歷史情境下的實存狀況。對田邊的實存哲學論述之探討，牽涉到西方中世以降對亞里斯多德「個體」概念的解釋、本質存在與現實存在的哲學史演變、海德格（Martin Heidegger, 1889-1976）與雅斯培（Karl Theodor Jaspers, 1883-1969）的實存哲學以及西田幾多郎（1870-1945）的場所論，甚至還包含田邊「種的邏輯」之發展及挫敗後的轉向問題等。本章探究實存概念在田邊哲學發展脈絡中的面貌，並將此對比到洪耀勳的實存論述，試圖突顯出該論在臺灣歷史情境中的特徵。最後結論實存概念在東亞的差異性發展，不應只停留在理論的檢討，還須有待今後所有人以實踐的方式，來將它加以深化。

第三章「真理論在臺灣的開展：西田幾多郎、三木清、洪耀勳」，首先鋪墊京都學派創始人西田幾多郎及其弟子三木清（1897-1945）的真理概念理解及論述，接著探討洪耀勳的真理論述之具體展

開，試圖在西方真理論到東亞地區的傳播歷程中，突顯出洪耀勳在臺灣歷史實存情境中所展開的真理論面貌。真理（alētheia）原意為「非隱蔽」、「沒有隱瞞」，在西方哲學的發展中，以認識論為基礎，被賦予各種不同的定義。針對此種認識論下的真理，三木特別強調它與存在論下的真理之辯證關係。此章在對洪耀勳真理論述進行抽絲剝繭工作中，關注到他對實存哲學在現實、歷史世界獨走的警戒以及實存與真理（相對與絕對）應形成絕對媒介的辯證關係之主張。最後論及洪耀勳對「真理實存」的哲學建構，和他所處的臺灣歷史情境有無法切割的關聯，藉以突出西方真理論在臺灣的開展面貌。

第四章「『辯證法實存』概念的探索：務臺理作與洪耀勳的思想關聯」，試圖闡明務臺理作（1890-1974）與洪耀勳在臺北帝國大學時期的影響關係，特別是將焦點放在二十世紀初黑格爾哲學的新動態及日本哲學界、洪耀勳對此動態的回應。此章除了檢討務臺的黑格爾研究和新黑格爾主義思潮之間的關聯，以及他對黑格爾《精神現象學》中的「客觀精神」之獨創性解釋外，另揭示出造就其黑格爾研究的日本哲學發展脈絡（如西田幾多郎的黑格爾批判、西田與田邊的論爭）。在探討務臺的「表現世界的邏輯」後，梳理洪耀勳如何援用西田、田邊、務臺、和辻等人的哲學，來回應與批判海德格的實存哲學及黑格爾（Georg Wilhelm Friedrich Hegel, 1770-1831）的辯證法。最後，藉由提煉出洪耀勳的「辯證法實存」，來區別它和京都學派的辯證法存在論之差異，突顯出洪耀勳實存哲學的臺灣特殊性。

第五章「海德格哲學在東亞的接受與轉化：從田邊元、洪耀勳談起」，主要聚焦在海德格哲學在日本經由田邊的引介與轉化之歷程、洪耀勳在該影響下如何看待海德格哲學以及兩者接受海德格哲學的關心點之差異及其意義。田邊認為現象學從胡塞爾（Edmund Gustav Albrecht Husserl, 1859-1938）到海德格的轉變（從意識到實存的現象學之轉向），是當時歐陸哲學的一個轉折點。然海德格的此在重視內部時間性，缺乏外部空間性，無法造就出「個、種、類」三者辯證的實存人類

圖像。田邊的海德格批判背後，還有他對西田幾多郎及十九、二十世紀歐洲人學（Anthropologie）發展脈絡的批判。洪耀勳雖掌握田邊的海德格批判論述，卻和田邊採取不同取徑來看待海德格哲學。他認為存在的形而上學或存在論早已存在，海德格哲學只是一種「存在論之復興」。這一論調在比較兩人對海德格康德書（指《康德與形而上學的問題》，以下皆用此略述方式）的解讀方式之不同，則更加顯著。田邊與洪耀勳對海德格的差異性解讀，可說來自各自不同的哲學動機。

　　第六章「楊杏庭與京都學派的歷史哲學：臺灣歷史哲學初探」，主要探討三木清與高坂正顯（1900-1969）的歷史哲學，以及兩者與楊杏庭的歷史週期法則之間的差異性與關聯性。楊杏庭和洪耀勳不同，直接受教於務臺理作與高坂正顯，卻和高坂的歷史哲學論述不同調。三木提出構成歷史概念的三個要素：歷史事件、歷史敘述及敘述者的實存狀況，並主張歷史哲學得以成立的要件是此三者的辯證關係，而不是歷史事件或敘述者的實存狀況之單向決定。這種實存式的歷史哲學討論，和高坂相反。高坂繼承西田幾多郎的「永恆的現在」之歷史哲學立場，主張歷史始終只是「永恆的現在」之中的歷史。其背後有西田對奧古斯丁時間論及蘭克史觀的批判式繼承。楊杏庭以「有機體說的歷史理論」為基礎，提出歷史週期法則。此法則有「反比例週期法則」、「平行法則」兩種。楊杏庭主張世界的歷史應摒棄代表獨裁政權史觀的第一法則，走向代表民主議會史觀的第二法則。此章最後結論出，推使楊杏庭如此建構世界史理論的，除了其自身的臺灣歷史實存境遇外，還不能忽視他接近三木、反對西田、高坂的歷史哲學立場。

　　第七章「曾景來的宗教哲學：其佛陀觀與近代日本佛教研究的關聯」，透過檢討曾景來的《阿含的佛陀觀》、《臺灣宗教與迷信陋習》及其前後的宗教與道德論，試圖挖掘出其宗教哲學成立的可能性。進入該探討之前，此章先梳理了曾景來當時所處的臺灣宗教發展情況及其求學時深受影響的日本近代佛教研究狀況、大乘非佛說論之歷史脈絡。接著，藉助當代日本佛教學者末木文美士的日本近代佛教研究之

考察，從主觀宗教信仰與客觀歷史研究、宗教學與佛教學、學院派與宗派的佛教研究、普遍與特殊的宗教哲學以及佛教的跨文化研究等問題意識出發，檢視曾景來的原始佛教理解、佛陀自覺論及宗教與道德論。最後以足以構築宗教哲學的「教、行、信、證」之原理，探討曾景來對法、佛關係的理解，並結論出其「法佛不一」與「法佛不二」之主張，開啟一種普遍宗教哲學的討論模式。此章也藉此闡明，不受日本宗派學或其歷史宿命之束縛的曾景來，在對應臺灣宗教發展的現實情況下，亦即從自身臺灣歷史實存境遇出發，試圖開創出自己的宗教哲學言論。這一日本與臺灣佛教近代化的考察，必然會開展出東亞佛教近代化及東亞宗教哲學的跨文化討論。

第八章「東亞近現代語境下的《論語》詮釋：武內義雄、和辻哲郎、白川靜、張深切」，首先透過檢視武內義雄（1886-1966）、和辻哲郎、白川靜（1910-2006）的《論語》詮釋，來考察這些人研究《論語》的動機。接著檢討張深切在《孔子哲學評論》中的「批判儒教」之動機，最後比較他與日本近現代哲學、思想家之間的同調與異趣。武內援用江戶思想家富永仲基（1715-1746）的思想史方法（加上說），提出原典批判精神不能止於考據學，還必須追尋思想的源流，才能掌握《論語》中的原始孔子形象及其思想。相對於此，和辻在運用武內考據《論語》之資源的同時，提出在學派中的孔子（在關係中的個人）才是其作為偉人的條件。此處顯示出和辻倫理學的理念。白川靜則與武內、和辻的理性主義立場不同調，採具宗教神祕色彩、解構理性主義的後現代思維方式，來解讀《論語》、重構孔子形象。張深切從自身臺灣歷史實存境遇出發，以「批判儒教」的精神解讀《論語》、回歸孔子的立場，一方面和他批判式繼承日本明治期思想家蟹江義丸（1872-1904）的《論語》詮釋有關，另一方面是來自他對中華民族意識的認同及他對中國哲學應發揮當代作用的期待。本章試圖透過上述哲學、思想家對《論語》的詮釋，來突顯出中國古典在東亞地區被重新解釋的重要性。

　　附錄「臺灣文學的哲學化之可能性：九鬼周造、田邊元、張文環的偶然論意象」，是本人在自己的臺灣研究當中，將文學與哲學進行一個關聯性與創造性敘述的嘗試。此文有別於上揭八篇文章的歷史性、哲學性書寫，在透過檢討九鬼周造（1888-1941）及田邊元兩種不同的偶然哲學之展開，來思考張文環文學作品《山茶花》、《滾地郎》中滲透出偶然論意象的可能性。當然在張文環文學作品的考察中，無法避開對他所處的臺灣歷史情境之描述，也就是說，文學與歷史實存必不可分割。文學哲學化的可能性，便是在這個糾纏關係下誕生。本人揭示出九鬼與田邊偶然論的不同，在於如何討論倫理性的問題。本人在將張文環的文學作品哲學化的過程中，雖援用九鬼的偶然哲學之方法，但其文學創作的動機，我們卻可從田邊具宗教倫理性的偶然論當中獲得。因為描述偶然性實存者（臺灣人）對必然性命運（歷史現實）的柔性抗爭，已經十足顯示出文學的倫理性格。

　　本書的第一部內容集中在探討洪耀勳實存哲學的整體面貌及其與歐陸哲學、日本哲學之間的關聯。第二部內容分別從歷史哲學、宗教哲學、儒學三個方向，透過檢視楊杏庭、曾景來、張深切與歐陸、日本的哲學思想之間的連動，來挖掘臺灣哲學得以形成的歷史背景及土壤。附錄則嘗試以文學與哲學之間的會通，來尋求形成臺灣哲學的其他思想資源。本人希望透過以上對本書內容的概述，能帶領讀者細細品嘗本人試圖在此書嘗試勾勒的「戰前臺灣哲學諸相」。

2020年4月27日
2021年5月11日修訂

廖欽彬
於日本京都、中國廣州

第一部　洪耀勳的實存哲學

第一章
風土論的跨文化開展：和辻哲郎、洪耀勳、貝爾克

一、前　言

本章主要是探討和辻哲郎風土論的形成背景、理論、發展、侷限、現代性意義及其與臺灣哲學家洪耀勳與當代法國地理學家貝爾克之間的關聯。在進入論述之前，首先簡略說明和辻哲郎《風土：人間學的考察》（1935，以下簡稱《風土》）一書形成的經緯及其內容的結構。和辻於1925年3月，任職於京都帝國大學文學部，該年7月，升任為副教授，講授倫理學。1927年，為研究道德思想史留學歐陸，期間約1年半。和辻的留學體驗與見聞，為《風土》形成的材料[1]。

從該著序言可知，和辻探討風土性問題的主因在於受到海德格《存在與時間》（1927）的影響。對海德格以時間性來掌握人的存在結構產生共鳴的同時，亦對海德格因過分傾向時間性或歷史性問題，而忽略了人與空間性或風土性的關聯，感到有不足之處。和辻認為海德格的「此在」（Dasein）只停留在個人而忽略人的社會性結構，有缺乏空間性結構之嫌。因此，和辻特以人與空間性或風土性為主軸，發展出自身獨特的風土論。

《風土》草稿形成的期間為昭和3年（1928年）9月到昭和4年

---

[1] 關於和辻留學的實際情形，可參照苅部直《光的領國：和辻哲郎》，東京：創文社，1995年。

（1929年）2月。《風土》一書共分成五章，章節分別如下：第一章
「風土的基礎理論」（「一　風土的現象」、「二　『人間』[2]存在
的風土性規定」）、第二章「三種類型」（「一　季風」、「二　沙
漠」、「三　牧場」）、第三章「季風性風土的特殊形態」（「一
中國」、「二　日本〔イ颱風性格、ロ日本的珍貴處〕」）、第四章
「藝術的風土性格」、第五章「風土學的歷史性考察」（「一　到赫德
為止的風土學」、「二　赫德的精神風土學」、「三　黑格爾的風土哲
學」、「四　黑格爾以後的風土學」）。

　　若從谷川徹三的「解說」可知《風土》的構想與形成背景[3]。谷川
指出《風土》的「原草稿」內容排序，並非上面所示順序。上述章節的
第二、三、四章為「原草稿」的前大半部分。最後部分，沒有標題，但
從內容可判斷出其為《風土》第一章的部分。第四章關於藝術的考察部
分，已包含在「原草稿」各處。第五章的部分先於第一章，是對歐陸風
土學之歷史性考察。綜上可推測出，《風土》的第一章是和辻風土論最
重要的部分，也是最後修改完成的部分（直到1935年止）。換言之，第
一章是《風土》整體內容的歸結，亦可說是和辻風土論的主要結構。[4]

　　關於《風土》的討論，首先從和辻的歐陸風土學考察及他對赫德
（J. G. Herder, 1744-1803）精神風土學的批判與繼承論起。接著，析論

2　雙引號爲筆者所加。「人間」概念爲和辻倫理學的重要概念之一。「人
　　間」爲包含個人與社會的複合式存在概念。在此爲保留其原意，故不將
　　「人間」譯爲人或人類。
3　參見《和辻哲郎全集》，第8卷，東京：岩波書店，1962年，頁415-
　　418。以下引用該全集，以（W卷數・頁數）標示。
4　根據和辻在《思想》（第83號，岩波書店，1929年，頁27-37）裡刊載
　　〈風土〉一文的內容，可知他批判海德格的存在哲學缺乏空間性的相關
　　言論，是在《風土》一書出版時加入的。這兩個文獻內容的差異在於對
　　空間的闡釋與發揮。這一空間性的問題，在田邊元的〈人學的立場〉
　　（1931）、〈從圖式「時間」到圖式「空間」〉（1932）對海德格的批
　　判中，可見其端倪。和辻的海德格批判之視野，可說受了田邊的海德格
　　批判論之影響（參見本書第五章）。

和辻將東亞、東南亞、南亞、中亞、東歐、地中海地區以及西歐等，歸類於季風、沙漠、牧場三種類型的現象詮釋論述。之後，探究和辻風土論中人與風土之間的關聯，也就是風土的基礎理論。最後，藉由洪耀勳、貝爾克的繼承與評價，來思考和辻風土論的跨文化開展及其現代性意義。

在進入和辻風土論及其跨文化開展之前，有必要先掌握他的倫理學。理由是如《風土》一書副標題所示，風土的討論和和辻的「人間」學無法脫離關係，而和辻的「人間」學和其倫理學又無法脫離關係。也就是說，風土論、「人間」學、倫理學是三位一體的哲學體系，缺一不可。

二、和辻倫理學的「人間」、「倫理」與「絕對空」

和辻的倫理學，早在其京大時代（1925-1934），就具備雛形。和辻有關倫理學的第一本專著《作為人間之學的倫理學》（1934），在他從京都帝國大學轉任東京帝國大學前，就已問世。和辻轉任後，分別於1937、1942、1949年出版《倫理學》上、中、下卷，接著出版《希臘倫理學史》（1951）、《日本倫理思想史》上、下卷（1952）。上舉有關倫理學的專書，可說是和辻哲學的核心。此節主要以《作為人間之學的倫理學》、《倫理學》上卷為中心，來探討和辻倫理學中的「人間」、「倫理」與「絕對空」三個概念。

和辻構築日本人的存在論與倫理學的必然性在哪裡？若屏除當時歷史情境不談的話，可從「人類存在為何？」這種傳統形而上學與「人類該如何存活下去？」這種倫理學（實踐學）的人生問題談起。因為這兩種問題，自古以來就是人類不得不正視的問題。當然作為一位當代日本倫理學家的和辻也不例外。

（一）觀念論與唯物論的存在論與倫理學

如金子武藏（1905-1987）所指出，和辻構築自身倫理學體系的昭和初期，正是觀念論與唯物論對立的時代（參見W9‧485-486）。和辻欲藉由辯證代表這兩個陣營哲學家的存在論與倫理學，來建構一種異於西歐當代的東方倫理學，也就是一種對應當時日本社會的倫理實踐之學問。和辻舉出代表觀念論陣營的康德（Immanuel Kant, 1724-1804）、柯恩（Hermann Cohen, 1842-1918）、黑格爾，以及代表唯物論陣營的費爾巴哈（Ludwig Andreas von Feuerbach, 1804-1872）與馬克思（Karl Marx, 1818-1883）。和辻辯證上舉哲學家存在論與倫理學的路數，根據的是異於兩陣營的「作為人間之學的倫理學」之體系。

和辻指出康德的道德哲學為一種主觀道德意識之學，有偏離社會共同體之嫌，將康德這種傾向個人主義色彩的道德哲學發展至社會主義立場的是柯恩。（參見W9‧57-59）然而，柯恩的主體倫理學，雖保有人類的個別性、多數性與總體性的結構，卻只停留在概念的學問，也就是一種作為認知的概念，不是一種作為實踐的理論。和辻贊同拿托普（Paul Gerhard Natorp, 1854-1924）對柯恩的批判；「實踐的法則畢竟得從實踐自身中找出來」（參見W9‧71），並說道：「柯恩的倫理學作為精神科學的邏輯學，只屬於理論哲學，並不是一種實踐哲學」。（參見W9‧71）和辻指出柯恩的主體倫理學，雖帶有社會性，卻缺乏社會實踐力，只停留在理論層面。

至於黑格爾倫理學方法論的分析，和辻則是根據其《人倫的體系》（*System der Sittlichkeit*）與《關於自然法的學問處理方式》（*Über die wissenschaftlichen Behandlungsarten des Naturrechts*）。和辻認為這兩本著作是黑格爾建構精神哲學的開端。也就是說，黑格爾倫理學開展的結果是其精神哲學的誕生。該倫理學發展至《精神現象學》時，黑格爾改變原先視人類存在為個人與社會（主觀與客觀）之統一體的立場，認為人倫的哲學作為哲學，與絕對人倫的認知有關，並主張這是一種絕對

者的自我認知。和辻指出黑格爾倫理學發展，在《人倫的體系》時，絕對者以實踐方式作為人倫組織來實現自我，到了《精神現象學》時，絕對者依自我認知的管道，透過意識的諸階段，來達到絕對知。此時倫理學變成一種認識論。也就是說，其認識並非人類的認識，而是精神自身的認識。和辻稱此認識論為「絕對認識的理論」。（參見W9・98-99）

　　和辻認為黑格爾倫理學從人倫哲學發展至精神哲學時，顯然已成為精神自我認知的絕對知哲學。人倫在其精神發展過程「主觀精神→客觀精神→絕對精神」中屬於客觀精神階段，只扮演了中途者的角色。和辻批判黑格爾倫理學發展，從具體轉到抽象，人倫因而消弭於精神的自我認識之中。和辻主張倫理學的開展，唯有建立在人類於現實界中的具體活動。（參見W9・107）

　　至於唯物論陣營的費爾巴哈與馬克思，則站在反對上述哲學家將倫理學禁錮於觀念、理論或精神範疇。費爾巴哈批判黑格爾邏輯學中「思維即存在」的想法，指出此種存在只是觀念上的存在，並不是現實的、具體的、感性的存在。為解決存在這種困境，費爾巴哈提出存在須藉由感性來論證。

　　費爾巴哈脫離黑格爾「萬物都在思維當中」的想法，建立了一套以人為本的「人的學問」。在其「人的學問」裡，思維出自於存在，存在是主語，思維則為客語。然而，費爾巴哈的「人的學問」急於擺脫黑格爾「思維即存在」的想法，卻沒有深入探討「我與你」之間關係為何與其成立根據的問題。費爾巴哈雖提出以愛為根據，卻被和辻指出他所謂的愛，只是一種認識能力，也就是一種「為認識他人的愛」。此種愛成為費爾巴哈哲學的原理。因此「人與人之間的實踐行為關聯以及在其中所成立的人倫組織」（參見W9・117）並沒有成為費爾巴哈關注的焦點。此為「人的學問」的缺點。至於以此基礎所建構的「我與你」之間關係的架構，雖為其倫理學的原理，卻只停留在人際關係上，並沒有涉及到人與人之間的行為或實踐關係。指出費爾巴哈忽視人與人之間的行為或實踐關係的正是馬克思。

　　馬克思在某時期，曾是費爾巴哈哲學的追隨者，卻發現費爾巴哈所謂作為人的本質，也就是「類」並沒有脫離黑格爾的絕對精神。因此馬克思為了把人類的本質從個人當中解放出來，而視人類的本質為「社會關係的總體」（參見W9‧119），並主張人唯有處於社會而存在，才是人類存在。這種人類存在對馬克思而言，並不是一種單純的對象，而是「人類生活的社會性生產」，是「人類物質生產力因應一定發展階段的生產關係」。馬克思的「社會形成為立足於欲望滿足的勞動過程全體，以及從中產生的經濟相互作用所規定」（參見W9‧121）。

　　然此種社會，依和辻歸納，卻是一種欲望的、物質生活的總體。和辻指出此種作為欲望總體的社會，雖是人類存在的一種面向，卻不能代表人類自身（參見W9‧126）。也就是說，人類存在無法完全被經濟制度所涵蓋。因此馬克思所謂為滿足欲望而勞動或進行經濟活動的人際關係，只是一種特殊的社會型態。和辻說道：「人類存在，並不是只從欲望滿足就能說明的『關係』（日語：間柄）」（參見W9‧127）。此處透露出，和辻批判馬克思的社會概念排除了建構經濟體制社會之前的人際關係，造成此種社會帶有忽視人與人之間行為實踐上所遵循的道德倫理之傾向。和辻認為，人類存在的分析，在根本上，並不是以經濟學，而是以倫理學為出發點。

　　從上述和辻對西方存在論與倫理學的批判可知，對和辻而言，落實倫理學的主體不僅包含個人，還包含個人賴以生活的社會共同體。倫理學並不是作為認知的概念，而是帶有社會性的實踐哲學。它既不是精神自我認知的理論，也不是忽略人與人之間的行為或實踐關係的學問，更不是實現人類欲望與物質生活的理論。

（二）語言與現實經驗描述中的「人間」

　　和辻在《作為人間之學的倫理學》第一章第二節中明確地說明「人間」此語本來的意思是「世間」與居住在此「世間」的「人」。也

就是說，「人間」除了「世間」，還有「人」的意思。「人」本來就有你、我、他、世人等意思，因此與「世間」接近。和辻以語言學的立場，進一步探討「人間」的意思。和辻言及到李白「山中問答詩」中的「別有天地非人間」。此處「人間」顯然是人類社會的意思。另外，又提到漢傳佛教經典中「人間」的用法。如六道中的「人間」，是指人的世界，也就是人類社會的意思。

　　學會漢語「人間」一詞的日本人，剛開始也是依照其義，將「人間」使用在形容世間、人的世界或人類社會上。然依和辻的說法，「人間」在六道中與畜生形成對比時，不僅代表「人世間」，還包含與畜生相對的「人」。因此「人間」早已在佛教經典中蘊含兩種意思。此種帶有雙重意思的「人間」，影響了日本平安朝以降日本人的「人間」觀（參見W9・16-18）。

　　和辻進一步列舉日本關於「人間」用法的古典與平常使用的語言，來佐證上述說法。在此因篇幅關係，不做詳細說明。和辻不僅用語言學立場來解釋「人間」概念，到了《倫理學》上卷時，甚至運用現象學解釋學的立場，透過解析、描述人與人、人與事或物、人與社會或共同體之間交互作用的具體情況，來說闡明人類存在的結構。「人間」概念固然包含「世間」與「世間」的「人」。但對和辻而言，它並非只停留在概念，還必須建立在現實界的經驗上。和辻論及「人間」概念時，經常強調「關係（間柄）」。

　　如當有人是作者時，其實已包含從書的材料、製作、製作目的、製作人到書自身、寫書、寫書動機與目的、書涉及的內容、接受它的讀者（指個人與社會），以及受其影響後，人與人、人與事或物、人與社會或共同體之間的實際交互關係。這些所有相對者之間的關聯，和辻皆稱為「關係（間柄）」。相反地，若從讀者在書房或圖書館唸書的立場來看，亦是如此。吾人存活於現實界，無論在何處做某事或接觸某物，並無法脫離類似上述的「關係（間柄）」（參見W10・53-55）。「人」並不侷限於近代西歐所主張的孤獨者或單獨個體。

　　固然此種透過「關係（間柄）」，來解釋「人間」中「世間」與「世間」的「人」之間的結合、統一關係之立場，還缺乏處理彼此矛盾對立的層面。但和辻在《倫理學》上卷的開頭處直言道，實際掌握在「關係（間柄）」中互動的準則（即倫理學），目的在於克服西歐近代過度傾向個人主義的思維與行為模式。當然這也說明，和辻警戒著當時日本社會的個人主義之抬頭與泛濫。和辻在意識近代西歐個人主義的思維與行為模式時，一方面以語言學的角度重新審視「人間」概念，另一方面以解釋學的角度闡明「關係（間柄）」，並以此為基礎，來貫穿「人間」概念中「世間」與世間的「人」之間的關係與結構。

（三）倫　理

　　如前所述，用語言學的方法解釋「人間」概念，是指探討形成該語言的情況與社會背景，並在現實生活或經驗上顯現該語言所包含的意思。和辻對「倫理」概念的掌握，亦是如此。和辻以語言學的立場，來說明「倫」與「理」以及兩者合起來的意思。關於「倫」，和辻舉出《禮記・曲禮下》「儗人必於其倫」。「倫」在此處意味著夥伴或周圍的人們。人倫指的是人的夥伴，也就是人的共同態。五倫（君臣、父子、夫婦、長幼、朋友）即是指五種人的共同態。和辻進一步指出，「倫」不僅包含夥伴或人的共同態，還包含道、秩序、常住不變的東西等意思。因此倫常是指共同態中的不變道理。「理」是指道、紋路的意思。它若出現在人類日常生活中的話，則有道義的意思（參見W9・8-12）。

　　據上可知，「倫」與「理」，皆包含人的共同態與共同態中的不變道理。「倫理」這一概念，顯然是以共同態為基礎的道德意識或規範，是一種人與人之間關係的秩序或規範。它也透露出個體性或主觀性倫理的不可能。「倫理」這一概念進入日本以來，則是以上述意思被廣泛使用。而實際在人類生活或任何行動中掌握或探討這種「倫理」的正

是倫理學。然而，和辻的倫理學並不是試圖再現中國古代倫理思想的學問，而是透過語言的意思來說明「倫理」這一概念，並使之趨近「倫理始終是人與人之間關係的問題」（參見W10‧14）的學問。

　　至於「人間」與「倫理」處於何種關係？根據和辻對兩者的定義，從人們現實生活與行為中掌握共同態規範，也就是「作為共同態的行為相關模式」（W10‧14）的倫理學，正是「人間」的學問。因為「人間」建立在顯現人類彼此交互作用的「關係（間柄）」上。此為和辻定義「倫理學」為「人間」學問的理由。探討「人間」為何的「人間」學問，既為掌握「人間」的行為準則（即共同態規範）的倫理學，必然包含人類之所以作為人類的理法與人類該如何存活下去的應然（Sollen）。然而，「人間」的學問雖包含人類存在的理法與應然，既為倫理學，則無法脫離善惡、是非、對錯、正邪等相對性的定義。和辻為了解決「倫理學」或「人間」學問中相對性定義所帶來的矛盾對立，提出了「絕對空」的作用。

（四）絕對空

　　根據上述內容不難發現，當和辻在定義「人間」或「倫理」概念時，並沒有涉及到宗教的絕對者。然而，和辻在《作為人間之學的倫理學》探討「人間」概念中「世間」（全體）與「人」（個人）之間矛盾對立與統一的關係時，卻提出「絕對空」這個絕對否定的作用。

　　關於「絕對空」，和辻並沒有下任何定義或進行任何概念性的描述。和辻說到「人間」所指涉的個人與全體之間的矛盾對立與統一態，也就是「人以個的姿態出現的同時實現全體」（參見W9‧35）時，強調無論是個或全的主體性存在，都脫離不了在現實界裡的實踐或行為，因此兩者既不是具體的有，也不是意識。接著和辻又說道：「這種存在，在透過作為個而成為全的運動中，即為存在，因此這種運動生起的根據是絕對空，也就是絕對的否定。絕對的否定否定自身而成

為個，接著否定個而回歸到全體，這種運動正是人（全與個）的主體性存在」（參見W9‧35，括號為筆者注）。依和辻說法，全與個之間矛盾對立與統一的關係，須建立在兩者自我否定的實踐上。然兩者之間的否定行，又必須透過「絕對空」這個絕對否定的作用才能得以成立。也就是說，全與個的主體性存在只有透過如此的媒介關係，才能得以成立。

　　有關「絕對空」與全、個之間的論述，和辻於《倫理學》上卷有更進一步的論述。和辻認為全唯有在個的否定下，才能成立，此時意味著被否定的個是不可或缺的。與此相對，個唯有在全的否定下，才能成立，此時意味著被否定的全是不可或缺的。因此，無論全與個都無法獨立存在，必須在與他者的相互否定關係下才能存在（參見W10‧106）。

　　關於否定的作用，和辻如此說道：

> 當發現一方時，其已否定另一方，又作為接受該方否定的存在而成立。因此先有的，可以說只是此否定。然而此否定，一直在個人與社會的成立之中被發覺，因此並沒有離開兩者。也就是說，此否定自身作為個人以及社會，來顯現自己。（W10‧107）

　　對和辻而言，全與個雖處於相互矛盾對立的立場，卻透過「絕對空」或絕對否定的媒介，在自他的相互否定下，來達到統一以確保自身存在。相反地，「絕對空」，也必須透過全與個相互矛盾對立與統一的關係，才能得以顯現自己。人類存在的根本結構，可說是建立在「絕對空」的絕對否定作用以及全與個的相互否定作用之中。反過來說，絕對否定性的否定運動，是人類存在中的不斷創造。此運動可說是人類存在的理法與人類存續下去的根本倫理（參見W10‧131）。絕對否定性的否定運動透過全與個的相互否定作用，無疑是在回歸自我的根源（絕對空）。

　　綜上可知，無論是從現實生活的實踐或經驗中所掌握的「人間」學或倫理學，都無法脫離作為人類存在之根本結構的「絕對空」這種絕對否定性的否定運動。在此不難看出，和辻為了讓自身所建構的「人

間」學或倫理學能夠克服相對性所帶來的矛盾對立，進而援用佛教的空或無的概念。西田幾多郎與田邊元對和辻倫理學的理論性建構影響之大不容小看。在此不得不承認和辻的倫理學確實帶有超越相對現實界的一面，可說帶有宗教倫理學的要素。但在和辻的倫理學體系裡，卻無法看到絕對者透過自我否定下降到和辻、他所處的日本社會以及他面對的當代世界來救濟眾生的慈悲行。簡言之，和辻的倫理學雖援用宗教的「空即愛」，卻仍然只停留在現象解釋與理論建構，並沒有真正在現實界實踐宗教式的「自我犧牲即自他救濟」的慈悲行。以上是對和辻的「人間」學及倫理學的概略式掌握，以此為基礎，以下將逐一探討和辻的風土論。

三、歐陸風土學到赫德的發展

（一）到赫德為止的風土學

　　和辻在建立自身「風土」理論之前，針對歐陸風土學的發展，亦即人與自然、生活場域之間關係的發展做了歷史性考察。從其考察中可知，他深受赫德風土觀的影響。和辻指出在赫德以前，特別注意到人與風土或生活場域之間關聯性的，先後有希波克拉底（Hippokrates, ca. 460-370 BC）與博丹（Jean Bodin, 1530-1596）。前者在探究醫學與生理學時，屏除抽象原理，盡可能歸納現實經驗中人們的實例，並將它作為健康與生病的法則。希波克拉底認為，風土會影響人體使其產生各種狀況，因此習慣於風土的特殊性，將會形成民族自身的特殊性。簡言之，風土的特殊性與人們身心的特殊性息息相關。和辻直言道：「像風土對人的影響這種意思，在今日已是非常普遍的想法。這種想法，顯然已為希波克拉底所道盡」（W8‧207）。然此種氣候風土規定了人的特性與命運這種想法，正好是站在「風土在人之外」，也就是風土與人形成二元對立這種前提上。此種風土觀直到中世基督教世界觀出現之前，可說支配著整個歐陸的古代人（參見W8‧207）。

　　16世紀末法國的博丹，再次提出上述古代的風土觀。博丹認為：
「人（個人、民族）的行為，為『自然的性質』所規定。但自然的性質
卻因風土而不同。因此，各種擁有特殊風土的國土，顯示出各種特殊民
族的性格」（W8・208）。和辻指出，博丹的風土觀除了「風土的不同
帶來勞動的不同」這種觀點較有創見外，與古代風土觀並無二致。到了
孟德斯鳩（Charles-Louis de Montesquieu, 1689-1755），他所談論的主要
是風土對人肉體性質的生理學影響，而不是風土於人類存在的意義。風
土對他而言，只是自然科學的對象。風土的影響，只限於生理學的影響
（參見W8・208）。

　　博丹所謂「風土規定了人的勞動（或活動）」這種想法，亦在18世
紀末德國的文化史家史洛哲爾（A. L. Schlözer, 1735-1809）身上出現其
足跡。因為在他看來，風土既是給予民族某種形態，也是強將民族推向
各種不同的勞動與生活方式上的存在。上述風土的性格到了亞德隆（J.
C. Adelung, 1732-1806），開始區分民族類型與規定文化發展階段（參
見W8・208-209）。

（二）赫德的精神風土學

　　赫德雖一方面處在上述般的風土觀，也就是風土與人所形成的二元
對立風土觀的氛圍下，一方面處於啟蒙時代的理性主義式文化詮釋、以
悟性的目的概念為導向的歷史解釋等流行的時代裡，卻承認各個國民與
各時代獨自的價值，並將其與風土做關聯性的考察。和辻如此評價赫德
治風土學的立場。

> 然在他之中很明顯出現的是，當他將風土關聯到歷史時，並沒有
> 將它視為自然科學式的「認知」對象，而是在它之中，將它視
> 為內在東西顯現的「記號」（Zeichen）來處理。他所求的是：
> 捕捉風土的精神（Geist des Klima），創造出人的思維、感受力
> 全體的風土學（Klimatologie aller menschlichen Denk-und Empfind-
> ungskräfte）。」（W8・210）

　　赫德的風土觀並非上述的二元對立風土觀。也就是說，他雖利用自然科學的方法，但並沒有以自然科學的認知論為利器，將人與風土（主觀與客觀）撕裂，而是將風土所傳達的訊息，視為人自身的精神活動。因此，在人之外，並沒有可捕捉的客觀性風土存在。簡言之，赫德追求的是，形成風土的人類精神，反過來說，即是人類精神的風土，而不是具客觀性存在的風土。

　　和辻指出赫德風土學的方法，雖以自然科學的知識為基礎，卻不曾將自然或風土視為認知的客觀對象。赫德所追求的風土學即是解釋出現在眼睛所能看見之形狀中的精神。這種「由外觀內」的赫德風土學方法，與面相學或病理學的方法有相通之處。也就是說，赫德風土學的方法，就如同用面相學的眼光了解出現在人的外表姿態上之精神。這與醫生看病人，只須觀看患者的態度與表情，就能直覺到其病情一樣（參見W8・212）。

　　和辻認為，赫德主張的人類精神的風土學，是透過如上述的表現手法，從人類日常生活的外表姿態上，找出神祕的、活生生的力量之諸形成。只不過赫德沒有自覺到這點而已。然和辻評價赫德的精神風土學，是因為他沒有將風土與生活方式視為單純的認知對象，始終將它們視為主體性人類存在的表現（參見W8・212-213）。

　　當和辻整理赫德對風土的解釋時，發現赫德描繪人時，必從其日常生活的狀態做起，並歸結出人因居住環境、土地與生活方式而被賦與性格，也就是說「人性的」即是「風土性的」。「人將自身風土化」，換言之，即「人的身心或個性也是風土的」這種說法，可說是被呈現在眼前的事實。至於該如何釐清人與風土的關係？和辻提出兩種模式。一是將人與風土區分開，並分析各自的獨立存在與兩者的因果關係。一是重視「人的生活自身即是風土的」這種具體的態度，不將「人即人」、「風土即風土」這種抽象說法視為問題，而是將風土視為人類活生生的結構契機。和辻指出赫德精神風土學的方法屬於後者。

　　然赫德精神風土學，並沒有區分出自然科學的方法與精神科學的

方法之不同。他雖強調自身所處理的自然概念，並非作為自然科學對象的自然，卻沒有澈底地將兩者區分清楚。因此他才會認為自然所保留的神祕，能夠透過自然科學的認知來加以顯現。也就是說，無法認知的將變成可認知的東西，只能靠直覺的方法來解釋。如此一來，赫德不得不陷入一種謬誤，即使用解釋的方法於自然科學對象的自然上這種謬誤（參見W8‧215）。和辻認為赫德不用精神科學的方法而用自然科學的方法來主張精神風土學，不免令人有風土與人為二元對立的存在物之感。從這裡可以看出和辻雖受赫德精神風土論的啟發，卻援用海德格對存在解釋的方法，建構一種屬於精神科學式風土論的思想軌跡。此可說是和辻風土學與赫德精神風土學的不同。

然而即使赫德精神風土學帶有如上的矛盾，和辻仍舊極力評價其風土觀，並將其結構整理成以下五點。一、人的感覺是風土的。二、想像力是風土的。三、實踐性的理解是風土的。四、感情與衝動是風土的。五、幸福亦是風土的（參見W8‧216-218）。和辻接著析論道：「赫德的『精神風土學』根據自然與精神合一的自然概念，極端強調各個國民的價值與個性。這裡存在著他與德國觀念論的歷史哲學對峙時，所產生的特殊意義。」（W8‧220）。

和辻說到此種特殊意義在於，赫德直觀（直覺）的解釋方法與國民個性的尊重。和辻重視的是，赫德不是以「前後繼起的秩序」[5]（W8‧220）而是以「共在的秩序」（W8‧220）來捕捉各個國民的價值與個性。和辻在《風土》中的論述，無處不以這種赫德精神風土學的立場，來描述從東亞到西歐的風土現象或人與風土的關聯。這間接突顯出和辻對多元文化的關懷與尊重。因此在此不得不承認的是，和辻的風

---

[5] 和辻歸納德國觀念論的歷史哲學立場時提出此秩序。至於此秩序與赫德「共在的秩序」之比較，請參看（W8‧220-223），以及《風土》第五章第三節「黑格爾的風土哲學」。本節將論述核心放在歐陸風土學給和辻風土學的影響上。和辻風土學與歐陸歷史哲學之間的關聯，有待今後的考察。

土論帶有濃厚的赫德色彩[6]。然他在方法論上，卻是援用海德格對存在解釋的方法。

四、三種風土現象：季風、沙漠、牧場

當和辻將東亞、東南亞、南亞歸類於「季風」，中亞歸類於「沙漠」，東歐、地中海地區以及西歐歸類於「牧場」三種風土現象的類型。這給人的印象是，他先以季風、沙漠、牧場三種風土的理念（Idea）來綜觀上述區域中的人、自然與風土之間關聯。谷川徹三在「解說」中，便稱讚和辻的才華來自他能在隨處觀看到理念（理型）的眼。但谷川是根據希臘語源，將此處的理念視為「被觀看到的東西」，而不是柏拉圖所言的「觀念」。也就是說，和辻提出的三種風土現象，是來自其自身的體驗，即自身實際於各地區的所感、所聽、所見、所聞。對和辻而言，上述三大區域的人可以說是「季風人」、「沙漠人」與「牧場人」。至於人、自然與風土之間關聯，將在以下和辻對季風、沙漠、牧場三種風土現象的論述中探討。

（一）季　風

和辻說明「季風」（モンスーン）此概念，源自阿拉伯語的 mausim（季節），是一種在亞洲大陸與印度洋間的特殊關係下，所產生的帶有溼氣的季節風，範圍從東亞（日本、中國、香港）、東南亞（檳城、新加坡）、到南亞（印度）。關於季風，和辻如此說道：

---

6 和辻於《風土》第一章結尾處，雖指出赫德精神風土學被康德批判為詩人的想像產物，但此處是就赫德精神風土學的直觀解釋方法來說，和辻並沒有全盤否定赫德精神風土學。特別是其「共在的秩序」這種同時尊重個別生命與存在的想法。毋寧說，赫德精神風土學不斷提出人與風土的問題，是耐人尋味的。

　　モンスーン爲季節風。然特別是夏天的季節風，從熱帶的太洋吹
　　向陸地的風。因此，季風區域的風土以暑熱與溼氣的結合爲其特
　　性。吾人將此作爲無法呈現在溫度計的人類存在方式來捕捉。
　　（W8・24）

　　此處季風，顯然不是使用像溫度計這種測量物，所能捕捉的客觀對
象，而是作為人的存在方式被捕捉的風土現象。因此季風可以說是住在
該區域的人所反映出來的自我存在或生活方式。

　　和辻接著開始分析季風所帶有的溼氣。它既令人難耐，又讓人又
愛又恨，原因在於溼潤既是自然的恩惠，代表生命，又是自然的威脅
（如颱風、洪水等），迫使人忍受、順從，無法與之抗衡。和辻將季風
區域的人類結構規定為「接受的」與「忍從的」。也就是說，顯示此人
類結構的是溼潤（參見W8・25-26）。在此不難窺見，和辻描述人與風
土關係時，同時呈現出「兩者不離」與「兩者分離」的情況[7]。關於此
處論述，將在以下部分與本章第五節「風土論的結構」探討。

　　和辻將季風區域人類的結構——溼潤作為自身於日常生活上的體
現。譬如身處溼潤區域的南洋氣候，尤其是「夏天」，對和辻而言和日
本的「夏天」並沒有太大差別。然此種氣候在他看來，卻是一種人類存
在的方式。和辻描述自身親自接觸、體驗香港到新加坡的生活後，強烈
感受到「夏天」，並說道：「就這樣，吾人（日本人）於南洋所找到
的是，已經在很久以前就熟知的『夏天』那種存在的方式。」（W8・
27，括號為筆者所加）。和辻認為自身處於異境的南洋氣候裡，所感受

---

[7] 關於和辻此種對人與風土關係的詮釋，已有不少日本學者指出。如鎌田
　　學〈和辻哲郎與風土性的問題〉（《弘前學院大學文學部紀要》，第39
　　號，2003年）、湯淺弘〈和辻哲郎《風土》的諸問題〉（《川村學園女
　　子大學研究紀要》，第14卷第2號，2003年）等。這些對和辻風土論中
　　「人與風土不離」的說法產生質疑，認為和辻在《風土》第二、三、四
　　章裡解釋人與風土或自然關係時，時常出現人與風土或自然（即主客）
　　分離的論述。

到的是，「人作為季節轉移的夏天而存在」不外乎是「人作為心情的轉移而存在」[8]。和辻接著如此敘述南洋人。南洋人的存在結構是「接受的」與「忍從的」。南洋人深受風土的恩惠，雖與自然的關係處於單調的狀態，卻是充滿力量的單調。南洋人因無季節的大變化而極端欠缺歷史感覺，卻不失其豐富的洞察力。（參見W8・28-29）。此處顯示出，在「和辻的夏天」裡「人與風土不離」，在「南洋人的夏天」裡「人與風土分離」的陳述。

和辻在印度時，認為印度人同樣因暑熱與溼潤的氣候，感受到它給予生命的恩惠與威脅，並認為印度人的感情豐富其實是自然力量豐沛的表現。他指出印度人亦屬上述季風區域的人類。其結構一樣是「接受的」與「忍從的」。但印度人與南洋人一樣，因無太大季節變化，皆欠缺歷史感覺。因此，同樣是接受與忍從的人類結構，在印度人身上則被規定為缺乏歷史感覺的、感情豐富的與意志力鬆散的（因季風造成印度人無抵抗意識）。此可說是形成印度文化型態的動力（參見W8・30-31）。

在此若比較和辻對「印度人與其風土」的說明與其在南洋對「人與風土」的說明，可發現兩者有很明顯的差距。兩者在風土對人的影響或限制上，同樣屬於「人與風土兩者分離」的狀況，也就是「風土在人之外」的二元對立狀況。但前者的說明缺乏和辻自身體驗與感覺的參與，因此只停留在旁觀者或觀察者[9]的敘述當中。在後者的說明裡，和辻不僅論述了「南洋人與其風土」，也論述了「人與風土」。換言之，和辻不僅是觀察者，還是當事人。當和辻自身體驗南洋時所感受到的氣候，實是其自身的心情。因此氣候與人不離。在和辻的現象解釋論述裡，顯然出現了「人與風土不離」以及「人與風土形成內外、主客關係」的情況。

8　此處的夏天可說是人的心情反映。也就是說，氣候即人的感受。但和辻並沒有特別說明，洪耀勳則從臺灣的「暑熱」來說明。

9　川谷茂樹〈關於和辻哲郎《風土》中的他者理解：「旅行者」這一視角〉（《北海學園大學學園論集》，第127號，2006年，頁27）明確指出，《風土》一書中出現形式的客觀性與內容的主觀性之差異。

（二）沙　漠

　　和辻指出沙漠一語源自中國，原指戈壁沙漠。日本並無此概念，不知何謂沙漠，因此一般認為desert即是沙漠。中國人受日本人「desert即沙漠」用法的影響，亦認為desert即是沙漠。事實上，沙漠與desert在意思上，有明顯的差異。和辻認為同一風土，將它稱為沙漠或desert，就如同將同一圖形稱為等邊三角形或等角三角形一樣，只是捕捉方向不同。此正意味著，人所意味的沙漠現象。沙漠現象，通指無居住者，因此是一種沒有任何生氣的、荒野的、極度令人討厭的地方。總之，沙漠這種風土現象的捕捉，依據它是否有生氣（參見W8‧43-44）。若與季風的溼潤相對照的話，沙漠顯得非常乾燥。乾燥可說是desert的本質性規定，亦即是人存在的方式（參見W8‧47-48）。

　　上述風土現象顯然不是指單純的外在自然[10]。和辻說道：「desert是人與世界的統一關係。如同某個家或某個城鎮能成為desert一樣，某風土亦能成為desert。那是因為『人間』之存在方式的關係，而不是因為獨立於人的自然之性質的關係。」（W8‧44）。因此和辻把沙漠視為人類的存在方式。

　　和辻進一步說道，作為人存在方式的沙漠，無法離開其社會性與歷史性。沙漠只能具體地呈現在人的歷史社會裡。因此，若為達到自然科學的認知對象，必須捨去人及其社會的色彩，採取抽象的立場。一般所謂作為自然的沙漠不外乎是這種抽象。和辻追求的，並非上述抽象的沙漠，而是能使抽象沙漠成立的歷史性、社會性沙漠。

---

[10] 然而，和辻另一方面又針對乾燥沙漠這種自然現象對人的影響與限定，如此說道：「乾燥的生活即為口渴。亦即追求水的生活。外在的自然，只會帶著死的威脅來逼迫人，並不是給等待的人水喝。人一方面與自然的威脅相對抗，一方面又不得不向沙漠的寶玉──草地尋求泉水。在那裡，草地與泉水成為人類團體爭鬥的原因。」（W8‧49）。此處的自然，被和辻描述為「人之外」的自然。但此節將論述核心放在和辻進一步解釋「人與風土不離」的立場上。

　　據上可知，和辻所欲描述的是，沙漠人在日常生活所呈現的沙漠現象，而不是一個被當成客體研究或觀察的風土（沙漠）本身。和辻明確表示自身「人與風土不離」的立場。然和辻在遇到描述「沙漠人與沙漠」時，卻不得不面對以下的難題。一是和辻並非沙漠人，如何了解與解釋沙漠人與沙漠的問題。一是敘述「沙漠人與沙漠」的立場與敘述「人與風土」的立場，是否等同的問題。關於以上問題，或許從以下和辻的一段話，能得到解決的線索。

　　　　若然，吾人如何能接近具體的沙漠？或許也能說，對沙漠人而言，沙漠只不過是自我解釋的問題。然人不見得在自身之內，就能夠很理解自己。人的自覺通常得透過他者，才能得以實現。若是如此，沙漠人的自我理解，透過置身於甘霖之中，最能被突顯出來。此事足以證明，非沙漠人作為旅行者（和辻：筆者註）能接近具體的沙漠。他置身沙漠，或許能自覺自己歷史性、社會性現實是多麼的非沙漠。然此自覺透過對沙漠的理解才可能。即使此理解只是根據旅行者一時的沙漠生活，其只要是對沙漠的本質性理解，他都能夠從該處「融入」在歷史性、社會性沙漠中「生活」。（W8・45-46）

　　此處是說，沙漠人對沙漠或自身的了解與解釋，必須透過他者（即沙漠以外的風土與沙漠人以外的人），才能成立。相反地，異境者的和辻透過異境與異境人（即沙漠與沙漠人），能夠自覺自身是如此的季風化。而沙漠與沙漠人，就在令和辻自覺自身為季風人的同時，得到自身成立的根據。簡言之，「沙漠與沙漠人」的成立必須倚靠「季風與季風人」。自我須透過他者才能得以成立。他者亦然。兩者為相依相對的存在。

　　如此一來雖解決了和辻並非沙漠人如何了解與解釋沙漠與沙漠人的問題，但和辻的解釋，畢竟不是沙漠人透過他者的自覺或自我解釋。相

同地，沙漠人解釋季風與季風人，亦是如此。沙漠人雖能了解與解釋季風與季風人，但該解釋，畢竟不是季風人透過他者的自覺或自我解釋。因此自他始終處於分離的情況。換言之，一種類型的人不能替另一種類型的人解釋他自己。

至於敘述「沙漠人與沙漠」的立場與敘述「人與風土」的立場，是否等同的問題亦然。只要和辻站在「人與風土不離」這種具體的風土解釋立場，無論他敘述何種特殊性的「人與風土」，都無法達到敘述普遍性的「人與風土」之立場。

若是如此，根據上面論述與上節關於南洋與印度的論述可知，和辻的風土解釋到了沙漠區域很明顯地，有較趨近「人與風土不離」的立場。然另一方面，除了日本季風外，當和辻面對那些同屬季風類型的中國、香港、檳城、新加坡、印度地區的風土時，亦無法跳脫上述的難題。即和辻的風土解釋，不會與上述亞洲地區人們的自覺與自我解釋相同。因此，和辻對那些日本以外的季風或沙漠現象的敘述，只不過是和辻對自身的理解[11]。當然這也包含他的牧場現象之敘述。

（三）牧　場

和辻指出牧場為德文Wiese或英文meadow的譯語。Wiese是指生長家畜吃的草的土地，一般泛指草原。但日本並無對應的詞，只好採用明治初期翻譯家的譯語——牧場。此譯語，是當時翻譯家取了讓人聯想家畜的牧場一語以顯示出草原的意思。總體來說，牧場是指飼養家畜的草

---

[11] 關於此，可參看《風土》第一章，頁11-14、22。詳細論述將在下一節進行。此處僅止於析論和辻的現象解釋論述。另外，此種「風土的型態即自我了解的型態」，在和辻對沙漠這種風土的解釋上仍能見其痕跡。「切割開沙漠，此種民族無以生存，而且獨立於人的沙漠，亦無法作為自然而存在。」（W8‧62）但須注意的是：和辻並非沙漠人，因此他所主張的「人與風土不離」的立場，不見得就等同於他解釋「沙漠人與沙漠不離」的立場。

原。Wiese另還有果園的意思。和辻將grüne Wiese稱為牧場，並以此來表示歐陸風土的特徵（參見W8・62-63）。

　　和辻從日本神戶出發，經中國上海、香港、馬來西亞檳城、新加坡、印度、可倫坡、亞丁、蘇伊士運河、馬賽到達歐洲，所體驗的風土地域，也從溼潤的季風，途經乾燥的沙漠，最後達到既溼潤又乾燥的牧場（和辻依照雨量所下的判斷）。關於三種風土現象的辯證法關係，他如此說明：

> 這種溼度的辯證法，當然不是歷史發展的辯證法。無庸置疑，它是旅行者體驗中的辯證法。然溼潤作為季風區域中人間的體驗，於一種文化類型形成自己。同樣地，乾燥亦是沙漠地方的人間的體驗，它變成沙漠文化類型而出現。這些文化類型無論有無相互的歷史性影響，作為風土類型所帶來的文化對立，變成與世界文化結構內有相互關聯的契機。若然，像溼潤、乾燥、其綜合這種辯證法，亦可說是與世界文化結構相關聯的辯證法。然後，從此觀點來解釋文化史上的事象，亦可說是指日可待。
> （W8・64-65）

　　據上可知，和辻是意識到黑格爾《歷史哲學》中歷史發展與地理、自然之間的關係。和辻一方面評價黑格爾放眼觀看世界史的同時，不忘提及自然或地理的類型，一方面卻批判他的世界史觀只來自於神的選民──日耳曼民族的優越，並認為世界史必須給風土不同的國民各自的場所（參見W8・230-233）。在此不難推測出，和辻何以評價赫德精神風土學中的「共在的秩序」以及他重視各個國民與時代的價值與個性的立場。和辻的風土（溼度）辯證法，可說是從各個日常的、具體的風土與人所交織而成的。此種辯證法不僅包含人的體驗與風土，進一步還包含文化在內。

　　和辻在提及季風、沙漠、牧場三者之辯證關係的可能性後，將目

光轉移到牧場區域。他分析歐陸夏天的雨量（即溼度），不足以令東歐與南歐（地中海區域）的大地長出像季風區域般的雜草（和辻稱「夏草」），因此在夏天不會出現妨礙穀物與水果生長的雜草，在秋冬季節也不會出現驅逐牧草（和辻稱「冬草」）的雜草。也就是說，沒有雜草的歐陸大地，非常便於農作（如種小麥、葡萄、橄欖等）與畜牧。因此以農業與畜牧業為主的歐洲人無須與自然對抗。在歐洲人的農業勞動裡，沒有防禦來自自然威脅的契機，只有攻擊性的耕作、播種、收穫。在此自然對人類是順從的、溫馴的（參見W8‧73-74）。

和辻接著指出，從義大利發源的歐洲合理性思維與自然科學發展，亦與上述溫馴的自然有關。和辻舉出歐陸樹林與日本樹林相較之下，前者因溫馴氣候的關係，顯得比後者來的整齊與有規則。和辻藉此歸納出，在歐陸世界裡，「自然的」與「合理的」密不可分。在此，自然是順從的，因此也是合理的，人很容易從自然中找出規律（參見W8‧76-77）。

從以上有關和辻對牧場的論述可得知，此處的自然與前兩節所言「自然或風土與人分離」並無二致，也就是說「自然或風土於人之外」。綜觀和辻三種風土現象的論述不難發現，人、自然與風土之間，不免有主客、主僕、支配與順從等分離對立的關係出現。但站在和辻所主張的「人與風土不離」的立場來看其風土論述時，人、自然與風土之間，似乎又屬於相即不離的關係。

譬如和辻對希臘風土的論述，說明了自然與人的關係是屬於自然順從人，因自然的順從而使人的生產與創作（文化產業）形成牧場型態。希臘的牧場式文化，因希臘式風土的規定而產生。希臘人在這種情況下，與希臘風土同化，藉此來提升自己（參見W8‧80-81）。從這段說明可看到，希臘人的風土化（即牧場化），代表著將「風土與人分離」轉化成「風土與人不離」的立場。因此和辻才會說道：「當然我們並不是說，從人類存在被區隔開的對象性風土，會對沒有帶有風土性格的精神，給予如右般的影響（即自然與人融合，人從自然中學

習觀看、創造事物）。風土在主體上，是作為人類存在契機在起作用的。」（W8・81，括弧為筆者所加）。

綜觀上述三種風土現象可明顯看到，和辻以旅行者（旁觀者）立場，敘述了橫跨亞洲與歐洲的種種自然或風土與人之間的關聯。和辻雖以自身在當地的生活體驗，呈現出「風土與人不離」與「風土與人分離」兩者交錯、轉化的風土論述，頗有給人理論與宗旨混淆之感，然他透過對種種自然或風土與人之間關聯的解釋後所構築而成的風土理論，卻也給予人一種在現象學解釋學上的新視域。

五、風土論的結構

（一）風土現象與「人間」

和辻在《風土》第一章開頭處，便開宗明義宣示，自己要考察的是，包括某個土地的氣候、氣象、地質、土壤好壞、地形、景觀等「風土」概念，而不是作為自然科學客觀的觀察對象——「自然」。和辻為了闡明風土，具體舉出風土現象，也就是人隨時隨地都在感受的氣候現象——寒冷，來作為自身論述的材料。

和辻說道，吾人會感覺到寒冷，並不是於吾人之外，有個作為「物理客觀的寒氣」接近我們，使我們透過感官刺激，作為「心理主觀的主體」，在某種心理狀態下，感受到寒冷。和辻斷然拒絕這種二元（物心、主客）論的說法，提出「吾人唯有在感覺到寒冷當中發現寒氣」（W8・8）。也就是說，「吾人在感覺到寒冷時，並不是吾人感覺到寒冷的感覺，而是吾人直接感覺到『外氣的寒冷』或『寒氣』。」（W8・9）。簡言之，寒氣即吾人感覺。和辻在「吾人、感覺（寒冷）、寒氣」中設置了「出於外（ex-sistere）」這種人存在結構的根本性規定。關於此，和辻說道：

當吾人感覺到寒冷時，吾人已經寄寓在外氣的寒冷之下。吾人自身與寒冷有關聯，不外乎是吾人自身出於寒冷之中。在這層意義上，吾人自身的存在方式，就如海德格所言，是以「出於外」（ex-sistere），也就是以意向性為特徵。因此可以這麼說。吾人自身作為出於外的存在與自己相對。（W8・9）

在此和辻援用海德格主張的此在（Dasein）的「出於外」之結構，認為吾人的存在，是一種帶有意向性的存在，換言之，即為超出自身、領先於自身的存在（日語：脫自存在）。然而根據和辻的說法，海德格的存在只不過是個人存在，而不是包含個人與社會的「人間」[12]。此說法立論在氣候現象（屬風土現象之一）與「人間」之間的關聯上。簡言之，海德格的存在，因與他者的共在以及與道具之間的關係，雖構成空間性的論述，但和辻卻強調，他對存在的論述，側重在與時間性的關係，導致存在與空間性、風土性上論述的不足。

「吾人自身作為出於外的存在與自己相對」此句若換成氣候現象論述的話，則成為如此。「吾人會見到已出於外的，也就是寒冷之中的自己」（W8・10）。和辻強調這時體驗到寒冷的是我們，而不是只有我而已。也就是說，「吾人共同感覺到寒冷」（W8・10）。寒冷不是只有個人的感覺，還包括社會的共同感覺。因此和辻才會說：「出於寒冷的，不單只是我而已，還有我們」（W8・10）。

和辻據此更進一步說明，「出於外」這種結構亦須在以下情況中存在。也就是，出於「寒氣」這種東西之前，要先出於「其他的我」之中這種情況。和辻稱此關係為「間柄」[13]（人和人的關係、共同體關

---

[12] 關於「人間」概念的詳細論述，請參見本章第二節部分（出自《作為人間之學的倫理學》第一章第二節與《倫理學（上）》序論第一節部分）。「人間」概念與倫理學之間的關聯，牽涉到和辻解構歐陸形而上學與倫理學，以及其自身對形而上學與倫理學的理論建構的問題。

[13] 「間柄」亦為和辻倫理學中的重要概念之一。詳細論述，請參見《倫理學（上）》序論第一節部分。

係），而不是意向性關係。因此，在此不得不說「間柄」作為吾人的存在結構，先於意向性。和辻在此處藉由說明吾人為共同感受風土現象（包括氣候現象、地形、景觀等）的「間柄」存在，來取代海德格的個人存在。

　　綜上可得到以下結論。對和辻而言，人與風土的關係，並不是物心、主客的二元論關係。風土是「作為間柄存在的我們」在感覺風土現象（如上述的寒冷），即出於風土現象之中，所發現的東西。此東西不外乎是我們自身。因此，和辻才會說「風土的型態即為吾人自身理解的型態」、「風土（現象）是吾人自身了解的方式」（參見W8・11-14）。此處的自我理解，非得是風土中的自我理解不可。

（二）　「人間」的歷史性、風土性結構

　　和辻在初步建構風土現象與「人間」之間的現象學解釋學之後，接著探討「人間」存在的歷史性、風土性結構。他在《風土》序言中批判海德格的存在論時說道：「沒有和空間性相即的時間性，並不是真正的時間性」（W8・2）。那麼在他的風土理論裡，風土與歷史又呈現何種結合？和辻指出在「人間」與風土現象交涉中的社會性活動，不單只是當下「人間」的自由行為，還包含祖先世世代代長期累積下來的生活模式。這些社會性活動即是「人間」在風土中的自我了解之表現。例如他說道：「吾人更進一步能在文藝、美術、宗教、風俗習慣等人間生活中找出風土的現象」（W8・13）。顯然「人間」的生活方式是帶有社會性及歷史性的。如此看來，「人間」與風土現象的交涉，必與歷史性產生密不可分的關係。和辻直言道：「人間的，也就是帶有個人與社會雙重性格之人間的自我了解運動，同時也是歷史性的。因此，既沒有與歷史分離的風土，也沒有與風土分離的歷史」（W8・14）。

　　據上可知，和辻透過「人間」的個人與社會之雙重性格，提出「人間」存在中「歷史性與風土性不離」的說法，並認為唯有將「人間」存在的結構視為是歷史性、風土性的，才有可能顯現出其時間性與

空間性。關於「人間」存在的時間性與空間性結構，和辻如此主張：

> 時間與空間的相即不離，為歷史與風土相即不離的基礎。若沒
> 有根據主體性人間的空間性結構，一切的社會性結構是不可能
> 的。若沒有根據社會性存在，時間性無法變成歷史性。歷史性即
> 是社會性存在的結構。……然不是只有歷史性才是社會性存在
> 的結構。風土性亦是社會性存在的結構，而且與歷史性無法分
> 離。（W8・16）

和辻在此將時間性與空間性視為歷史性與風土性的基礎，並認為歷史
性與風土性皆為社會性存在的結構。和辻藉此強調：「在人間的歷史性、
風土性結構中，歷史為風土的歷史，風土為歷史的風土」（W8・16）。

和辻於《風土》第一章結尾主張，為達到對歷史、風土現象的理
解，須待嚴格的存在論規定的指導。換言之，風土的理論，歸根究柢必
須對「人類存在為何」這種傳統形而上學的問題進行嚴密的考察。這可
說是和辻開展涉及「存在與應該」的倫理學之端序，亦可說是和辻朝向
倫理學建構的起點。風土的副題「人間學的考察」即可證明此點。

若根據上述的風土論，可發現和辻在解釋季風、沙漠、牧場三種
風土現象時，除了「季風是作為人的存在方式被捕捉的風土現象」這種
「風土與人不離」的說法較有解釋上的說服力外，其餘像異於日本季風
的東南亞、南亞季風、中亞的沙漠與歐陸的牧場，因和辻為「日本季風
人」的關係，顯得非常抽象。畢竟能與和辻產生風土現象之共感的人
們，只能限於大部分的日本人。和辻以「旅行者」身分旅居各地，與當
地人共同體驗的風土現象，這究竟是日本人的自覺性風土現象或亦當地
人的自覺性風土現象，和辻在其現象解釋論述上，並無明確的區分。因
此，季風人敘述的沙漠與牧場，不得不停留在「彼與此」上的區分。
至於如何讓「彼此」融合，和辻並沒有論及。此課題落入身處日治時
期、異族統治下的洪耀勳身上。

六、和辻風土論的繼承：洪耀勳與貝爾克

（一）洪耀勳的臺灣風土論

和辻的《風土》於1935年問世後，隔年在臺灣，立即受到正面的回應。洪耀勳於《臺灣時報》（1936年，6、7月號）中連載〈風土文化觀：與臺灣風土之間的關聯〉（以下略稱〈風土文化觀〉）一文，即是和辻風土論的「異地」延續。另一方面，法國地理學家貝爾克於1969年訪問日本，與《風土》邂逅後，將和辻的風土論作為展開自身獨特風土學的基礎。[14] 從這裡可知，在和辻風土論的跨文化開展脈絡中，臺灣具有時空間上的優先性。

1930年代是臺灣文藝運動將目光轉到臺灣本土，試圖從其風土的特殊性來建構自身理論與主體性論述的年代。洪耀勳在當時風潮下，嘗試以哲學的立場來摸索臺灣主體性的地位。因為我們恰恰可從這裡看到和辻主張「人便是風土」的蹤跡。洪耀勳指出，臺灣在地理與文化上，原為蠻雨瘴癘與化外之地，經近世文化洗禮後，臺灣的歷史與社會就此開始。其歷史與社會在臺灣這特定風土中的生存交涉（特別是作為殖民地的生存交涉）下，帶有其特殊性。

接著他不諱言地說道，要追溯臺灣漢族的根源，須根據其血緣與居住土地，臺灣漢族和其文化根源、風俗民情，大部分來自南中國，因此不免為其亞流。但卻也因臺灣特殊的風土與歷史性格，臺灣文化或許會有異於南中國之處（參見《洪耀勳文獻選輯》，頁80-82）。其論述與理論的依據，正來自和辻的風土論。洪耀勳提及和辻的《風土》，並提出以下的見解。

---

14 關於洪耀勳的著作，皆引自廖欽彬編校、張政遠審訂、林暉鈞翻譯《洪耀勳文獻選輯》，臺北：臺灣大學出版中心，2019年。

　　和辻哲郎博士在其近著《風土》裡，說明人類文化的形態與風
　　土之間有密不可分的關係存在。他排斥從以往分別知與反省知
　　的立場、一般自然科學的立場，分別將自然環境與人類生活對象
　　化，並說明其對應關係的看法。他企圖闡明的是，此立場成立之
　　前，就須以人類的風土性為具體性根基，即應將風土視為主體性
　　人類存在的表現，也就是闡明作為人類存在的結構契機之風土
　　性。（《洪耀勳文獻選輯》，頁82）

　　洪耀勳並說明，和辻以人類文化或存在方式與風土之間關係為論述
核心的風土論，在當時是極為罕見的。《風土》可說是為洪耀勳摸索臺
灣主體性地位提供了理論基礎。對洪耀勳而言，要探討臺灣風土，不能
將問題直接與自然科學的風土學相連接，應該以風土與人及其文化之間
的緊密關係為主軸。也就是說，洪耀勳與和辻同樣都是追求精神科學式
風土學的思想家。洪耀勳的立場可說是以和辻「風土與人不離」的立場
為基礎。因此，洪耀勳才會說：「風土被視為人類存在的根本性結構契
機之一，是因為風土事實上是意味著以根本性理解為基礎的**共同生活世
界**以及共同的、**原始社會的世界**。」（《洪耀勳文獻選輯》，頁84）。

　　洪耀勳還具體說明，臺灣建築如家、守望樓、槍倉、土地公、埤
圳、堤防、祖廟等，皆是「臺灣風土中自我了解」的手段（參見《洪
耀勳文獻選輯》，頁95-96）。在此又不得不令人聯想到，和辻的「人
間」概念與風土之間的關聯，以及其「風土的型態即自我了解的型
態」的說法。洪耀勳所謂的人，實是包含個人與社會的存在。對洪耀勳
而言，臺灣風土即為臺灣人（作為個人與其社會的人）的共同生活世
界。簡言之，風土即為人的生活表現型態。

　　臺灣現代學者林巾力以此論述為基礎，認為上述洪耀勳承續和辻
「風土與人不離」的立場，一方面是要化解主客對立的侷限性，一方面
是要拒絕西方資本主義文明，藉由高舉「普遍性」這種利器，來扼殺
各個地方的「特殊性」。洪耀勳在如此「風土特殊性」受威脅的意識

下，將目光轉向地方或地區的特殊性，並從中找出建構臺灣主體性意識的可能性[15]。筆者認為此處道出洪耀勳從和辻的風土論中繼承對「特殊性」重視與尊重的態度。這不僅可從赫德的風土文化論，亦可從和辻對日本以外的風土現象所進行的論述中窺見。

然林巾力一方面評價洪耀勳此種態度，另一方面卻批判和辻風土論對「特殊性」的尊重。因為該論是奠基在將異質性的他者（臺灣）視為自我（日本）一部分的主觀立場[16]。林巾力從被統治者（臺灣人）角度評價洪耀勳，同時又批評和辻。這種對「尊重特殊性」的評價與批判之矛盾，表面看來，好像是來自林巾力論述上的矛盾，其實則不然。須注意的是，洪耀勳雖未能如同和辻一樣，針對臺灣風土進行各種實地考察，透過自身的體驗建構臺灣的主體性意識，但其論述的基礎，是來自和辻風土論中「文化相對主義」與現象學解釋學的一元論立場。換言之，上述的矛盾是來自和辻風土論本身。因為和辻風土論中「風土與人不離」（一元論）與「風土與人分離」（二元論）的問題[17]，並沒有得到解決或明確的區分。也就是說，「風土是否只是自我精神的顯現？」、「何謂嚴格意義上的自然科學與精神科學的風土論之區分？」等始終是和辻必須面對的難題。

綜觀洪耀勳的臺灣風土論，可知他試圖援用和辻風土論提出「臺灣風土即是臺灣人的自我了解與自我解釋」的構想。不能否認的是，他因當時歷史緣故，處在「既是日本臣民又是中國漢民族」的自我認同之曖昧不清當中，因此無暇思考上述和辻風土論的問題點所在。筆者認為其和辻風土論的繼承並沒有從該問題點先批判起，也就是說，洪耀勳的

---

15 參見林巾力〈自我、他者、共同體：論洪耀勳〈風土文化觀〉〉，《臺灣文學研究》，創刊號，2007年，頁92。洪耀勳根據各地區風土性與歷史性的差異，試圖找出異於日本與中國的臺灣特色。關於此論述，請參照《洪耀勳文獻選輯》，頁99-101。

16 林巾力〈自我、他者、共同體：論洪耀勳〈風土文化觀〉〉，頁105。

17 關於此，已於本章第三、四節中論述。是指和辻論述日本季風以外的風土現象時，所呈現的「風土或自然於人之外」的二元論述。

臺灣風土論在理論方法上沒有「接著講」而是「照著講」。但在「照著講」的過程中，可讓吾人窺見他在日本帝國統治下對中國風土認同進行摸索的同時，思考「自己是什麼樣的存在？」。這可說是其實存哲學發展的其中一個面向。[18]

和辻風土論在近二十年來臺灣主體性意識高漲的氛圍下，透過林巾力對洪耀勳〈風土文化觀〉的檢證，顯示出其現代性意義及跨文化發展的面貌，與此同時，卻也因此再次暴露出其自身的理論矛盾。

（二）貝爾克的「通態性（trajectivité）」

貝爾克於1969年訪問日本時與《風土》邂逅，並以和辻風土論為基礎展開自身獨特的風土學。其相關論著有《空間的日本文化》（1982）、《風土的日本》（1988）、《作為風土的地球》（1994）、《地球與存在的哲學》（1996）、《風土學序說》（2002）等。貝爾克於2002年12月2日，受邀出席京都大學大學院文學研究科舉辦的座談會。此座談會以「『自然這種文化』的範圍」（「『自然という文化』の射程」）為主題，進行了一場演講、四場研究報告以及圓桌討論。這裡以貝爾克在這場會議的演講稿（此稿源為：京都大學大學院文學研究科：「全球化時代的多元性人文學的據點形成」，http://www.hmn.bun.kyoto-u.ac.jp/sympo02-02/keynote.html。Last modified：2003/7/8。以下簡稱「貝爾克講稿」）為核心，簡述和辻的風土論對貝爾克風土學的影響。

貝爾克自述自己為文化地理學家，研究人與大地的關係，因此文化與自然的關係，自然而然也是自身關注的焦點，並說明地理學並不太關注文化與自然的關係，比較關注該兩者關係的是文化人類學。貝爾克回

---

18 關於洪耀勳的實存哲學面向，筆者區分成歷史實存、藝術實存、辯證法實存（參見《洪耀勳文獻選輯》的解說）。這裡筆者提出「風土實存」來表示他在此時期對實存概念的思索。關於洪耀勳的實存概念，可參見本書第三、四、五章的內容。

顧當年來到日本，是為了準備有關北海道開拓的博士論文，並說道：
「此論文題目為，因遷移到北海道這種異環境，日本社會，特別是農
民有何種改變？此問題我後來回想起來，可以用『新風土的誕生』，
來加以定義。然而，那時我還沒使用像那樣的概念。」（「貝爾克講
稿」）。

貝爾克在北海道四年，其間逐漸發現自身的問題即是「風土性的問
題」。他在一本關於敘述北海道開拓史的書裡，發現有個農民說話是這
樣說的：「到死之前，真想吃米吃到飽」。北海道剛開拓時，開拓者並
無法種出稻米，「想吃米吃到飽」這種說法，是來自其身體的感覺。貝
爾克指出，此為典型的地理學問題。北海道氣候剛開始確實不適合稻
作。移到北海道的農民，是如何感覺與理解土地的呢？簡單地說，就
是想種植稻米。就這樣，經過長年的努力與技術的改善，終於實現理
想。在此可以說是「新風土的誕生」。

貝爾克更進一步說明，同樣是北海道，若由美國人來開拓，必然會
呈現異於稻作型態的風土。北海道由日本人開拓的結果，使得日本農業
核心的稻作，在北海道也成為核心。貝爾克回顧這種現象說道：

> 這可說是人類如何捕捉自然這種基本問題的一種特徵。對人類而
> 言，大地為何，或對人類而言，地球為何，它所給予的自然條
> 件，該作為何物來捕捉，此可說是基本的問題。而此「被捕捉的
> 東西」，對我來說，就是風土本身。也就是如和辻哲郎所主張的
> 那樣，不是環境，而是人與環境的某個關係。因此，將環境作為
> 何物來捕捉，變成是基本的問題。（「貝爾克講稿」）

貝爾克很明確地指出，探討自然與人的關係，並不是用自然科學的
方法將自然從人抽離出來，並將它作為一種客觀觀察的對象。顯然他採
用的是和辻「風土與人不離」的立場。也就是說，對貝爾克而言，風土
的掌握與理解，即是人的生活型態或存在方式、文化表現等的掌握與了

解。此處並無關主客、主僕、支配與順從的二元論述。還原到洪耀勳的說法就是「生存交涉」。[19] 藤田正勝在該演講後的個人報告裡指出：

> 貝爾克氏於其著《風土的日本》（筑摩書房，1992年）中，以這種和辻的「風土」理解爲基礎使用了「通態的」（trajective）或「通態」（trajet）這種耐人尋味的概念。也就是用「通態」（trajet）此語，來表示既是主觀同時又是客觀的，既是自然同時又是人工的風土固有維度，用「通態」（trajet）此語來表示將既不是單純主觀也不是單純客觀的「通態的」（trajective）作爲其本質的風土存在方式。……貝爾克氏所要表達的是，在近代東西方的看法中，常被視爲固定的對立模式——主觀與客觀、自然與文化、個人與社會，在風土中絕不是固定的二元，而是相互生成的，且能夠逆轉往來的東西。[20]

　　藤田在此指出，貝爾克將和辻「風土與人不離」的立場作為其風土學的基礎，提出解決二元對立論述的「通態性（trajectivité）」之概念。此見解明確指出，和辻風土論在貝爾克風土學上獲得其現代性的意義。此種繼承，並非是順著和辻的風土論述而成立。貝爾克在《風土的日本》（頁60）中，已明確指出和辻風土論述的侷限性。也就是和辻將氣候與氣質、自然與文化視為原因與結果的「環境決定論」。然而貝爾克所提出的「人文與自然不離」之「通態性（trajectivité）」概念若是

---

[19] 臺灣哲學推動者洪子偉著眼在「生存交涉」這個概念，並主張洪耀勳的哲學和臺灣哲學的實存運動之間的親和性。參見〈臺灣哲學盜火者：洪耀勳的本土哲學建構與戰後貢獻〉（《臺大文史哲學報》，第81號，2014年，頁113-147）、洪子偉編《存在交涉：日治時期的臺灣哲學》（臺北：中央研究院・聯經出版，2016年，頁15-41）。

[20] 該報告收入於〈和辻哲郎「風土」論的可能性與問題性〉，《日本哲學史研究》，第1號，2003年，頁6-7。

以和辻風土論為基礎的話，此概念究竟是否能夠真正脫離和辻風土論自身所帶有的矛盾或侷限性？

七、結　論

透過以上內容可知，和辻「風土與人不離」的論述試圖超越胡塞爾與海德格的現象學，雖給予吾人在現象學解釋學上一種新的視域，然而其「風土與人分離」的論述，卻也為自身理論帶來矛盾與混淆。洪耀勳與貝爾克既然繼承了和辻的風土論，就不得不面臨該難題。而此難題使和辻風土論，在今後吾人對空間或風土與人之間關係的探討上，給予了更深一層的反省意義。譬如「與風土交涉中的人究竟為何？」、「從人的立場如何嚴格區分自然科學與精神科學的風土論之不同？」、「作為自然科學對象的自然被置而不論的緣由為何？」等。

若從和辻的「人間」概念來談風土，它不外乎是社會及其成員的自我理解與生命表現。風土不會是人以外的客觀存在。然而若將風土視為人們的共同感覺或生活形態的話，那麼風土不就只能是被給予的傳統生活以及集體生活形態？若是如此，活在該生活形態或風土底下的個人則無法脫離共感共存的世界。個人的自由意志與感覺，顯然只能隨其歷史性與風土性而消聲匿跡。與空間或風土交涉中的人究竟為何？他既不能是海德格的個體存在，亦不能是和辻的「人間」存在。因為前者就如同和辻批判的那樣，有缺乏社會性與風土性之虞，而後者則不免有掉入全體主義之嫌。因此與風土交涉中的人應該是什麼樣的人，則須取決於他應該有什麼樣的生活態度與自我認知。

至於自然科學與精神科學的風土論該如何被嚴格區分？此問題從赫德、和辻、洪耀勳到貝爾克始終無法得到圓滿的解決。這不得不讓人重新思考嚴格區分兩者的理由為何？譬如吾人在自己居住的環境時明明身體健康爽朗，然一旦移居到別處時身體卻出現狀況而生病。針對此種現象實是沒有必要說環境即是人的自我理解或生活型態。因為吾人若離開該環境身體很快就復原，只不過是環境給予吾人的影響消失而已。

　　若是如此，作為自然科學對象的自然被置而不論的緣由究竟為何？和辻的風土論所要表達的或許是對人類存在及其生活世界的關懷。因為吾人若將自身關注過分傾向對自己以外的客觀自然上，往往會忽視對自身存在與所居社會，甚至世界的關懷。若能將客觀自然存而不論，並主張外在世界的呈顯實是人類自身的自我顯露時，吾人才不會忘卻自身存在以及與自身存在息息相關的生活世界。

　　當然這一當代哲學的問題意識，並非和辻哲郎與洪耀勳在當時哲學語境（帝國哲學語境）下所能開展出來的。但這一問題意識，隨著貝爾克的文化地理學或風土文化論之演繹所衍生出來的科學危機問題，可說具有當代哲學思考的價值，同時也構成了「臺灣哲學、日本哲學、歐陸哲學」之間連動的關係網。

第二章
東亞脈絡下的實存哲學發展：宗教實存與藝術實存

一、前　言

　　Existence（Existentia, Existenz）這個概念，在日本被翻譯成真實存在、現實存在、實存、於現在實際存在者或於現實存在者等，不僅在十九世紀以降的歐洲大為流行，就連傳到了日本，亦在日本人的生命或學術上，占有相當深遠的意義，因此被廣泛地傳達、接受，並被加以改造。然而，閱讀日本當代學者佐藤真理人的論文〈作為可能性的實存思想：「實存」概念的崩壞〉，[1]可發現那種充滿哲學意味的「實存」概念，在日本現代社會裡已形同死物。因為「實存」這個語言，只被使用在哲學及和它有關的業界當中，而且該語言的意思及定義有很多種，根本無法以系統性的方式，來將它加以規範。一般人既然對這些和「實存」有關的意思及定義都興趣闕如，更不用說會把這些哲學術語使用在日常生活當中。因此，佐藤真理人在此論文最後如此主張：「那些被稱為實存的思想家們，之所以有足夠的力量對我們訴說，並不是因為實存這個語言，而是因為他們真誠的、有動力的思想。」[2]這意味著，對我們而言，最重要的是：揭示實存的思想家們之人生態度或精神。

---

[1] 佐藤真理人〈作爲可能性的實存思想：「實存」概念的崩壞〉，收入實存思想協會編《作爲可能性的實存思想》，實存思想論集XX，東京：理想社，2006年，頁5-23。

[2] 見前揭書，頁20。

在此首先要注意的是，日本實存思想協會編集部以「重探實存思想的現代性意義」這個目的，出版《作為可能性的實存思想》這本論文集的意義。這讓人聯想到實存思想協會所擔心的是，實存思想在日本現代社會有存續或消滅的危機。或者與之相反，我們也可以猜想，該協會試圖想要增加實存思想的研究者或崇拜者。這種現象對照於佐藤真理人的論文，實在耐人尋味。因為佐藤真理人一開始就認為根本就沒有實存思想的存在，若真的有其實現性的話，那也只能出現在人的現實生活或生命當中。

當代日本學者嶺秀樹為《作為可能性的實存思想》的執筆者之一，他指出：將日本沒有的或和日本沒關係的歐洲哲學之概念或語言移植到日本，並且彷彿就像自己的東西一樣地對它抱持高度關心、對它加以思索，這樣做的意義究竟在哪裡？[3]嶺秀樹認為，不應該一味地將那些外來的哲學用語作為客觀的對象來加以理解，並以理性的態度來告訴那些不懂的人，更重要的是，我們應該學習那些揭示「人是什麼？」、「人該如何活下去？」這種具有存在論式的，或宗教倫理式的實存思想家所呈現出來的真誠之生活方式。簡言之，唯有學習如何在現實生活上實踐，才是最真實的。

本章將依循上述立場，首先探究日本近代哲學家田邊元的實存哲學論述。這裡主要是針對和實存概念最相關的戰前論文〈實存哲學的極限〉（1938）與〈實存概念的發展〉（1941）以及戰後著作《實存、愛與實踐》（1947）[4]進行檢討，藉此闡明實存概念是如何被田邊接受，以及它在田邊自身宗教哲學式的實踐當中，又呈現出何種變化。此外，也將思考田邊的宗教實存究竟要傳達給我們的是什麼。接著以上述的研究為基礎，試圖透過探討洪耀勳的實存哲學論述，來檢視「實存概

---

[3]　嶺秀樹〈作爲可能性的實存思想〉，前揭書，頁26。
[4]　以下《田邊元全集》（東京：筑摩書房，1963-1964年）的引用，以（T卷數・頁數）標示。

念經由日本傳到臺灣，是以何種面貌出現」的問題。這一探討恰好能引
領吾人思考哲學在東亞脈絡下的轉化問題。筆者目的在於因應此一特定
的歷史背景，試圖重新思考實存哲學（特別是洪耀勳的藝術實存論）對
近現代的臺灣人具有何種意義。

二、田邊元的實存概念：從知到行的轉變

在分析田邊的實存論之前，首先必須將他三個論著〈實存哲學的
極限〉、〈實存概念的發展〉、《實存、愛與實踐》分成二個時期來思
考。前面兩篇論文是田邊於日本戰敗前在完成「種的邏輯」的體系之後
所發表的論文。這兩篇都是關於起源於歐洲的實存概念之考察。《實
存、愛與實踐》則是田邊於日本戰敗後，經過自身他力宗教信仰體驗下
的哲學轉向後，也就是主張懺悔道的哲學後，所撰寫的著作。他在此著
作中，展開了自身獨特的宗教哲學式的實存論。

關於以上的資料，大致來說，田邊在前面兩篇論文中，除了探討歐
洲的實存概念以及實存哲學的形成與變化過程外，還指出實存哲學在當
時的侷限。《實存、愛與實踐》這本論著則明顯地揭示出，實存概念隨
著田邊自身生命（人生觀或價值觀）的轉變所產生的轉化。此節主要是
想分析〈實存哲學的極限〉，並突顯出田邊因應當時的歷史現實所勾勒
出來的實存圖像。

若翻閱田邊元年譜（參見《田邊元全集》，第15卷）可知，他在
戰爭前後的某一段時期（1942-1945），除了公開演講外，並沒有公開
發表學術論文。當時他主張的「種的邏輯」，雖然呈現出「類」（絕
對者、理想國、人類）、「種」（國家社會、共同體）、「個」（個
人）的三一性結構，然而他在〈國家存在的邏輯〉（1939）、〈國家的
道義性〉（1941）、〈思想報國之道〉（1941）等論文中，卻將「種」
給類化、普遍化（也就是將國家給絕對化），因而為自己的理論帶來了

破綻。[5]

　　上述說法在日本的學界，已成為一種定論。若思考「種的邏輯」的挫敗經緯，便可察覺到，在田邊對人類存在的解釋裡，潛伏著「種的邏輯」的運作。因為，田邊的實存論顯然不是歐洲實存論的複製或翻版，而是一種帶有「種的邏輯」色彩的實存論。若詳細解讀〈實存哲學的極限〉、〈實存概念的發展〉便會發現，田邊的實存論與其「種的邏輯」有密不可分的關係。

　　田邊在〈實存概念的發展〉的開頭處如此說道：實存（existentia）和本質（essentia）這兩個概念的對立，事實上是中世哲學為了解決亞里斯多德形而上學遺留下來的問題時所提出的。至於實存的淵源，田邊則追溯到亞里斯多德對個體的本質（essentia）之定義。田邊認為：亞里斯多德所謂的「個體作為『此物』而於現實中存在，並不能光靠它擁有固有的本質來證明。『此物』作為所謂dies da而da-sein，不外乎是本質擁有對本質呈現出偶然性的『於現在』da這種外在的規定。」（T7‧213）。如此看來，個體的存在是一種本質與實存（現實存在）的結合狀態，也就是說個體必須處在「於現實中存在」這種狀態當中。若是如此，所謂實存只是個體存在的一個側面。關於這點，和田邊同一時代的哲學家九鬼周造在其論文〈實存哲學〉[6]中探討何謂實存時，亦提出類似的說法。九鬼認為要探討何謂實存，就必須先了解何謂存在。關於存在，就西方哲學的脈絡來看，包含有「可能的存在」

5　「種的邏輯」會出現破綻是因為，它雖然主張人必須採取對應歷史現
　　實的自我否定之實踐，也就是不把自己絕對化，而不斷地讓絕對的他者
　　（類）與相對的他者（種、個）進行自我否定的行動，但在現實層面上
　　卻沒有澈底地進行自我否定。關於「種的邏輯」，參見廖欽彬《近代日
　　本哲學中的田邊元哲學：比較哲學與跨文化哲學的視點》，北京：商務
　　印書館，2019年。

6　初稿完成於1933年，收錄於《人與實存》（東京：岩波書店，1939
　　年）、《九鬼周造全集》，第3卷（東京：岩波書店，1981年）。以下引
　　用以（K卷數‧頁數）標示。

（essentia。日語表現：である）和「現實的存在」（existentia。日語表現：がある）這兩種面向。前者屬於廣義的存在，後者則屬於狹義的存在（參見K3・59-62）。這種解釋顯然是對應到亞里斯多德的「潛能」與「實現」這兩個概念，和九鬼自身的偶然哲學有很大關聯（見本書附錄）。

　　田邊指出亞里斯多德形而上學所遺留的問題（亞氏雖提出實存但最終傾向本質的個體存在論），亦影響了鄧斯・司各脫（Johannes Duns Scotus, 1266-1308）的個體主義，並在司各脫探討實存的工作上，起了阻擾的作用。田邊認為這種本質與實存之間的揚棄理論，要到近世的黑格爾才能有所展露（參見T7・213-214），並斷言這種從古代、中世到近世為止的「實存概念之困難點就在於，無法對其永恆的本質進行澈底的否定，以及反過來將歷史性或偶然性轉化成本質。」（T7・215）。

　　田邊在以下引文中論述實存（existentia）的定義之後，試圖將海德格的「自覺存在」之模型放到古代以來的實存（existentia）與本質（essentia）的統一態當中來看。[7]

　　　所謂Existentia，作為ex-sistere的合成語言，本來就意味著保持於外的存在方式。相對於Essentia的內在本質，我們稱它（Existentia）在和他者之間的關係中保持於外的存在方式，也就是表現或顯現這種存在為實存。進一步來說，實存不外乎是，在對他者關

---

[7] 事實上，九鬼周造在〈實存哲學〉一文中亦論及到實存概念出自於古希臘的存在本質論（柏、亞二氏），並說明往下亦可從中世神學、近世浪漫主義的生命哲學、近代的實存哲學脈絡中看見其蹤影。它最後在海德格身上落腳（參見K3・76-89）。九鬼甚至在最後直言，哲學問題不離存在一般，而前往存在一般的道路，不外乎是實存，因此哲學即是實存，反之亦然。但九鬼又對這種具體的、實際存在的、時間的、歷史的、熱情的、具可能性的實存持有戒備，認為哲學既然是標榜普遍性，那麼實存哲學勢必會處在現實存在與本質存在的交叉口上，此為實存哲學的難題（參見K3・89）。

係中的外在現象性是由作為該現象基礎的內在本質所反省的東西。也就是說，由外反省於內，由內表現於外，便是實存的意思。今日在海德格的自覺存在論當中，「此在」Dasein（日語：現存在）自覺到自我存在的可能，並於自我的本質中進行反省的存在被解釋為實存，這正和這個意思不謀而合。（T7‧214，括號內為筆者注）

據上可知，海德格所說的「此在」（Dasein）或「實存」（Existenz），藉由田邊的解釋，便以從世界內存在到世界內存在、從被拋的存在到籌劃的存在、從自身的本質出於外（亦即作為現象而於現實中存在）這些形式出現。田邊認為這種實存（existentia）與本質（essentia）的關係，在斯賓諾莎（Baruch De Spinoza, 1632-1677）的哲學裡，可以看到其端倪。因為古代本質存在論之基礎的個體主義所帶有的實證性及力學傾向，已經逐漸地往前者（實存）傾斜。斯賓諾莎的「力學存在論」一般所帶有的力學觀即是：力量就在引力與排斥力的交互性緊張關係中產生。因此，斯賓諾莎所說的存在（或者實存），亦可說是包含內在本質與外在現象之交互性的複合體，不可能是單純的自我同一的單純者，或者是直接主張、肯定自我同一這種作為內在本質的實體存在（參見T7‧223-224）。然而，田邊以海德格的「向死的存在」（Sein zum Tode）為基礎，稱斯賓諾莎的實存為一種表現存在，並說明此種「生命」的存在必須要有「死亡」的自覺，應藉此進而開展為將自己的「死轉化為生」、將「否定轉化成肯定」的自覺存在（參見T7‧224-225）。

須注意的是，出現在上述的實存（existentia）與本質（essentia）的交互關係之西方哲學史脈絡中的兩個存在概念，也就是「表現存在」及「自覺存在」（「自我肯定的存在」及「自己否定即肯定的存在」）。對田邊而言，真正的實存必須是「表現存在」與「自覺存在」的媒介統一體。然而，這裡我們要問的是，「表現存在」要如何

做，才能變成「自我否定即自我肯定的自覺存在」？田邊認為唯有透過
絕對者的愛或慈悲才有可能。關於此論述，可從田邊所提示的主體實存
結構中看到。

> 普遍必須是將此種自己的反抗者所施加的否定（人類否定絕對者
> 並篡奪其絕對性的行為）轉變為自我肯定的絕對轉換之媒介統
> 一，才能夠發揮超越的絕對普遍性……個別之所以能作為個體而
> 成為自由的主體，是因為自己進而成為此超越的愛之媒介，並自
> 由地奉獻自己，對於絕對者的慈悲召喚，自己也能有所決定並回
> 應它。自己對絕對者的慈悲召喚做出回應，就是對自身進行絕對
> 者的媒介，因此實存的個體自身，對於其他的個體，亦必須變成
> 以絕對者的慈悲為媒介的愛之行動者。具體來說，實存應該是意
> 味著，作為愛的行動者來進行還相才對。（T7‧242，括號內為
> 筆者注）

據上可知，田邊從他力宗教（特別是基督教與淨土真宗）的脈
絡，將「絕對者」（神或佛）與「相對者」（一般民眾）之交互否定的
媒介關係，移植到西方的實存概念當中，並將「人是何種存在」這種對
存在的提問，置換成「人該如何活下去」這種對行動的提問，藉此來建
構自身的實存圖像以及其應該有的結構（參見T7‧243）。

當然，在實存概念中加入宗教及倫理的要素，並非田邊自身的獨
特見解。在田邊試圖建構的實存圖像中，我們可以發現齊克果的實存概
念發揮了重要作用（此論述將在下節展開）。田邊在〈實存概念的發
展〉這篇論文的結尾處，一方面指出黑格爾的實存概念，由於被邏輯
的理性所收攝，因此缺乏宗教性和倫理性，另一方面試圖超越黑格爾
（無論是絕對者還是個人，都被收編在國家或邏輯的理性這種具思辨性
的實存立場）和齊克果（重視個人與絕對者之間關係的單獨者之實存立
場），來建構一個「絕對、國家、自我」（即所謂「類、種、個」）

這種三位一體的、且具有歷史、行動自覺的實存哲學（＝國家哲學）
（參見T7‧246-249）。顯然田邊根據當時的歷史現實所建構的「種的
邏輯」，在其實存論述當中，起了很大的作用。

　　下一節將透過檢討田邊在〈實存哲學的極限〉中的雅斯培批判
（即對包括者das Umgreifende的批判）與西田批判（即對無的場所之批
判），來探究田邊自身所勾勒的實存圖像。

三、實存哲學的侷限及其轉換

　　〈實存哲學的極限〉（1938）一文，從公開發表的順序來看，早於
〈實存概念的發展〉（1941），然而由於〈實存概念的發展〉比較具有
哲學史的意義，因此先在前節討論。延後討論〈實存哲學的極限〉的另
一個理由是：〈實存哲學的極限〉一方面指出包含雅斯培在內的歐洲實
存哲學之發展方向，另一方面則透過批判作為日本哲學代表之西田哲學
的神祕主義傾向，來提示一種包含宗教的社會實踐之內涵的新實存圖
像（參見T7‧3）。田邊在此論文的主要工作是評價雅斯培將海德格的
「時間的實存哲學」發展成「空間的實存哲學」，並將其「主觀的實
存哲學」轉化成「現實的實存哲學」。田邊接著在批判雅斯培的文脈
下，順帶批判西田的「無的場所」之思想，認為該思想即是從包攝一切
的靜態空間所產生的神祕主義思想。最後，田邊表示：今後的實存哲
學，必須是以宗教的社會實踐為核心的絕對無的哲學。[8]

　　田邊在〈實存哲學的極限〉的開頭處指出，雅斯培的實存哲學是
一種「哲學的哲學」，也就是對作為自覺存在的實存進行反省的哲學
（亦是對海德格的實存哲學之批判），並認為此種哲學和自己所謂的

---

[8] 田邊在此所提出的實存構想，到了日本戰敗後，經過懺悔道的哲學變得
　　更加鮮明。此時期的實存論，早已為戰敗後的實存論做了準備工作。關
　　於其戰敗後的實存論，將在下節討論。

「絕對批判」精神相當接近。田邊之所以評價雅斯培的實存哲學，是因為他「將此在（Dasein）之矛盾的空無性視為是對實存的媒介，這種想法可說更加接近辯證法」（T7‧7，括號內為筆者注）。換言之，其實存哲學便是將空間的包括者（das Umgreifende）作為實存能得以顯現的媒介。雅斯培的實存以自我否定的無性與作為超越的包括者為媒介，正是令實存之所以為實存，包括者之所以為包括者的理由。以下是田邊對雅斯培的包括者概念之理解。

> 包括者概念是該氏的實存哲學之軸心，此概念作爲其最後的樣態，也就是超越，讓透過諸存在的空無性而得以面臨無的自我，在面對它的同時，並從它那裡接受、得到自我的根源，這意味著回歸到世界的空間。因此，包括者被解釋爲：能讓自我被它所包攝，且不斷地進行自我超越的同時，在面對它時卻被它所反彈而回歸到世界的牆壁。在這一層意義上，包括者對比於所謂無的場所，是無庸置疑的。包括者在將被包括在其內的東西無化的同時，反而讓它回歸到世界，在這一點上，包括者看起來就像是以絕對無爲原理。包括者或許沒有停留在一種消極的無的場所，而是相當於一種積極的無的場所。相對於前者只將存在無化，後者則帶有讓「無即有的轉換」成立之辯證法的一般者性格。（T7‧14-15，引號爲筆者所加）

據上可知，田邊將雅斯培的包括者等同於西田幾多郎的「無的場所」，並認為兩者沒有停留在將實存消弭於無的作用，兩者皆帶有讓實存進行「自我否定即肯定」之轉換的作用。田邊對於這種作用給予積極高度的評價。

然而，就如田邊所指出：「雅斯培既沒有讓理性發揮實踐理性的意義，也沒有讓歷史進行『生成即行為』這種『基體即主體』的轉換，這種立場必然會讓內在與超越的媒介消失，使得實存始終只將相遇的超

越，作為相對於自己的他者，因此也讓『他即自』的行為之統一無法實現。」（T7・4，雙引號『』為筆者所加）。雅斯培的實存和海德格的一樣，既沒有脫離靜力學式的、均衡式的觀想，也沒有「真正地以動力學與危機的方式，澈底於突破到歷史現實的『無之行為』的自發性」（T7・5，雙引號『』為筆者所加），因此尚未達到超越者（包括者）與相對者（個人）的彼此否定媒介關係，也就是一種「他者（超越）即自我（內在）」、「往相即還相」的轉換關係。雅斯培的實存可說是一種作為觀想或覺醒的實存概念，而不是一種作為行動的實存。總之，田邊追求的是：積極地以「死即生」、「往相即還相」的轉換運動方式參與歷史實踐的實存，而不是對社會實踐呈現消極態度的實存（亦即作為思辨哲學的實存）。

　　根據田邊的說法，對實存而言，無論是雅斯培的包括者，還是西田的「無的場所」，若只停留在透過此在（Dasein）自身的空無化來面對作為他者的超越，實存不僅無法將超越的給予物視為自我的存在，甚至無法將超越視為自我的根源（參見T7・15-16）。田邊認為若要解決此問題，「超越與實存兩者都必須帶有絕對無的性格，實存不能只將超越視為他者，同時也必須將這個他者作為自己來理解。相同地，超越作為絕對無，也必須轉化到和自己相反的內在當中，實存作為這種超越即內在的絕對無之顯現，自己也必須共有內在即超越的性格。」（T7・16）。

　　如此看來，超越與實存雖然彼此是絕對的矛盾對立，但又處於以彼此為否定媒介，且相互轉入的相即關係當中。田邊真正想避免的是，超越（無論西田的無的場所或雅斯培的包括者）只是單方面地包攝實存，並讓實存進行「無即有」、「自我否定即肯定」的轉換。因為作為絕對無的場所（超越）除了必須將實存（相對者）作為否定媒介來參與實存（相對者）的活動外，其自身還必須得進行「自己否定即肯定」的轉換。田邊一邊思考著西田的絕對無的場所，另一邊批判著雅斯培的包括者。「對於他者能發揮絕對否定的機能並對它進行媒介，然而對自己卻拒絕進行否定媒介，這可說是沒有跳脫出所謂斷常二見的結果。只有

轉換他者，自己卻沒有包含轉換的話，那麼又如何將他者包攝在自己之中呢？這樣一來，它只是作為拒絕相對的媒介之絕對，如此一來自己反而會墜落到相對，這不外乎是一種自我否定。這就是沒有還相的往相是絕對無法攝取的理由。」（T7·17）。[9]

顯然田邊非常警戒絕對無的場所或包括者成為一種根基或實體。他認為包攝實存者的場所不能是沒有進行「自己否定即肯定」之轉換的絕對有。此轉換是絕對無與實存者在彼此的否定媒介關係下之轉換。因篇幅關係，以下無法再詳論田邊對西田哲學的批判，特別是針對這種作為絕對無的場所的停滯性、封閉性與神祕性。

事實上，田邊認為雅斯培的實存並不是絕對無，而是一種具有自我同一性的「有」，是一種從超越來接受存在的容器。也就是說，雅斯培所謂的超越，並沒有貫徹絕對無的性格，其自身尚還帶有「有」的性格（參見T7·16）。相對於絕對無的場所或空間，田邊提出絕對無的行動。他透過絕對者與相對者的無限往、還二相的轉換運動，來重新建構超越與實存的相互關係。田邊說道：

> 超越與實存的關係，只要是前者是後者的根源，就不能是作為他者來與之形成隔離與對立。它同時必須是以自即他、他即自的姿態來達到相即合一的狀態。也就是說，兩者都必須作為絕對無，相對於該「往相」的面向是超越，該「還相」的面向必須是實存。絕對無唯有在這種往、還二相的表裡相即關係當中，才能成立。（T7·16，引號為筆者所加）

---

[9] 田邊對西田的絕對無的場所，進行如下批判。「所謂無的場所只要是能被直觀，其自身就會變成有，而不會進行否定媒介。無亦是以否定在其場所內的東西之方向為主，因此不免無法將它做絕對否定式的轉換肯定。因為若要讓此轉換成為可能，無的場所本身，必須否定轉換自己，並還相到相對的存在，然而只要它作為場所而存在的話，就只能停留在往相的層面而已。」（T7·18）。

　　據此可知，超越與實存唯有在自身內部及自身之外進行相互的「自己否定即肯定」的轉換運動，才能存續或保存自身。這種以宗教實踐為基礎的實存結構，在二戰後，經由田邊自身的他力宗教信仰，而得以繼續被深化。當田邊在〈實存哲學的極限〉的第四節中論及雅斯培談論實存的殉道性時，便透露出其自身試圖將基督教救贖論脈絡中的「自我犧牲即自我實現」（殉道即淨福）這種愛的行動作為實存的原理（參見T7・19）。當然，這也是田邊為了要尋找宗教和倫理的實存，東西方的共通點或連接點所做的努力。

四、二戰後的實存圖像

　　田邊在《實存、愛與實踐》的序文中，如此說明撰寫此書的理由：「我在前面兩篇論文中，選出並分析一般人認為齊克果的哲學思想之永恆意義，闡明相對於黑格爾的理性主義，其實存主義所展現的特色，在顯示出它是哲學之必要條件的理由之同時，批判其立場仍偏向超越的自我在往相層面上的單獨性，造成缺乏社會性的媒介，以致於以『愛的自我犧牲』為基礎的社會解放之實踐，變得非常淡薄。這可說是其難以掩蓋的缺點。最後闡明了即使他提倡的『愛的應該』有實存的協同作為基礎，但因該主張尚未還尚於具體的現實社會之政治實踐，因此無法避免其抽象性。」（T9・276，括號『』為筆者所加）。顯然田邊想從齊克果的宗教實存中，找出和自己構想的實存論（或者是宗教哲學）相近的要素，藉由分析與指出其不足的部分，來建構一種能對應當代的新哲學（即新的實存哲學）。

　　田邊撰寫此書，是在二戰之後，當時「無的實存主義」風靡於戰後的法國，虛無主義和實存主義，亦在戰後的日本中大為流行。西谷啟治（1900-1990）的《虛無主義》[10]便是其中一本代表著作。西谷在此

10 西谷啟治《虛無主義》，京都：弘文堂，1949年。該書收入《西谷啟治著作集》第8卷，東京：創文社，1986年。

書中表示自己在戰敗後的日本中感受到濃厚的虛無感。在闡明歐洲虛無主義的歷史發展脈絡後，西谷便開始探討尼采的虛無主義思想及他所謂的實存。在比較了尼采與海德格的思想之後，西谷最後返回到尼采的實存，並摸索了一條超克虛無主義的道路。在此書西谷想透過批判式繼承的方式模仿尼采來超克虛無主義，藉此為人類提供一條可行之道與實存的精神（即愛自己的命運，以自身的意志自由地選擇未來的精神）。田邊在《實存、愛與實踐》第一章第一節的結尾處，早已指出「虛無主義即是實存主義」的想法正瀰漫在戰敗後的日本，並表示這是一個不得不詳加探討的課題（參見T9‧282-285）。

　　田邊在《實存、愛與實踐》中，花費了三分之二的篇幅集中探討齊克果的宗教實存。在檢討該論述前，有必要先說明田邊在日本戰敗前後所建構的懺悔道哲學之結構。田邊在戰敗前後，藉由提出懺悔道哲學這種他力哲學，來改變自己的哲學方向。在懺悔道的哲學裡，進行哲學的主體已經不再是田邊自己，而是讓他承認理性信仰的不可能，並在理性的支離破碎當中，再一次讓他認識理性的絕對他力。也就是說，懺悔道哲學的成立必須以絕對他力作為基礎。他力哲學可說是後期田邊哲學的根本（參見T9‧3-14）。

　　田邊以他力哲學為基礎，強調個人及其民族的懺悔，透過絕對他力所喚起的懺悔，再次重新建構「種的邏輯」中的類、種、個三者的關係。在這種被重構過的哲學當中，存在與行動的關係有了很大的轉變。人類的存在與行動的存續，已經不再倚靠其自身的力量（或思辨的理性），而是倚靠絕對他力所引導的「自他否定即肯定」（自他懺悔即救濟）的轉換運動。人類的存在與行動因懺悔即救濟（死即生）這種宗教實踐，帶有宗教與倫理的性格。顯然此種存在與行動觀和田邊在《實存、愛與實踐》所說的宗教實存有相通之處。

　　《作為懺悔道的哲學》（1946）中的法藏菩薩論，將過去佛召喚眾生往生而得到救濟的這種無媒介的、直接的、平面的交涉關係，轉變成「佛⇔法藏菩薩⇔眾生」三者立體式的往、還二相之循環關係。田邊

認為絕對者為了救濟相對者，必須透過相對者之間的否定媒介關係。
而扮演這種中介者角色的便是法藏菩薩的因位修業。因為絕對者的力
量，並非直接地，而是以法藏菩薩的因位修業（絕對者的自己否定）為
媒介，來進行眾生救濟的工作（參見T9・196-201）。我們可從這裡看
到，法藏菩薩的存在與修行帶有雙重性。存在的雙重性是指絕對態與相
對態，亦即佛的絕對態以及能與眾生一同進行否定媒介運動的佛之自我
否定態。修行的雙重性是指眾生的往、還二相之循環運動和佛的往、還
二相之循環運動。這種具雙重性的存在與修行之媒介關係，形成了田邊
所要建構的宗教實存結構。此處所說的「佛⇔法藏菩薩⇔眾生」三者
立體式的往還循環之交涉狀態，便是田邊所追求的宗教實存之交涉狀態
（這和洪耀勳的生存交涉全然不同）。上述的宗教及倫理之立場，可說
是催生新的實存圖像之原動力。

　　田邊在〈關於齊克果的實存生成之劃時代思想〉（參見T9・286）
這個章節，一開始便批判黑格爾的精神哲學，接著評價齊克果的實存思
想將人類的現實存在從概念的普遍、理性的必然、思想的可能性及抽象
性中解放出來，並讚許齊克果不僅以現實的行動來規定人類的現實存
在，還認為這種單獨的個人是一種能自由地決定自己一切的自覺存在
（參見T9・286-88）。田邊認為實存與世界的關係，通常必須是彼此相
互限定的依存關係，世界並無法直接用直觀的方式來掌握，必須以實
存的「自立即依他」這種愛的實踐為媒介，才能顯現出來（參見T9・
289）。也就是說，世界之所以能成立，必須倚靠實存的「被限定即限
定」的自由行動及愛他者的宗教實踐。

　　如本章第二節所述，亞里斯多德的個體存在論，包含了本質與實存
的兩個面向。然而，其個體存在論傾向於本質，以致於實存的性質被掩
蓋，無法顯露出來。田邊在檢討齊克果如何談論實存的生成之前，便先
說明亞里斯多德以自然科學的認識，來解釋東西的生成、變化之不可思
議性，以其潛能的現實化（實現）之思想將生成的不可思議性化為可思
維性，並試圖消除同一性原理下的矛盾。田邊認為亞里斯多德的思想無

法解決非自然的實存生成問題（參見T9‧292）。從正面解決此問題的正是齊克果。齊克果在《哲學片斷》（1844）中，提出「人要怎麼做才能變成基督徒」這種和實存生成有關的問題，並藉此提問來突顯出基督教式的實存圖像。田邊特別注意到齊克果將宗教的要素添加在實存的生成上，並評價其做法的劃時代意義。因為齊克果在基督教信仰中承認的死後復活這種實存自覺，正是無的立場中的超越性自覺、絕對批判的實現（參見T9‧294-295）。[11]

接著，必須注意的是，以下田邊對齊克果的評價：「齊克果澈底地為自己的原罪性所苦惱，他在罪惡、不安、絕望、苦難的底部拋棄自己，藉此復活於愛的神之恩寵，並於瞬間時機成熟時所產生的永恆之時間化當中，間接地作為與神子基督同一時代者之弟子，和基督一起接受死後復活的苦難與淨福，而且透過模仿師傅基督的行徑，變成一種浸潤在其教化當中得到救贖的實存者。如此一來，才能夠在自身的自覺當中，突顯出澈底的主體性立場中的生成問題，以及獲得解決該問題的基礎。」（T9‧295）。據此我們可以發現到，田邊在一年後出版的《基督教的辯證》（1948）中提出的「神⇔耶穌基督⇔民眾」三者立體式的交互否定媒介關係，便是從上述齊克果的基督教實存圖像中找到其模型。[12] 在此必須重新回顧《作為懺悔道的哲學》中的「佛⇔法藏菩薩⇔眾生」三者的往、還二相之循環關係。若從以上論述可了解到：田邊之所以對齊克果的實存有親近感，是因為他在齊克果的實存思想當中，找到了自己想追求的宗教及倫理之實存圖像。

---

11 關於齊克果的實存生成過程，也就是美的階段、倫理的階段、宗教的階段，參見《實存、愛與實踐》的第一章第三節。因文章篇幅關係，在此不深入探討。田邊特別注意到齊克果經過的人生第三個階段，並對其基督教的實存圖像產生共鳴。

12 關於這一點，伊藤益如此說明道：「對作為愛的空無之追求，早已在《辯證》（《基督教的辯證》：筆者注）之前的《實存、愛與實踐》這本書中顯現出來了。」（《愛與死的哲學：田邊元》，東京：北樹出版，2005年，頁133）。

　　話雖如此，齊克果的實存思想也不見得和田邊的一樣。即使他從宗教性A到宗教性B的過程來提出自己的宗教觀，[13] 那裡仍然缺乏如馬克思主義的激進社會改革之動力。因為即使是他晚年的教會改革之實踐，亦缺乏宗教信仰下的還相運動，因此不能算是真正具有宗教倫理性的自覺存在（參見T9‧326）。田邊在此指出齊克果的實存侷限（因其保守的反動性及缺乏歷史感覺），並主張唯有和馬克思主義做結合，才能補足「個」（實存）反抗「種」（共同體、組織）並對它進行改革的動力。這種想法形成了田邊撰寫〈基督教、馬克思主義與日本佛教〉（1947）一文的基礎。然而，在此我們亦可看出，後期田邊哲學中的「種」概念，存在著曖昧性。從田邊對齊克果的批判可推測出，田邊所追求的理想實存圖像，雖然包含有共同體或其自身所處的國家社會及政治組織的否定媒介，然而隨著其自身的宗教哲學之深化，卻逐漸地失去國家社會或政治的色彩。[14] 若是如此，田邊於晚年所追求的未來實存圖像，豈不和齊克果的宗教實存圖像一樣嗎？

五、實存概念在臺灣的發展

　　從以上論述可發現，田邊接受起源於歐洲的實存概念到其變化的過程。這個過程顯然是一種從哲學知識的接受到哲學實踐的轉變。當然在此過程中，日本的歷史現實是讓田邊具有那種人生觀或世界觀的最主要關鍵。這種知識與生命的呈現方式，透過田邊的哲學實踐後，轉變成

---

[13] 關於田邊對宗教性B的理解，在此無法詳論。總之，田邊早已將基督教的核心，也就是「神的愛、對神的愛、鄰人愛」這個愛的三一性，放到齊克果的宗教性B裡（參見T9‧320）。

[14] 關於此問題，參見冰見潔〈應現存在與方便存在：田邊哲學的國家觀所提示的東西〉（《人間存在論》，第9號，2003年，頁171-183）、廖欽彬〈田邊元的國家論〉（《求真》，第17號，2010年，頁29-42）、《近代日本哲學中的田邊元哲學》的第八章「田邊元與卡爾巴特的辯證法：『種的邏輯』的轉向及其問題點」（頁164-180）。

實踐中的知識與生命，也就是「行即知、知即行」、「行即生、生即行」這種非常具有當代性的形態。

　　以上是歐洲的實存概念在日本的發展情況之一，至於實存概念在臺灣的發展又呈現出何種態勢呢？實存概念在各地的討論，通常會隨著接受地之歷史情況及其風土文化性，或者生活在該地方的人對未來之想像而有所改變。因此實存概念在臺灣的開展，亦有其特殊性與獨特性。眾所周知，臺灣在歷經甲午戰爭後割讓給日本，直到日本戰敗為止，總共有五十年的時間受到日本帝國的統治。臺灣對世界的認知系統無疑深受日本的影響，當時最前沿的歐美知識經由日本傳到臺灣，是不可否認的歷史事實。

　　具體來說，殖民地時代（1895-1945）的臺灣，隨著臺北帝國大學文政學部哲學科的成立（1928），在學術體制上，開始與日本、歐美的哲學發展同調。洪耀勳自東京帝國大學文學部哲學科畢業後（1928），便立即回到臺灣進入臺北帝大的哲學科服務，其經歷也從副手到助手。他在轉任北平師範大學之前（1937），曾和屬於京都學派系譜的務臺理作、岡野留次郎（1891-1979）、淡野安太郎（1902-1967）等哲學家一起工作。因此，洪耀勳的哲學素養，也受到京都學派很大的影響。[15]

　　他在臺北帝大工作期間，應友人作家兼政治運動家的張深切之邀，於當時的臺灣文藝團體「臺灣文藝聯盟」[16] 發表〈悲劇的哲學：齊克果與尼采〉（《臺灣文藝》，第2卷第4號，1935年4月）與〈藝術與哲學（特別是和其歷史性社會的關係）〉（《臺灣文藝》，第3卷第

---

15 關於洪耀勳的傳記，可參考歐素瑛：〈臺灣西洋哲學教育的引介者：洪耀勳〉（《教育愛 臺灣教育人物誌Ⅲ》，臺北：國立教育資料館，2006年，頁47-60）。關於當時臺北帝國大學文政學部哲學科，可參考邱景墩：〈文政學部：哲學科簡介〉（臺北帝國大學研究通訊編輯小組編《Academia: 臺北帝國大學研究通訊》，臺北：南天書局，1996年，頁99-137）。

16 臺灣文藝聯盟成立於1934年。該聯盟從1934年11月到1936年8月之間出版《臺灣文藝》月刊，同時刊載有中日文的文藝作品。

3號，1936年3月）兩篇文章。前篇文章介紹實存哲學及狄爾泰的「生命哲學」，後篇文章則是藉由介紹哲學來思考臺灣的主體性（臺灣人及其獨特的文學）。洪耀勳於國民黨統治的時代，仍然持續地介紹實存哲學，並將它推廣到戰後的臺灣社會裡。本章因主題與篇幅關係，在此將論述的範圍限定在殖民時期洪耀勳的實存論，藉由探討他的實存思想，來思考實存概念在臺灣的發展狀況及意義。

　　臺灣文藝聯盟發行的《臺灣文藝》，如張深切所言，一開始是以「表面搞文藝運動，背地裡搞政治運動（明文暗政）」的想法而出現。然而，隨著時局的變化，張深切逐漸地採取純粹的文藝路線，在創造臺灣文藝的同時和政治運動保持一定的距離。[17]洪耀勳在面對臺灣文藝運動的同時，試圖將當時流行於歐洲、日本的實存哲學與生命哲學介紹給臺灣的文藝界及知識界，並在此過程中，思索實存概念以及它與臺灣主體性的關係。實存哲學所要表示的是：人類覺醒於自己的主體性，在愛自身命運的同時，仍以自己的意志自由地選擇未來的精神。它所欲抵抗的不外乎是理性主義的觀念論及實證主義的思潮。洪耀勳就像是呼應了此立場一樣，認為自己所處時代正是抵抗古典哲學的新時代。

　　他在〈悲劇的哲學〉的開頭處便宣示古典哲學的最後體系，也就是黑格爾哲學已經開始崩壞，「人再度將視線朝向自己。到底，『人是什麼？』──人們開始嘗試重新吟味、檢討這個問題」，[18]同時指出人類對其所處時代之個別的、具體的人，乃至於人類社會之關心不斷地在高

17　參見張深切《里程碑》（《張深切全集》，陳芳明等編，第2卷，臺北：文經社，1998年，頁601-628）〈冷戰〉一文。究竟文藝與政治運動在張深切的一生中，是否能真正分開，值得再深入探討。此外，洪耀勳與張深切的關係以及張深切對洪耀勳的看法，可參考《里程碑》（《張深切全集》，陳芳明等編，第1卷，頁136-148）〈寄居〉一文。本書第八章探討了張深切的「批判儒教」論以及它與近現代日本的《論語》研究之影響關係。

18　《洪耀勳文獻選輯》，頁52。

漲。洪耀勳緊接著以類似後殖民主義立場的口吻，強調人類主體性之顯揚的重要性。

> 當黑格爾「概念化歷史」的大帝國分散於諸國，其體系成爲破碎的片斷，我們可以看到兩千年傳統的破壞。於是現代哲學的意義，事實上在於「主體的發展形式」之顯揚。既然普遍的太陽已然掩沒，人只能在其運命的晦暗白夜中，尋求新的「羅馬」、「女神」。[19]

洪耀勳接著以諷刺的語氣如此斷言道：像那種古典世界早已變成一種知識或記憶的世界，主張「人類作爲背負嶄新命運的實存，不得不向前邁進」。[20] 在此思考下，洪耀勳論及了歐洲的實存哲學家齊克果，並對齊克果所謂「現在於此」過活的、赤裸裸的人類（實存）圖像抱有很大的關心。此動機彷彿就像是在向受日本統治、壓迫下的臺灣人喊話一樣。「回歸到你自身的實存」正是洪耀勳內心最大的吶喊。洪耀勳在〈悲劇的哲學〉中，一方面介紹齊克果的基督教實存圖像，另一方面則介紹尼采顛覆基督教價值的實存（超人）圖像。他從這兩位哲學家所說的實存中看到了積極的要素，並如此說道：

> 齊克果的「實存」與尼采的「生命」，同爲現代哲學的兩大基本概念。「實存」與「生命」，擁有黑格爾所云「否定的力量」。人被迫立於無、死亡、命運之面前，並非只能悲觀失望；透過這內在的、創造性的否定力量，人可以脫離此困境。換句話說，虛無主義是可以被克服的。[21]

---

[19] 同上，頁53。
[20] 同上，頁53。
[21] 同上，頁55。

　　據上內容可推知，洪耀勳將關注放在潛藏於西方實存概念之中的力量，用別的話語來說，便是對消解人生的虛無感、改變人類的苦難命運之「否定力量」產生共鳴，並期待此力量在殖民地臺灣的積極作用。或許他試圖在這兩者的實存根底中所潛藏的「原罪即淨福、悲劇即希望（或喜劇）」的轉換，亦即在透過虛無主義來克服虛無主義的過程當中，找到能夠幫助臺灣人建構臺灣主體性的思想資源。關於此論述，可從以下引文窺見。

　　　　但是作為感性性格的主體，抗議這樣的日常性，要求價值的顛覆。人類主體的悲劇性格，在被迫處於此矛盾的地方，才能得以顯露。這就是為什麼主體的哲學，同時也被稱為悲劇的哲學。但是所有事物的價值與意義之喪失，不只是消極的否定，而是為了觀看事物真實的、赤裸裸的樣貌所進行的價值顛覆。因此，這種否定的否定之中，存在著某些絕對的、積極的要素。尼采稱這種無限制的肯定為「戴歐尼修斯（Dionysus）式的肯定」。[22]

　　尼采在《悲劇的誕生》（1872）中主張最高的藝術（悲劇的藝術）是象徵理性的阿波羅（Apollōn）精神與象徵激情的戴歐尼修斯精神的融合，既不會是前者的獨占鰲頭，也不會是兩者並行的結果。尼采式的戴歐尼修斯精神之顯揚，在此受到洪耀勳的關注。因為它代表的是顛覆一切價值後的新世界觀。在此，我們更應該注意的是，洪耀勳以統合現代所謂有神論（齊克果）與無神論（尼采）的實存之形式，來理解兩者都是一種「悲劇即喜劇」的哲學。因為在那種實存理解當中，潛藏著洪耀勳追求臺灣人的「悲哀即歡喜」這種轉換可能性的願望。這一訊息另可在洪耀勳的一篇短文〈斷想：地下室人類〉（《臺灣警察時報》，第228號，1934年）當中看到。[23]

---

[22] 同上，頁61。

[23] 參見同上，頁48-50。

　　我們若考慮上述《臺灣文藝》的成立經緯，可理解到洪耀勳將實存哲學移入臺灣知識界及文藝界的意圖。這種動向既是時代的趨勢（費爾巴哈、馬克思、齊克果、尼采、海德格等的新哲學趨勢），同時也是臺灣歷史現實的要求。此種說法，可見於洪耀勳〈藝術與哲學〉的開頭處，無疑是洪耀勳回應《臺灣文藝》編集者所提出的要求，亦即回應「臺灣作家該有的哲學」的要求時，所提出的特殊性回答。

　　根據洪耀勳的說法，當時的臺灣文學界所主張的獨特的臺灣文學，必須具有以臺灣的歷史現實及現實生活為基礎的具體內容，也就是必須具有臺灣的現實性（reality）。作家必須倚靠自身的個性及獨創性，來創作自己的文學作品（或藝術）。總之，洪耀勳在「主張臺灣文學必須貼近臺灣的現狀，必須立足於臺灣特殊歷史性與社會性等基體的同時，也要對那些不經過種的基體，直接浸沒在普遍文學、也就是『類的普遍』的全體中的文學，提出警告。因為，即使文學的本質是普遍性的，它並不是抽象的普遍性，而是具體的、現實的普遍性，對於種的基體，我們必須付出充分的顧慮。」。[24]

　　我們可從以上引文聯想到，田邊的「種的邏輯」中所說的「類、種、個」的三一性以及和辻哲郎的《風土：人間學的考察》中所說的「風土即是人的自我表現」這種說法。[25]事實上，若考慮到田邊在《瓦

---

24 同上，頁68-69。

25 這種說法並非筆者肆意的想像。洪耀勳在〈藝術與哲學〉的第五節中，援用我和你、絕對媒介、絕對無、場所的一般者的辯證法世界等西田幾多郎與田邊元的哲學用語。此外，還主張絕對他者所帶來的自己否定即肯定的創造、「類、種、個」三者的絕對媒介關係下的創造等，並解說臺灣藝術家應有的哲學（《洪耀勳文獻選輯》，頁74-78）。洪耀勳在〈風土文化觀：與臺灣風土之間的關聯〉中引用和辻哲郎的風土論，藉由主張臺灣風土是臺灣人的自我表現，來建構臺灣人的主體性。接著，在〈實存之有限性與形而上學的問題〉（1941年完成。1968年修改。《實存哲學論評》，臺北：水牛出版社，1989年，頁92-94）中，洪耀勳在解釋existentia（實存）時，引用了田邊的論文〈實存概念的發展〉。從這裡亦可看到，洪耀勳的哲學觀或實存觀，受到京都學派很大的影響。相關論述，參見本書第四、五章。

勒里的藝術哲學》（1951）中，以自身的「種的邏輯」來闡明瓦勒里
（Paul Valéry, 1871-1945）的詩作品，並對這些作品展開批判的部分（參
見T13‧123），我們可以說洪耀勳在此所提出的「種的基體」的藝術
論，有其獨到之處。洪耀勳藉由發揮當時流行的實存思想，主張臺灣
人的藝術作品（或其他文化的創造）非以臺灣人自身的實存為基礎不
可。關於此種想法，可見於以下引文。

> 我們可以說，審美的價值，就是原本單純的「所謂……這種存
> 在」、現實存在，因著純粹性、充實性與力量，被轉換爲質性
> 的價值存在，也可以說就是「凝聚」的現實存在。這裡必須注
> 意的是，「凝聚」這個概念，不應該理解爲（像柏拉圖的理型
> 〔Idee〕那樣）一視同仁的統一。因爲，如果「凝聚」是一視同
> 仁的統一，現實的事物將變得像陰影一般薄弱。美的事物無論如
> 何都必須是現實事物的高揚，必須是支持對象諸要素的內在統一
> 力量。[26]

如此看來，實存概念經由洪耀勳的介紹與轉化，在臺灣不僅被視為
是當時時代趨勢所帶來的新哲學概念，甚至成為臺灣人創造自身文學或
主體性的主要動力。實存概念隨著臺灣歷史現實的作用，促使臺灣人的
主體性或獨特的臺灣文學（文化）之誕生，前往新的次元邁進。

相對於理念的、理性的、抽象的、普遍的藝術（文學）作品，洪
耀勳雖提出現象的、感性的、具體的、特殊或個別的藝術（文學）作
品，但卻沒有將自己的立場侷限在後者。雖然支撐後者信念的，是當
時的臺灣殖民文學及其寫實主義（realism）立場、臺灣的歷史性與社會
性、作家（創作者）的個性等要素，但洪耀勳仍舊警戒著墮入後者信念
的危險性，因而援引西田的「場所論」、「我和你」的理論來擔保藝術

---

[26] 《洪耀勳文獻選輯》，頁71。

品、藝術創作的內在性與超越性。也就是說，真正的（或洪耀勳主張的）藝術（文學）作品，必須包含作者的個性（獨創性）、作品的特殊性（歷史性、社會性）與普遍性（世界性）。能使這三個要素同時具足的，不外乎是西田的絕對無的辯證法。

　　根據以上有關實存（臺灣人的主體性）、哲學、藝術的論述，我們很容易可以想到，洪耀勳的藝術實存論與西田人學（日語：人間学）觀點下的藝術創造論之關聯。由於文章篇幅的關係，以下僅就一點來簡略說明兩者之間的影響關係。西田並沒有特別針對歐洲的實存概念撰寫任何文章，但在其〈人間の存在〉[27]中談論人是什麼樣的存在時，便主張人活在歷史世界當中，除了被世界或萬物創造之外，還會創造世界或萬物。人唯有在這種歷史的、創造的世界當中，才能是真正的自己。所謂「歷史現實的世界就是製作的世界、創造的世界」。

　　總之，當洪耀勳透過談論實存哲學與文學藝術作品試圖建構臺灣人的主體性時，他所想像的是西田哲學脈絡下的歷史性人類，或者是西田藝術創作論下的「被創造且創造」（作られつつ作っていく）自身的臺灣人形象。此外，這裡不能忽略的是，田邊在「種的邏輯」中主張「種（特殊）、個（個別）、類（普遍）」這三者對立統一的辯證法存在論。此須注意的是：洪耀勳的「藝術實存」論雖然受到西田、田邊、和辻的影響，但他在追求臺灣主體性的過程中，一點也沒有離開臺灣的特殊性（包括種族、社會、風土、文化、習慣等臺灣的現實性）與每一個臺灣人的實存（自由、自覺的存在）。

六、結　論

　　透過以上對實存概念的考察可知，實存概念無論是在西方或東方的發展，都是每個時代的思想家們在思考人類存在（或自己）與世界

---

27 參見《西田幾多郎全集》，第9卷，東京：岩波書店，1978年，頁9-68。

之間的關係時，所編織出來的人類觀或行動觀。人作為「於現在在此活著」的真實存在，當然可以不斷地被當作客觀對象來加以思索。然而，像這種作為客觀認知對象的人，絕對無法滿足我們人類自身。因為，那畢竟和我們的生命沒有直接關聯。所謂實存，若從田邊的立場來看，非得是「於現在在此活著的人」不可。事實上，田邊已用其自身的行動來證明它。

如果說絕對無的哲學是京都學派哲學家們的共通思想基礎的話，那麼它所意味的便是：澈底地否定包含人類存在在內的所有東西的本質。關於這一點，我們可以在田邊的宗教實存圖像中窺見到。因為絕對無才是讓所有一切東西存續下去的動力。無庸置疑的是：京都學派此種將事物本質空無化的思想，是在和西方的實體、實在（絕對有）的思想進行對決時所產生的。

相對於此，實存概念在臺灣的發展，和日本的情況有些不同。當洪耀勳在思考如何建構被置放在殖民地這一歷史情境下的臺灣主體性時，認為臺灣的民族、社會、風土、習慣、文化，也就是臺灣的現實性及以其作為基礎的個人的構想力或創造力，都是不可或缺的。洪耀勳本人並沒有擁有像京都學派那樣，為了與西方思想進行對決，而將實存概念重新打造成具有日本特色的使命感。他只是從自身被限定的歷史現實來看自己，並將自身的實存作為問題來思考。在這過程當中所出現的，正是由臺灣這塊土地培養出來的感情（pathos）所形成的、活生生的臺灣人之實存。相對於田邊所謂的宗教實存，洪耀勳的實存則是一種風土的、情感的、創作的、藝術的實存。相較之下，前者意識了西方並和它進行對決，其中所產生的實存概念帶有濃厚的理論色彩，而後者只是意識到自己及其歷史情況，因此比較接近於非理論式、感情式的實存。

實存在現今臺灣或東亞地區的歷史情境下，究竟是如何被表現出來？在此已經沒有詳細探討這個問題的餘裕。用一句話來說，筆者認為臺灣人或居住在東亞地區的人們，不應再被歷史的符咒或政治的意識形態等所束縛，應該在現在這個時點，藉由面對未來有何期待的熱情，來

相互創造自己和其居住的環境世界。那麼要達到這個境地，又必須採取何種行動呢？關於這一點，筆者認為除了可以用語言來表現外，還可以藉由每個人今後的行動來表現。

第三章
真理論在臺灣的開展：西田幾多郎、三木清、洪耀勳

一、前　言

　　洪耀勳自東京帝國大學文學部哲學科畢業後（1928），服務於臺北帝國大學文政學部哲學科，哲學素養受到屬京都學派系譜的務臺理作、岡野留次郎、淡野安太郎、世良壽男（1888-1973）、柳田謙十郎（1893-1983）等人的影響。他在臺北帝大任職期間，積極參與臺灣文藝運動，在張深切創辦的《臺灣文藝》分別發表〈悲劇的哲學：齊克果與尼采〉（1935）與〈藝術與哲學：特別是與其歷史性社會的關係〉（1936）兩篇文章。[1] 前文介紹齊克果與尼采的實存哲學圖像，並試圖為臺灣人尋找一條打造臺灣主體性的道路。後文則為臺籍作家的文藝論述提供哲學地基，並在藝術創作理論與實存哲學的揉合中，提出藝術實存論。

　　在此過程中，洪耀勳試圖將當時流行於歐洲、日本的實存哲學介紹給臺灣的文藝與知識界，並思索實存概念以及此概念與臺灣人的主體性之間的關聯。對他而言，實存哲學所欲抵抗的正是西方近代理性主義的觀念論及實證主義的思潮。實存概念在洪耀勳思考當代哲學的發展與臺灣人的主體性之過程中，發揮了很大作用。事實上，洪耀勳高喊「返回

---

[1] 筆者在前章中詳述了歐洲的實存哲學如何爲田邊元所繼受、批判與轉化，以及在該哲學氣圍下，洪耀勳如何對應臺灣當時的歷史情境，介紹、轉化及創造屬於臺灣人的實存哲學論述。

實存本身」[2]時暗地思索的正是：如何掙脫日帝體制所帶來的種種枷鎖（種族、階級、言論、行動等不平等）以及身為人所應有的權利（自由的意志與行動）。

　　然而，當日帝將魔掌伸入中國內境、侵略華北地區時，洪耀勳被日帝以一種「以華制華」的策略派到北平師範大學任教（1937）。[3]其論文〈存在與真理：對努茲比塞真理論的一個考察（存在と真理—ヌッビッゼの真理論の一考察）〉[4]（以下以〈存在與真理〉略示）被刊載於《哲學科研究年報》（1938），可說是一篇具有學術高度的論文。這是一篇純哲學的論文，長達145頁，除了中世宗教氛圍下的真理論不談外，其內容所處理的是從希臘以降一直到當代為止的真理論述。若將此論拿來和他參與文藝運動時所撰寫的文章做比較時，可以發現前者所具有的哲學高度。

　　本章主要以〈存在與真理〉這篇論文為基礎，首先檢視京都學派哲學家在處理真理概念時所產生的哲學論述[5]。接著，將焦點放在對洪耀勳的真理論分析上。最後，思考洪耀勳的真理論在日本京都學派哲學脈絡下是如何開展，以及洪耀勳提出真理論對建設具有臺灣特色的哲學，究竟帶有何種意義。

2　《洪耀勳文獻選輯》，頁54。
3　關於日本占領華北地區時，臺灣人被派到北京從事各種活動的研究論文，可參考許雪姬〈1937至1947年在北京的臺灣人〉（《長庚人文社會學報》，第1卷第1期，2008年，頁33-84）。
4　洪耀勳所參考的是努茲比塞（Shalva Nutsubidze, 1888-1969）的《真理與知識的結構（*Wahrheit und Erkenntnisstruktur*）》（1926）。關於他對努茲比塞的真理論考察，將於本章第五節探討。
5　本章會舉出京都學派哲學家的真理論，除了考慮到洪耀勳身邊的日籍教授都是出身京都學派外，主要是想先鋪陳在當時日本及臺灣殖民時期的哲學界有哪些主流的真理論述被介紹、談論與認知。另一方面，亦想為讀者提供洪耀勳的真理論在當時的真理論述當中所處的位置，藉此突顯出其真理論的特色。

二、京都學派的真理論述：西田幾多郎與三木清

　　京都學派哲學家裡雖然沒有人真正以真理為題來撰寫論文，但在他們各自的論著當中，卻也不乏對真理的掌握與論述。在此舉出京都學派創始者西田幾多郎及其弟子三木清的真理論。西田在京都帝國大學的哲學概論課程裡，有一部分在講述真理的概念[6]。西田從西方哲學史的發展中，以認識論為基礎梳理出六種哲學立場所產生的真理概念，分別是描摹論（德語：Abbildungstheorie。日語：模写説）、明證理論（德語：Evidenztheorie。日語：明証説）、批判主義、實用主義、新實在主義以及現象學。筆者認為在此可參照京都學派對真理概念的掌握與理解，並將它對照到洪耀勳撰寫〈存在與真理〉的動機，藉以突顯出洪耀勳在臺灣當時的歷史情境下所提出的真理論具有何種意義。

　　所謂描摹論是指，人的意識映照（描摹）外界的存在。這種主觀對客觀的映照或描摹，便是認識論上的描摹論。人的意識作用所包含的意思和它所指向的對象是一致或不一致所形成的真與偽，是最典型的思考真理之方法[7]。主觀（思想）和客觀（外界的存在）若是一致的話，那便是真理。但西田認為此種真理論有其邏輯上的矛盾。因為主觀（思想）是否能正確地描摹、映照客觀（外界的存在），取決於是否能正確

---

[6]　本章所採用的是西田幾多郎於1926-1927年的「哲學概論」之講義，收於《西田幾多郎全集》，第15卷，東京：岩波書店，1979年。以下引用該全集以（N卷數・頁數）表示。

[7]　此處所說的描摹論是指今日吾人所說的「真理的對應説」（correspondent theory of truth）：以「思維」與「事物」是否一致或對應，來判定是否為真理的立場。一般來說，亞里斯多德於《形而上學》中關於真偽的說明（有卻說沒有，沒有卻說有，此為虛偽。相反地，有就說有，沒有就說沒有，此為真理），便是真理論的礎石。順帶一提，真理的希臘語為alētheia。此語是意味著隱蔽、忘卻的希臘語lēthē之否定態。也就是說，真理便是「非隱蔽」、「沒有隱瞞」之義。（參見《哲學事典》，東京：平凡社，1971年，頁760-761、《哲學・思想事典》，東京：岩波書店，1998年，頁848-851）。

地知道客觀（外界的存在）。然而，如何得知客觀或外界的存在，正是問題所在。描摹論不究明此問題，就將此問題拿來當作說明自己的材料，實在是一種矛盾。況且這種真理也無法適用在歷史、自然科學及數學的真理上。比如歷史的撰寫都是一種選擇的原理，物理學雖然是依據實驗的方法，但實驗本身卻必須先預設某種先驗，數學的真理是一種論證的真理，而不是事實的真理（參見N15‧60-63）。

　　所謂明證理論，剛好和描摹論將真理基準放在外界存在相反，將真理基準放在內心，也就是事物對內心的眼睛直接以明晰、判明的方式出現。所謂真理即是在觀念自身的性質當中，也就是在觀念的必然性和明晰、判明性當中。此立場始於笛卡兒（René Descartes, 1596-1650），為斯賓諾莎、萊布尼茲（Gottfried Wilhelm Leibniz, 1646-1716）所繼承，後又為胡塞爾所復興。然而，此種真理論除了在數學的真理外，並不適用於歷史與自然科學的真理上，譬如經驗科學就有必須依靠經驗事實的一面，在歷史方面則有所謂偶然的真理，亦即事實、個別的真理（參見N15‧64-66）。

　　所謂批判主義，便是用普遍有效性（Allgemeingültigkeit）來說明客觀性。此立場主張具有普遍有效性的知識，也就是任何人都承認的知識就是真理。這個普遍有效性的根據，就在先驗的東西當中。康德便是其代表。根據西田的說法，康德一開始是採用證理論的立場，後來閱讀休謨（David Hume, 1711-1776）的著作後才轉向，把明證理論的必然性解讀成心理層面的東西，並將它深化到邏輯的層面。康德認為真理是每個人都必須承認的，因此將此必然性的根據置放在先驗的事物裡。批判主義可說是超越、克服了描摹論及明證理論的立場。因為針對前者，批判主義提出真理是任何人都必須承認、普遍有效、先驗的存在，針對後者則提出將對象性的根據置於先驗意識的統一，並用意識來加以確認和外在對象的一致與否。如此一來，便能克服描摹論的矛盾問題（參見N15‧67-68、72）。

　　實用主義主張對人生是有用的東西就是真理。除此之外，不會有在

那之外的永恆不變之真理存在。此種主張古代就有，只是在美國以認識論的形式被明確地提倡出來而已。總之，實用就是真理。提倡者有皮爾士（Charles Sanders Santiago Peirce, 1839-1914）、詹姆斯（William James, 1842-1910）、杜威（John Dewey, 1859-1952）。真理到了這裡，變成了相對的真理。超越、絕對的真理，顯然是不存的。關於英國的實用主義者，西田提出了席勒（Ferdinand Canning Scott Schiller, 1864-1937）。席勒以普羅達哥拉斯的「人是萬物的尺度」，來為人類站臺，提出人本主義，也就是一切都是以人為中心的立場。然而，此種實用主義立場的真理，都只是人類世界的真理，沒有包括物理世界的真理，西田舉出火在四十度就會產生，並非是因為人的關係來加以說明（參見N15‧73、77-79）。

　　新實在主義和實用主義相反。相對於實用主義主張真理由生活上的實用來決定，新實在主義承認意識外的對象，並認為和該對象形成對應的知識是真理。譬如西田舉出羅素（Bertrand Arthur William Russell, 1872-1970）的新實在論來說明它和描摹論的類似性。因為羅素認為，是真是假，就取決於人類的信念和外界的實在關係是否有一致。事實上，新實在主義和描摹論很類似，因此會有和描摹論一樣的矛盾出現（參見N15‧80、83）。

　　西田說明胡塞爾的現象學主張以拋棄立場、沒有成見的方式（也就是無立場的立場），回歸到純粹意識來直視出現在眼前的事物。如此一來，便能捕捉到現象的本質。胡塞爾認為出現在純粹意識中的東西，是原原本本的現象，此現象便是所有學問的基礎。對胡塞爾而言，當指向某個對象的意識活動（意向作用）達到充實的情況時便是真理。西田指出此種現象學的立場和描摹論極為類似，但又有明證理論的傾向（參見N15‧84-85）。

　　以上是西田幾多郎從認識論出發所梳理出來的「認識的真理」或

「知識的真理」。相對於此，其門下生三木清在《哲學入門》[8] 則強調「存在的真理」的重要性，並提出了「存在的真理」與「知識的真理」的辯證關係。和西田純粹介紹西方的真理論類型比起來，三木清和洪耀勳的真理論述顯然比較接近。兩者皆是在談真理從古代到當代所應發展的趨勢，特別是關於「認識的真理」和「存在的真理」之間的辯證關係。關於洪耀勳自身獨特的真理論，將在本章第五節探討。至於如何從西田哲學體系探討西田的真理論，則有待日後的研究，在此不深入討論。

　　雖然三木清在說明真理時，和西田一樣，還是從認識論觀點出發，但那是因為研究真理問題的是始於近世的洛克（John Locke, 1632-1704）、休謨，確立於康德的認識論。三木也不諱言，「認識論便是有關於『知識的起源、本性以及極限』的研究」（M7・67），而知識的核心問題就是真理的問題。

　　三木一方面指出真的知識並非個人的意見，而是任何人都承認的真理，真理具有超越時空及普遍有效性。另一方面，他又指出只要認識能力是一種心理事實，就不會有所謂普遍有效性的知識或真理。三木借用康德的說法，說明真理並非原本就存在，只不過是有被任何人承認的權利而已。權利的問題並非事實的問題（亦即存在的問題），而是應當（Sollen）的問題。三木認為康德及新康德學派的認識論或真理論，基本上和應當或者是和普遍有效性具有密切關聯，然而卻都是奠基在理性主義或邏輯主義的立場，故有輕視存在的傾向。事實上，三木指出，若要實質地規定真理的意思，就不能欠缺存在的概念（欠缺存在概念的真理論正是近世哲學的共同傾向）。也就是說，知識或真理的普遍有效性，還是無法和客觀的對象或存在脫離關係。如此一來，真理的基準便在於對象或存在，而不是人的觀念。因此三木如此主張道：「真理與其

8　東京：岩波書店，1940年。收錄於《三木清全集》，第7卷，1967年。以下引用以（M卷數・頁數）來表示。

說是屬於知識，倒不如說是先屬於存在。知識之所以是真理，是因為和存在的真理有關的緣故。……所謂真理，便是意味存在的樣態、它作為其自身所顯露出來的存在樣態。」（M7・72）。也就是說，存在比知識更具根源性。

據上可知，三木在《哲學入門》中似乎比較側重存在的真理，而不是知識的真理。三木認為存在的真理屬於超越的真理，而知識的真理則屬於內在的真理，知識（內在）的真理唯有透過和存在（超越）的真理的關係，才能得以成立。超越的真理雖是知識的真理的根據，然而對他來說，兩者卻又必須處於辯證的關係。關於此，三木如此說道：「存在的真理只不過是自在（德語：an sich。日語：即自）的真理，它因成為知識的真理，而變成自為（德語：für sich。日語：対自）的真理，依據其知識，主體才會有行動，真理也因此而再次變成存在的真理，也就是變成自在且自為（德語：an und für sich。日語：即自且対自）的真理。」（M7・78，括號為筆者注）。從這裡我們可察覺到，真理的超越性與內在性之辯證關係，才是三木所關注的真理論之發展。

上述京都學派的真理論述，顯然可以幫助我們理解洪耀勳從論究、批判西方真理論到建立具臺灣特色的真理論之過程。雖然三木的真理論是在1940年代出現，但他在討論認識的真理與存在的真理，可說非常注意西方真理論的發展脈絡，特別是關於海德格的真理論。比如，他依據真理的認識對象與認識方式之不同來區分客觀存在的真理（關於世界的真理）與主體存在的真理（在世界之中的真理）時，將前、後者分別對應到海德格所謂的「存在的（ontisch。今譯「生存的」）真理」與「存在論的（ontologisch。今譯「生存論的」）真理」（參見M7・77-78，括號為筆者注）。無論是存在者的真理，還是存在者的存在之真理，似乎都無法倒回純粹意識的真理（胡塞爾）或認識論層面上的真理（笛卡兒）。

志野好伸在〈存在搭橋：曾天從與洪耀勳的真理觀〉中，對本章鋪陳京都學派真理論，並討論它與洪耀勳真理論之間的關係提出質疑，似

乎有些誤解。[9]筆者會鋪陳京都學派的真理論，只是為了方便讀者理解當時日本的哲學研究狀況，而不是要從文獻考據的方式來檢證洪耀勳是否真正受到京都學派的影響。如後所述，洪耀勳從認識論轉到存在論的立場來探討真理，事實上與當時的歐陸現象學（特別是海德格）、京都學派哲學有連動關係。我們也可說這是一個東西方哲學的連動。洪耀勳的真理論正處在這個脈絡之中，並非一個孤立的哲學討論，甚至其好友曾天從（1910-2007）的真理論也不是例外。京都學派的真理論考察對以下探討洪耀勳的真理論，具有一些對照性的參考。

三、實存概念與真理

在考察洪耀勳的〈存在與真理〉（1938）之前，首先容筆者確認人類的實際或現實存在（只關乎現實的、拒絕任何原理、本質、觀念之指導的）與真理（無關乎現實的、超越的、絕對的、無內容的）這兩個看似不相容的概念，在洪耀勳思索當代哲學的發展時，所扮演的角色。當我們閱讀〈悲劇的哲學〉與〈藝術與哲學〉時，會發現洪耀勳不僅只是在介紹實存哲學給臺灣人認識而已。他還從中顯露出實存概念能為臺灣人帶來新的希望。值得注意的是，他不是選擇一種尼采、海德格或沙特式的實存哲學發展模式，而是採辯證的方式揉合齊克果（有神論式的實存）與尼采（無神論式的實存）的實存姿態。顯然地，超越的、絕對的他者（神）和拒絕絕對者的人類實存這個形成對立的雙方，在洪耀勳的論述中，顯露出「既對立又統合」的辯證關係。當筆者在閱讀完洪耀勳的〈存在與真理〉時，發現他所欲建構的真理論（或哲學），便是顯露出這種超越、絕對的他者（真理）[10]與相對、矛盾對立的人類存在之間

9　《臺灣東亞文明研究學刊》，第 15 卷第 1 期，2018年，頁25-48。

10　洪耀勳在此不談神而是談真理，雖有去宗教的意味，但這也帶出另一個自古以來的問題，亦即「信真理或信哲學和信神的不同在哪裡？」。

的絕對否定媒介關係之哲學論述。這裡正可以說明洪耀勳追求的實存與
真理（或哲學），也必須處於這種絕對否定媒介的關係裡（見〈存在與
真理〉第十四章）。

在〈存在與真理〉中，探求真理對洪耀勳而言，成了哲學與人類存
在最為緊要的課題。因為探討「真理是什麼」和探討「哲學是什麼」是
同一件事。這也代表著只要有哲學存在，就必須面對「真理本身」以及
「真理是什麼」的問題[11]。真理和人類存在又何以會相關呢？若先從洪
耀勳自身的真理論來看的話，那是因為作為超對立或絕對他者的真理和
作為對立或相對的人類（存在），彼此必須以能動的姿態，來進行一種
絕對否定媒介的運動，藉以維持彼此。如此一來，真理作為超對立或絕
對他者的地位，才能得以彰顯。位於只能不斷處在紛擾、對立、矛盾層
面的人類（存在），才能有一個超越自身高度的絕對他者，也就是真理
來保障其存在。洪耀勳稱這是一種真理與存在的絕對否定媒介之辯證法
（將於本章第五節檢討）。

如此看來，當我們面對洪耀勳在上揭的時事文章中所主張的實存
概念時，便無法將它解釋為「人類的現實存在就是真理」。真理的追
求、哲學的探究，固然是由具有認識、意志、欲望及情感等種種活動能
力的人的努力才能達成。但不能因為這樣，就斷言真理或哲學只能從
人的、人性論的、人學的見地來被建構。因為人的行為或活動一旦固
定、僵化後，自然會變成一種常規或固定模式。此時這些常規性的東
西，便只能意味著人類特有的形式要素（亦即主觀、主體的事態），以
至於客觀的、客體的存在，就不再被人過問了（參見《洪耀勳文獻選
輯》，頁112-113）。洪耀勳極度警戒哲學及真理的人化（主觀化或主

---

11 洪耀勳認為「何謂哲學這種哲學的問題，畢竟得歸結於何謂真理這種
真理問題」、「關於哲學的本質概念問題，一轉就變成了真理本質的問
題」、「真理理念是哲學論究一開始必然的前提。說到哲學論究的開
端，就必須闡明此種真理理念是以何種姿態顯現的」（參見《洪耀勳文
獻選輯》，頁109-110）。

體化），因為那將會失去其原本應該有的客觀性。

> 哲學論究的起點，在以這種人性論觀點爲基礎的人學諸前提之中
> 是不可能求得的。我們必須在顯現於自我意識的絕對反省、並
> 且在其自身存於超・人類的（Üeber-Menschliches）、外・人類的
> （Ausser-Menschliches）領域的真理存在之自體性中，尋求哲學
> 論究的起點。對於懷抱如此信念的我們來說，一切這種人類中心
> 主義的哲學主張，都必須予以排除。（《洪耀勳文獻選輯》，頁
> 114）

在哲學的探求上，顯然不能只以人作為中心。洪耀勳認為人類中
心主義式的哲學論述，並不會對人在認識真理上有幫助，因為那只是一
種偏狹、片面，甚至是獨斷的論述而已[12]。事實上，洪耀勳在〈存在與
真理〉第六章，便是以上述的立場闡述自身探求真理的出發點。「這就
是為什麼我們提倡最具包括性、最終極的真理自體──通往學問哲學全
體的通路──作為哲學論究的原理性前提。當我們不採取超對立的真理
自體、而採用對立性事物與邏輯性事物作為哲學的起點，將會斬斷通往
超對立性事物、前邏輯性事物的通路，也將因此無法脫離立場性的狹隘
性及限制性。」（《洪耀勳文獻選輯》，頁145）。據此可知，對洪耀
勳而言，探討「真理是什麼」不能只從人（包括人對事物的觀察、分
析、判斷到建立命題等）這種相對的立場出發，因為「真理作為完全獨
立的、超越性的真理自體，與一切對立性、內容性事務無關而獨自存

---

[12] 他對胡塞爾現象學的批判，便是踩在這種立場。「雖然現象學透過排除
自然的態度，向純粹意識尋求其地基，但只要其純粹意識意味著人類事
物範疇中的把握、表象、知覺等方式，其自然態度的排除，反而會因爲
從存在性的超越轉向內在的事物，而明顯地被主觀化，結果是還原爲人
類的事物。……我們要將來自人類事物範疇的一切主觀性與主體性『置
放於作用之外』，藉以顯揚存於一切人類判斷之外、超對立的真理自
體，並確立哲學論究的真正起點。」（〈存在與真理〉，頁116-117）。

在。」（《洪耀勳文獻選輯》，頁147）。

　　洪耀勳指出**實存哲學**所犯的謬誤，就在於將原本只是存於意識內在的認識領域中的東西，拿來當成超越的真理本身。因為這是認識作用本身的不當擴大所導致的（參見《洪耀勳文獻選輯》，頁148）。此處道出了**真理認識**跟**真理本身**不能混為一談的重要性。按洪耀勳的說法，真理認識是指以某種意思來掌握何謂真理本身，也就是以一種追求問題的方式來達到對作為知識的真理之認識。但真理認識與真理本身不同，真理並無法以如此方式來被掌握，因為其自身是所有學問的原理性前提。不僅如此，它還是一切學問的問題探求之動力因、是能使一切追求真理的學問欲望成為一種在其純粹的樣態中以自覺反省的方式顯現出來的東西。因此真理認識並不是真理本身，然而許多哲學家們往往會混淆兩者，而忽略真理本身是一個絕對的、超越的、無內容的存在（參見《洪耀勳文獻選輯》，頁148-150）。

　　據上內容，或許我們應該感到懷疑的是，洪耀勳是否是因為要撰寫帝國大學體制或教授能夠認同的純哲學論文，而刻意抹煞他自己在時事文章中所極力推崇的實存概念或實存哲學？然而，筆者並不認為這和他所要主張的實存概念有矛盾、對立之處。如此節開頭處所言，洪耀勳在〈存在與真理〉的最後一章，藉由批判性地檢討了努茲比塞的真理論，來提出自己的真理論，並稱之為絕對媒介的真理辯證法。他主張真理不能只以超絕的形式高掛在人（或相對存在）之上，它必須與人（或相對存在）形成彼此絕對否定媒介的關係。洪耀勳在絕對媒介的真理辯證法中，更強調的是人（或相對存在）與真理之間積極的對立與交涉關係。換言之，洪耀勳在時事文章中所主張的實存哲學，到了其真理論述當中，顯然已被他改造成人（或相對存在）與真理之間絕對否定媒介的辯證法。

　　這與三木清所主張的「認識的真理」和「存在的真理」（內在的真理與超越的真理）之間的辯證關係有共通之處。或許我們會感到很困惑，洪耀勳所謂的實存，何以要發展成和絕對的、超越的、無內容的真

理有一種積極的對立與交涉關係。關於這一點，筆者想在此章的結論中
進行探討。以下兩節將探討洪耀勳如何看待西方古代到當代為止的哲學
家的真理論以及洪耀勳自身的絕對媒介的真理辯證法。

四、從康德、波爾查諾到拉斯克的真理論

　　絕對媒介的真理辯證法是洪耀勳對努茲比塞的真理論進行批判式
繼承時，所建構出來的哲學方法或立場。他在建立自身真理辯證法的過
程中，論辯了從希臘到當代為止的諸哲學家之真理論述。這些西方哲學
家包含蘇格拉底、柏拉圖、亞里斯多德、笛卡兒、康德、胡塞爾、波爾
查諾（Bernhard Placidus Johann Nepomuk Bolzano, 1781-1848）、拉斯克
（Emil Lask, 1875-1915）以及努茲比塞。由於篇幅關係，此節僅就洪耀
勳對古希臘三大哲學家、康德、波爾查諾、拉斯克的真理論述進行簡單
的考察。至於他對努茲比塞真理論的評論與批判，則在下一節探討。

　　關於古希臘的真理論，洪耀勳做出如下的概述：「柏拉圖認為只
有從原則上拒絕人類的事物，也就是清除讓心靈沉重渾濁的東西，才能
打開邁向真理的道路。在沒有成見的差別性或同等、不同等之處，構成
動搖的判斷之根柢，作為持續的、永恆的統一之真理，根據其概念本
質，必須是某種恆常的、普遍的事物。而柏拉圖與蘇格拉底都一樣，並
不從判斷的現象、認識的現象，尋求真理的此種普遍性與恆久性，而
是試圖闡明，真理成立於超越立場的超越領域當中。亞里斯多德也主
張，在真偽間擺盪的認識，並不能提供我們真實事物的本來領域，我們
應該向超越所有真理認識的、存在的本來領域尋求。」（《洪耀勳文獻
選輯》，頁117）。

　　顯然地，對古希臘三大哲學家來說，真理並非存在於人的任何認
識或判斷作用之中，而是一種超越任何立場且具有持續性與永恆性之存
在。若將此洪耀勳的古希臘真理論之理解，對照到西田幾多郎的真理區
分，洪耀勳理解的古希臘真理論顯然屬於真理的描摹論或對應說。也就

是說，真理的標準在於外界的存在（亦即在人之外），並沒有在人的任何認識或判斷作用當中。在三木清的真理論脈絡下，則屬於超越的真理。然而，若從洪耀勳自身的真理論來看，古希臘這種真理存在並沒有和相對存在（包含人）有否定媒介的交涉作用，亦即沒有絕對、超越的真理與相對、對立的存在彼此交涉的積極作用，所以並不太符合當代對現實世界之關懷的立場。

　　洪耀勳認為和上述通往真理之路的方法（亦即究明真理存在的根柢）不同，康德所追求的是關於真理認識的方法。也就是說，古希臘關於真理的超越論（Transzendentalismus），並非像康德那樣將關心點放在「該怎麼做（Wie）才能開始掌握真理」這個問題上，而是將「獨立於認識的前認識之認識原理為何（Was）」當成問題。因此像康德那樣在先驗制約下的真理追求，在古希臘是前所未見的（參見《洪耀勳文獻選輯》，頁117-118）。如本章第二節所示，康德的真理論屬於西田幾多郎歸納出的批判主義立場下的真理論。康德的真理論乃屬於先驗論下的真理論。至於康德的認識論，洪耀勳引用《純粹理性批判》如此說道：

> 就像康德會說的，雖然一切的認識和經驗一起發生，卻不只是發自經驗。這表示認識或經驗，只有在一定的制約下才可能。構成此制約的，不在於意味著事實可能性——作為認識或經驗的充足的——的事實性（Faktizität）與認識，而是先於認識的先驗性（Transzendentalität）。因為只有在對先驗事物（Transzendentales）的考量下才能給予定義，康德認為「經驗」一方面以先驗的事物為基礎，另一方面則需要考量經驗彼岸的超越性事物——也就是物自體——才能予以定義。在這個意義下，他認為認識論與對象論，可以看作是同步的，然而他並沒有成功地為兩者的深層統一確立根據。「經驗一般可能的諸制約同時也是經驗對象可能的諸制約」（Kant, K. d. r. V. 2, Aufl, S. 197.）——就如康德在這個最高原則中表示的先驗事物，如果只是意味著對

於認識結構的妥當制約，換句話說，如果它指的只是人類認識作
用中的先驗性制約，那麼它能獲得的就只是人類事物（未能超出
人類範疇領域的）先驗的、心理學的意義。先驗的事物先於認識
與經驗，並且包含所有使認識與經驗成爲可能的事物，在這個意
義下，它必須指示超絕的存在。然而，康德未能在先驗的探究
中，闡明先驗的事物，而是在形而上學的探究中，主張先驗的事
物應該以超絕的事物作爲根柢。（《洪耀勳文獻選輯》，頁114-
115）

　　如此一來，對康德而言，認識真理的方法就在於，闡明制約認識
作用的先驗及作為超絕物的物自身。也就是說，康德的真理論是一種先
驗論或形而上學意味下的真理論。洪耀勳雖評價這種真理論有超越古希
臘真理論的地方，但康德的所謂超越（das Transzendentale），與其說是
形而上學倒不如說是先驗（或心理學）的意味比較強，它雖超越感覺卻
和感覺有密切的關係。物自身對康德而言，只是可思維的、不可認識的
存在，因此只是保證主客觀條件的同一，亦即兩者在形式上的同一性
之終極概念而已。康德認為形而上學—超越的存在（das Metaphysisch-
Transzendente）和超感覺的存在一樣，經常和主觀的內容物，亦即內在
的東西（das Immanente）形成對應。如此一來，形而上學的超越的存在
和邏輯性的東西，便處於對應關係之中，而且還帶有將它正當化的功
能，因此還是處在所謂具有對立性質、內容物的領域當中。

　　洪耀勳認為康德先驗論或形而上學意味下的真理論和主觀的、內在
的、邏輯性的東西形成對應關係，不免有將真理置於先驗論之嫌，因此
有必要繼續追尋和主觀、內在、邏輯全然無關的超越物（das Transzen-
dente），也就是在**前邏輯領域**中的本然存在，因此繼而轉向探討波爾
查諾的「命題自身（Satz an sich）」和拉斯克的「超對立的對象」，藉

以尋求康德後學批判康德真理論脈絡下的真理論[13]。

相對於康德先驗論下的真理論，波爾查諾在《知識學》（*Wissenschaftslehre*, 1837）採取的是「命題即真理」的立場。他先將判斷作用及其內容（亦即命題）做區分，並認為從命題自身（Satz an sich）的確立，能逐漸地解明真理本身。波爾查諾認為真理的探求，並非是透過表象、概念的比較或結合而成立的，而是藉由排除一切妨礙將這些純化為命題本身、更進一步將命題提升到真理本身的東西，才能得以達成。波爾查諾所謂命題就是單純地表述存在物，而不加雜任何附加物，亦即遠離屬於主觀的種種偶然物、非本質的附加夾雜物。命題便是這種自身存立的存在，完全獨立於判斷作用的、純粹客觀的判斷內容（參見《洪耀勳文獻選輯》，頁130-132）。

洪耀勳指出波爾查諾這種純粹化命題的做法，由於內容的純粹客觀性之緣故，因此顯示出對判斷主觀的無關係性、超越性以及獨立性等諸本質的特徵。因此純粹的命題才被波爾查諾視為真理本身。然而，洪耀勳接著又對波爾查諾的真理論，提出如下的批判：

> 雖然在這個意義下，他的真理自體是超相關的真理，但只要在判斷內容中，真實判斷與謬誤判斷是相互對立的，那麼被視為一種命題自體的真理自體，就只能與虛偽自體並立、相對立，因此不可能是超對立的。……波爾查諾的真理自體概念，所具有的只不過是從對於判斷作用的相關關係解離開來的超相關性；其超越

---

[13] 筆者認為這和新康德學派流行於大正期以降日本哲學界的現象不無關係。此外，關於這部分的探討，有必要參考曾天從的《真理理念論：純粹現實學序說》（東京：理想社，1937年），特別是前編「真理形相原理」的第一章「真理自身」，因為洪耀勳的〈存在與真理〉和此章的內容重疊處甚多。曾天從師承於早稻田大學的山岸光宣（1879-1943）及東京帝國大學的桑木嚴翼（1874-1946），分別接受兩者的德國學研究及康德與新康德學派研究的影響（參見林義正等編《曾天從教授百歲冥誕紀念集》，臺北：富春文化事業，2011年）。關於此部分，有待日後的研究。

性，頂多只意味著對於判斷作用的判斷內容之超越。（《洪耀勳
文獻選輯》，頁133）

據此可知，波爾查諾的真理只不過是顯示相對立場的判斷內容
（亦即純粹命題）而已，因此根本沒有脫離所謂邏輯性的東西（比如概
念）。這跟洪耀勳所謂超越、絕對、無內容的真理，尚有一線之隔。洪
耀勳認為更進一步提出超對立、無相關性的（和相關性無關的）真理自
身的則是拉斯克。

洪耀勳在探討拉斯克的真理論之前，先梳理了拉斯克對康德認識論
的批判。拉斯克認為康德的認識論區分了形式和內容、主觀和客觀，
卻又指出唯有兩者的結合，認識才有可能。康德將兩者的結合可能性
歸結於先驗的事實。在先驗事實的見地下，提出形式（範疇）和素材
（內容）為不同的二物、互不相關，另一方面卻又認為形式是素材的
根底且規定著它。相對於素材（內容）是經驗的（empirisch）、感覺
的（sinnlich），形式（範疇）則是先驗的（transzendental）、超感覺
的（übersinnlich），也就是具有超越的性格（Üeber-oder Transzendent-
Charakter）。然而，康德認識論的主要問題就在於形式與內容的結合關
係，他從此關係來看一切的純邏輯傾向非常的強，在其澈底的形式，也
就是先驗邏輯學中，則顯露出**以主觀的構成來解明一切客觀的態度**。因
此在形而上學的究明中被視為認識之根柢的存在，也不得不被排除在認
識範圍之外（參見《洪耀勳文獻選輯》，頁135-137）。

相對於康德的先驗邏輯學作為經驗界及存在界的認識論，只將自
然認識的諸範疇之發現視為其問題，拉斯克的哲學主要致力於提出包含
存在界及價值界的「哲學的邏輯學」（die Logik der Philosophie）。根據
洪耀勳的說法，拉斯克雖然和康德一樣，都是立足在先驗的立場，但針
對「形式—內容」之問題的解決，則單純從邏各斯的主宰地位（亦即汎
邏輯主義）之見地，來排除康德的二元論述。也就是說，若從存在界及
價值界相互透徹的立場來看的話，「形式—內容」的結構並非屬於分別

不同的世界，而是意味著構成同一的邏各斯世界的二個要素。從此處我們可以看到，康德的二元論到了拉斯克的邏各斯世界，則轉變成二要素說。洪耀勳認為這正說明了康德的先驗邏輯學經由拉斯克的主張，脫離原本的主觀傾向，被賦予純粹客觀的邏輯意味。也就是說，先驗邏輯學在拉斯克的再詮釋與擴展工作下，轉變成超越對立的邏輯學，亦即作為純粹客觀的邏輯學或哲學的邏輯學。

　　然而，洪耀勳所謂的真理，是一種**超越邏輯領域的前邏輯領域之存在**，其自身具有的特質便是超對立性、無對立性、無相關（無關係）性及無內容性[14]。若從此點來看的話，拉斯克的超對立邏輯學或純粹客觀邏輯學中的超越對立之對象，在超越對立的立場上，和洪耀勳所謂的真理相當接近。然而，如前所述，拉斯克依然傾向康德說的一種先驗事實下的純粹邏輯之概念，這和洪耀勳所謂的真理自身的純粹事實存在之概念，並沒有契合之處。拉斯克所意味的根源（Ur），畢竟只是邏輯上的根源，並非洪耀勳所說的**前邏輯之根源**。此外，拉斯克所主張的超越並非存在的超越，只不過是先驗邏輯上的超越而已。那麼何種當代的真理論才是更接近洪耀勳想要勾勒的真理論呢？關於此點，將於下一節進行探究。

五、絕對媒介的真理辯證法

　　在進入洪耀勳對努茲比塞真理論的探討之前，首先先確認洪耀勳的真理觀。洪耀勳認為真理可以分成三種，分別是**真理本身、我們的真理**（這裡是指認識性的對立性）以及**對我們而言的真理**（這裡是指對象性的對立性）。前者，就如前述，是屬於超越對立的、超越立場的、絕

---

[14] 洪耀勳在〈存在與真理〉的第三章中指出，前邏輯並非是否定邏輯的非邏輯（Nicht-Logisches），而是無法用邏輯的肯定與否定關係來達到的、一種邏輯秩序之外的東西。這種前邏輯只能在真理的層面上來談。前邏輯亦可說是超越邏輯（參見《洪耀勳文獻選輯》，頁120-121）。

對的、無相關性的、無內容的、前邏輯的真理本身。後兩者則屬於相對的、對立的、矛盾的「真理」。前者與後兩者雖有一個絕對的鴻溝，但站在超越的立場包含後兩者的，正是真理本身（參見《洪耀勳文獻選輯》，頁172）。努茲比塞真理論的特徵，正好是在區分真理自身的問題和其他種類的真理諸型態問題，換言之，即是在區分**真理問題**與**真理認識**（參見《洪耀勳文獻選輯》，頁177-178）。這種立場可說是與上述洪耀勳的真理論是一致的。

　　洪耀勳指出努茲比塞認為真理自身由於其無內容的、對內容是無相關的本性，因而無法導出任何東西來。也就是說，真理自身的根本性制約，就是欠缺導出的道路。因此無論是**我們的真理**或**對我們而言的真理**，都不會是由真理所流出來的。所以不會有所謂向下之道。唯一一個可能的交涉之道，就是**我們的真理**或**對我們而言的真理**還原到真理本身。此可謂向上之道。然而，洪耀勳指出無論是向上還是向下之路，都脫離不了真理認識，因此只會掉入所謂相對的、對立的、矛盾的「真理」觀。努茲比塞便是認識到這一點，而提出自身獨特的真理論辯證法（參見《洪耀勳文獻選輯》，頁187-190）。

　　根據洪耀勳的分析，努茲比塞的真理論辯證法和一般的邏輯辯證法有所不同。後者談論的是自在（an sich）與自為（für sich）或者自為的自在（an sich für sich），也就是兩個對立面（相對面）或此兩者的統一。前者談論的是自在與他者（anders）或者對他的自在（an sich für anderes）、他者中的自在（an sich an anderem），也就是一者與他者或此兩者的統一。如此對照下來可知，邏輯辯證法處理的只是相對立場上的對立關係而已，根本無法關照到真理論辯證法中的絕對他者或超對立的他者。

　　對努茲比塞而言，真理自身既是它自身（自在、an sich）同時又是和一個或一些存在相即的存在（für anderes oder an anderem）。真理論辯證法所處理的是絕對、超越的他者（即真理）與相對者的對立與統一關係。這和邏輯辯證法處理自在（an sich）與自為（für sich）的關係不

同，因為後者處理的只是相對者的對立與統一關係。洪耀勳指出邏輯辯證法所處理的相對者的對立與統一關係，事實上，不出相對立場的層面，因此帶有多樣、變易、雜多、過程、流動等性質。在這裡出現的真理，都只是前述的**對我們而言的真理**，亦是在差異與同一的自我同一性原理下的真理（參見《洪耀勳文獻選輯》，頁191-193）。針對努茲比塞這種「既超越又內在」、「既內在又超越」的真理性格，洪耀勳指出絕對者與相對者之間的無媒介性及直接性。此正意味著努茲比塞的真理論辯證法帶有神祕主義色彩。因為真理究竟是帶有何種動力因，或者說為何會和相對者形成相即存在的關係，似乎不需要任何道理。洪耀勳針對努茲比塞的真理論辯證法這種無媒介性及直接性，提出以下的修正，藉以提出自己的絕對媒介的真理辯證法。

> 一般在辯證法中，相對對立的事物將絕對對立當作其絕對他者，也就是說，絕對對立在辯證法中，是讓絕對否定媒介可能存在的原理。辯證法一方面必須能夠正當地確定相對對立的**積極性**，另一方面則必須能夠正當地確定絕對對立的**原理性**，或**絕對否定的媒介性**。然而，努茲比塞的真理辯證法，即使能夠闡明與存在者無媒介的、直接的相即存在之真理存在的超對立的、絕對的存在自體性或即自（自在）存在性，**卻因為它忽視相對對立事物的積極性以及絕對否定的媒介性**，顯然不能稱之為真實的辯證法（《洪耀勳文獻選輯》，頁196，粗體與括號為筆者所加）。

洪耀勳這裡批判了努茲比塞的真理論辯證法的無媒介性及直接性，認為它應該更進一步地發展到絕對否定媒介的真理辯證法。所謂絕對否定媒介，即是相對者與絕對的他者（真理），不會只有在各自之內，以自在（an sich）與自為（für sich）的態勢運轉，而會更進一步地在各自自身之內以及彼此之間，以自在與他者（anders）態勢運轉。如此一來，相對者與絕對者（真理）之間形成一種彼此的絕對否定媒介樣

態，兩者既幫助自己又幫助對方且無法沒有彼此。絕對者（真理）前往相對者的道路以及相對者前往絕對者（真理）的道路，亦即向下與向下之路，也因彼此的絕對否定媒介而敞開。洪耀勳在此主張絕對否定媒介，更進一步將一般的邏輯辯證法和努茲比塞的真理論辯證法進行了統合，形成了自身獨特的絕對媒介的真理辯證法，藉以消弭努茲比塞真理論辯證法的神祕色彩及其片面性（參見《洪耀勳文獻選輯》，頁196-199）。

據上可知，絕對否定媒介的真理辯證法，是洪耀勳論證了西方古代到當代哲學家的真理論所呈現出來的成果。他不僅梳理了一個真理論述的脈絡，還將該脈絡連接到能對應其時代背景的哲學。他在西方哲學史的脈絡中對古希臘所追求的絕對、超越的真理與近世以降所呈現出來的相對、理性，甚至是人性的真理進行一場世紀的辯證，並強調絕對、超越的真理與相對、對立的存在者彼此交涉的積極作用，藉以批判當時流行於東西方的實存哲學以及其前一時期的觀念論哲學。關於這點，如前所述，和三木清的真理論有極為類似的說法。

那麼洪耀勳為何要將流行於東西方的實存哲學（包括能作為臺灣作家創作文學的哲學根基以及作為臺灣主體性的哲學根據的實存哲學在內）打造成必須要有絕對、超越的他者（真理）作為絕對否定媒介的真理辯證法呢？換言之，那些相對、理性、人性的真理，為何不足以滿足洪耀勳的哲學需求呢？關於此問題，將於以下的結論中探討。

六、結　論

在此若回顧西田幾多郎所整理出來的真理論類型，我們會發現洪耀勳的絕對媒介的真理辯證法，雖產生在東西方哲學的連動下，但並不屬於其中任何一種，可說具有臺灣的特殊性。三木清所指出的真理的超越性與內在性這兩個面向，分別代表了古希臘的真理（存在的真理）及近世認識論以降的真理（知識的真理）。前者正是洪耀勳所說的超對

立的、超立場的、絕對的、無相關性的、無內容的、前邏輯的真理本
身。後者則是相對的、對立的、矛盾的、邏輯或理性的真理。無庸置疑
的是，洪耀勳介紹給臺灣人的實存哲學，從〈存在與真理〉這篇文章的
見地來看，只能是代表一種片面、獨斷的真理。洪耀勳於其時事文章
中所意圖的實存概念，雖然無法直接和真理劃上等線，卻透過他的絕
對媒介的真理辯證法，進而與超絕的真理形成一種積極的對立與交涉
關係。這正意味著作為實存者的臺灣人，不會只停留在帶有多樣、變
易、雜多、過程、流動等特質的矛盾對立當中，必會與超絕的真理形成
絕對否定媒介的辯證關係來存續自身。

　　當然一定會有許多人提出各種不同的質疑。比如作為實存者的臺
灣人一定要有真理的保障和救贖嗎？這只不過是一種哲學信仰吧！和真
理形成向上與向下的交涉循環運動，未免也太過於抽象。何以真理有必
要下降到一切相對存在的場域，來存續自身與相對存在者呢？筆者認為
洪耀勳或許是認為作為實存者的臺灣人，若只停留在多樣、變易、雜
多、過程、流動等對立矛盾的漩渦當中的話，將只會不斷地陷入在虛無
的深淵裡。

　　最後，筆者想在此稍微論及一下田邊元於其「種的邏輯」（形
成、確立期1934-1937。收錄於《田邊元全集》第6卷）中所建構的絕對
媒介辯證法[15]。因為洪耀勳的絕對媒介的真理辯證法，除了談論真理的
部分不一樣，也就是哲學論述的對象不同外，像絕對的真理與相對的存
在者之間下降與上升的運動，以及彼此藉由進行絕對否定媒介的運動以
存續彼此的說法，可說是淵源自田邊的絕對媒介辯證法[16]。田邊在其絕
對媒介辯證法裡設置了兩個對立概念，也就是絕對者（類、普遍）和相

---

[15] 關於田邊的「種的邏輯」，請參見廖欽彬《近代日本哲學中的田邊元哲
學：比較哲學與跨文化哲學的視點》，北京：商務印書館，2019年。

[16] 弔詭的是，筆者雖論及西田和三木的真理論，卻發現兩者和洪耀勳之間
可以對應的部分很少。反倒將思考轉向田邊的絕對媒介辯證法時，卻能
很容易地找到對應的部分。

對者（種與個、特殊與個別），和洪耀勳的「真理本身」與「我們的真理」、「對我們而言的真理」之區分不同。田邊的絕對者與相對者，分別代表「菩薩國、人類」和「現實世界的國家社會與居住在其中的個人」。類與種（絕對與相對）、類與個（絕對與相對）、種與個（相對與相對）之間，並不能直接進行彼此否定自身以達存續彼此的運動。其中必有「個」、「種」、「類」分別介入在上揭三組的對立關係當中。顯然地，這種相對者之間以及絕對者與相對者之間的絕對否定媒介關係，被洪耀勳拿去挪用在自己的真理辯證法當中。當然洪耀勳的真理辯證法，並沒有論及宗教的救贖在其中扮演的角色，也沒有探討國家社會在其中的定位，因此無法進行對等的比較。但從這裡我們還是可以間接看出京都學派哲學對洪耀勳的真理論所產生的影響。至少在此可以確定的是：洪耀勳的真理論為現今處在於紛擾、雜亂局勢的臺灣人，提供了一個超越的價值。

「以認識論框架討論真理」與「以存在論視域探討真理」的意義，截然不同。洪耀勳之所以會選擇後者的真理討論作為自身思想的歸宿，正是因為東亞各地區普遍缺乏西方意義下的，特別是認識論框架下的真理世界觀。從這一觀點來看，洪耀勳的真理論不僅具有當代歐陸哲學的視野，亦內含著東方存在論的色彩。

第四章
「辯證法實存」概念的探索：務臺理作與洪耀勳的思想關聯

一、前 言

　　臺北帝國大學作為日本帝國南進政策的一環，於1928年正式在臺灣成立。京都學派創始人西田幾多郎的得意門生務臺理作，於同年3月被任命為該大學文政學部哲學科教授。[1]洪耀勳自東京大學文學部哲學科畢業後（1928年），立即以副手身分服務於同單位，成為務臺理作的同事。在1937年轉任於北平師範大學前，洪耀勳一直以臺北帝大與臺灣文藝界為舞臺，進行自身的哲學思考與創作。無疑地，這裡出現一個臺灣人認識世界的知識體系，即透過日本的知識系統或某種意識形態去認識、了解、掌握、反省這個世界與自身關係的學問（此處專指哲學）。

　　當十九世紀的歐陸哲學由以黑格爾的精神哲學為高峰的德國觀念

---

[1] 　務臺於1926年受命留學歐洲。此為他到臺北帝大執教的條件。當時他被任命為臺灣總督府高等學校教授，留德期間曾於海德堡大學向李凱爾特（Heinrich Rickert，1863-1936）、雅斯培學習。接著轉到弗萊堡大學，與高橋里美（1886-1964）一同向胡塞爾學習。27年被任命為臺灣總督府臺北高等學校教授。28年結束留歐生活任職於臺北帝大。務臺於留歐的愉快生活、臺北的鬱悶生活、任教臺北帝大期間回日本內地時的愉悅感，再再顯示出他身為文明國知識分子的驕傲與對臺灣風土、非文明面的鄙視。關於上述心境以及務臺的臺灣時代，可參考《務臺理作著作集》第9卷（東京：拳書房，2002年，以下引用以M卷數·頁數標示）的年譜與〈哲學與我〉（M9·82-97）。

論轉而向以胡塞爾的意識哲學為主的現象學發展時，日本哲學界也開始關注此一轉向，並有學者相繼前往歐洲取經。京都學派的田邊元、山內得立（1890-1982）、三木清、三宅剛一（1895-1982）、西谷啟治、務臺理作，該學派周邊哲學家九鬼周造等人，更是親自向胡塞爾、海德格，甚至是年輕沙特（Jean-Paul Sartre, 1905-1980）學習現象學及實存哲學。當年輕海德格一邊在弗萊堡大學講課，一邊在醞釀《存在與時間》時，聽過他講座「存在論：實際性的解釋學」的田邊元，便預料海德格的存在哲學將引領歐洲哲學朝往一個新的方向，並將海德格的哲學視為自身哲學思索的重要資源。

如田邊在〈現象學的新轉向〉（1924）所言，胡塞爾的現象學與海德格的現象學之不同在於「原本我們的精神生活，就不是某種被抽象化的學問認識之意識，而是在歷史當中活靈活現地展開發展的現實本身。最具體的精神生活之現象學，並不是針對被抽象的某種領域的學問意識之現象學，而是活生生的、具體的意識，換言之，它應該是此在（Dasein）本身的現象學」。（T4・29）實存的現象學取代了意識的現象學，成了1920年代後半以降的歐洲、日本哲學發展的觸發劑。

洪耀勳的〈當今哲學之問題〉（1934）、〈當今哲學之問題（承前）〉（1934）與〈斷想：地下室人類〉（1934）這三篇文章所論及的實存概念以及辯證法式（或矛盾式）的人類存在，顯然是受到上述日本哲學界對歐陸哲學轉向的關注、追蹤、批評與轉化之影響。因為他的想法就像田邊元一樣，認為海德格的實存哲學更能解決當代人的實存危機，而不是胡塞爾所謂理性主體下的純粹意識。和西方現象學相較之下，洪耀勳直言西田幾多郎的「我和你」之辯證法關係，能超越海德格的實存，並提供實存危機的突破口。[2]

本書前三章探討京都學派哲學對洪耀勳哲學的影響作用，以此來闡明洪耀勳哲學中實存概念的獨特性以及該哲學與臺灣主體性之間的關

2　參見《洪耀勳文獻選輯》，頁42-44。

聯。隨著洪耀勳哲學相關史料的出現，筆者得以再進一步思考黑格爾乃至京都學派辯證法式的實存概念在洪耀勳哲學的蹤影。關於「辯證法實存」概念的考察，[3] 筆者注意到的是務臺理作的黑格爾研究，特別是他在《臺北帝國大學文政學部哲學科研究年報》（第1輯，1934年）發表的〈黑格爾精神現象學與客觀的精神〉。[4] 筆者認為務臺的黑格爾研究為洪耀勳的「辯證法實存」概念帶來了直接的影響。以下內容以京都學派哲學對洪耀勳哲學的影響作用為出發點，試圖從此影響作用的脈絡來思考洪耀勳哲學的特殊性（即「辯證法實存」概念的臺灣性格）以及它與日本哲學的歧異。

二、1930年代的黑格爾研究

城塚登在《務臺理作著作集》第二卷的解說（參見M2・345-359），梳理了1930年代歐洲與日本之黑格爾研究的一個明確脈絡。城塚指出20世紀初出現了新黑格爾主義。此一新動向開始重新檢討黑格爾將歷史世界作為精神史來進行整體掌握的思維，並藉此闡明精神科學與人文科學的方法以及打造其基礎的理論。當時的黑格爾研究略過《邏輯學》、《哲學科學全書綱要》，主要集中在《精神現象學》、《世界史哲學演講錄》、《法哲學原理》等。

隨著此動向，除了有1911年拉松（Georg Lasson, 1862-1932）編的《黑格爾全集》及1927年格洛克納（Hermann Glockner, 1896-1979）的舊版《黑格爾全集》之改訂再版的呼應外，另有1930年的國際黑格爾聯

3　洪子偉〈臺灣哲學盜火者：洪耀勳的本土哲學建構與戰後貢獻〉一文具有揭示指出黑格爾辯證法與洪耀勳哲學之間關聯的前驅性價值。本章與該文形成呼應，並深入探討形成該關係的京都學派哲學之影響。

4　此論文現存於臺灣大學圖書館。本章依據的是該圖書館的電子版。《臺北帝國大學文政學部哲學科研究年報》為臺北帝大時期日本教授在臺灣刊載學術論文的期刊雜誌，對臺灣哲學思想的影響極大。這是一個尚未被重視的思想區塊，有待今後臺灣研究者的挖掘。

盟以及1931年紀念黑格爾逝世百年的黑格爾哲學復興運動。城塚認為此運動不僅和新康德學派的沒落以及對黑格爾哲學的重新認識與評價有關，亦和一戰後不安的歐洲精神狀況有很大的關聯。因為這時的歐洲哲學家們開始向黑格爾哲學尋追歷史的意義與生存的確切證據。關於日本的黑格爾研究，則始於1931年岩波書店出版的《黑格爾與黑格爾主義》。此書的黑格爾研究傾向與德國的不同，和抵抗馬克思主義的唯物辯證法與唯物史觀之潮流息息相關。在此書撰寫黑格爾研究文章的京都學派哲學家有西田幾多郎、田邊元與三木清。根據城塚的脈絡梳理可知，務臺的黑格爾研究亦不能脫離上述歐洲與日本的黑格爾研究狀況。

　　在此為能更聚焦在京都學派哲學對洪耀勳哲學的影響作用之考察，僅舉出西田幾多郎的黑格爾論及其文章〈從我的立場所見的黑格爾之辯證法〉（1931）[5] 來作為思考務臺的黑格爾研究以及洪耀勳對黑格爾辯證法理解的參考。關於西田的黑格爾論，以下借助石神豐〈西田幾多郎的黑格爾：追究到昭和六年的描述〉（1985）來展開。[6] 在那之前，先概觀一下西田的場所概念。

　　如一般所知，西田在場所論裡，將一切的「有」（包含西方哲學）置放在一個絕對無的場所（意指東方哲學或日本哲學）裡，並讓「有」為絕對無的場所包容後而得以發展或存續自己。西田在此用絕對無的場所（明鏡）來映照或觀看（照らす、見る）一切在其中的萬有及其活動。在場所期的西田哲學裡，萬物（亦包含哲學運動或邏輯）皆可在場所的無裡生存、運作（働く）或存有（於いてある），無論是否

---

[5]　首先收於《續　思索與體驗》（1937），爾後收於《西田幾多郎全集》，第7卷，東京：岩波書店，2003年，頁262-278。以下引用此全集以N卷數・頁數標示。

[6]　此文收於《言語文化研究》，第4號，1985年，頁124-141。關於西田哲學及黑格爾辯證法，另可參考嶺秀樹《西田哲學與田邊哲學的對決》（京都：密涅瓦書房，2012年）第五章部分。嶺秀樹和石神豐的觀點並沒有太大出入，僅在論述上比石神豐細緻，補充了西田的黑格爾批判之內容，另還站在黑格爾立場來回應西田的批判。

定、肯定或創造「自我與場所」。相反地，場所的無也必須以萬物的運作或存有為媒介，才能得以顯現「自身與萬物」。

　　西田的場所，拿他自己的比喻來說便是明鏡。在〈場所〉（1926年出版，收入1927年的《從動者到見者》）第三節，西田認為一切存在及其活動（人類存在及其所有知性活動，如直覺、直觀、知覺、思維、意識、意志、判斷等）都必須處在一個能映照或觀看它們的絕對無之場所裡。場所之所以是絕對無，在於它能映照或觀看一切，因此絕對無的場所和一切存在及其活動處在不可分割的狀態（參見N3·434-447）。在〈場所〉第四節，西田將絕對無的場所規定為一個能容納「自我同一之存在」以及「在自身包含無限矛盾發展之存在」的根基。西田又稱它為「無根基的根基」，表示場所的絕對無之性格（參見N3·447-464）。

　　石神豐指出西田的黑格爾批判具體形成在〈場所〉以後。石神豐認為西田的黑格爾批判便是從其自身的場所論出發。他指出，在西田的場所論裡，黑格爾的概念或理性顯然無法處理邏輯的矛盾本身，因為黑格爾邏輯學中的起點是「有」，因此只是抽象的無規定物。概念或理性因其抽象性（有性），故無法映照自身的矛盾。真正能處理該矛盾的是，映照或觀看該矛盾的無的場所。[7] 顯然絕對無的場所成為映照、觀看黑格爾的概念或理性之基底。

　　西田在場所論及其後的〈謂詞的邏輯主義〉（1928年出版，收於1930年的《一般者的自覺體系》）以絕對無的場所為基礎，檢視了亞里斯多德於《形而上學》的實體、基體概念（參見N4·49-80）。西田將主詞與謂詞（日語：主語、述語）這一組文法用語的概念置換成哲學概念，用來轉釋亞里斯多德以實體、基體概念為基礎所展開的判斷論或廣義的邏輯學。亞里斯多德認為「實體＝真正的存在」便是脫離任何規定性的不定代詞，因此一切的判斷、邏輯都得從這裡出發。西田則認為真正的判斷、邏輯是場所包攝的判斷、邏輯。相對於亞里斯多德將一切收

7　石神豐〈西田幾多郎的黑格爾：追究到昭和六年的描述〉，頁129-130。

攝在實體或主詞（只能成為主詞不能成為謂詞。主語となって述語とならない），西田則將一切收攝在謂詞，進一步來說，是收攝在絕對無的場所（只能成為謂詞不能成為主詞。述語となって主語とならない）。針對亞里斯多德的實體論或主詞（主語）邏輯，西田提出場所論或謂詞（述語）邏輯。簡言之，即是西方有的邏輯與日本絕對無的邏輯。[8]

　　小林敏明指出亞里斯多德的實體論或主詞邏輯是一種對象邏輯。此對象（物）是經過人的認識、反省所產生的結果。其實體是主客二元認識論下的「真正的存在」，並不是西田所說的直接事態或直接經驗（即主客未分的純粹經驗）。兩者的岐異便在此。[9]筆者認為在西田的想法裡，真正的存在是「絕對無的場所與直接事態或直接經驗」的相互映照，即絕對無與一切存在及其活動的相互映照（亦即各自的自我限定與相互限定），指的是整體事態或整體生命的事實，而不是不可再被分割的實體。西田對黑格爾邏輯學及辯證法的批判，亦無法脫離上述他對亞里斯多德實體論的批判脈絡。

　　西田在〈從我的立場所見的黑格爾之辯證法〉中針對黑格爾的辯證法邏輯的主詞存在或意識對象（noēma）傾向，提出了「無的自覺限定」或「無的自覺的意識作用（noēsis）限定」。這種改造承接了上述的亞里斯多德批判，是指絕對無的場所能讓黑格爾邏輯學中「有和無是同一」的主張能夠真正成立的意思。[10]西田如此說道：「黑格爾在談論

8　關於這部分的討論，參見小林敏明《「主體」的去向：日本近代思想史的一個視角》（東京：講談社，2010年）的第一、三章。

9　參見同上，頁71-74。

10　西田針對黑格爾邏輯學中「有和無是同一」的主張如此批判道：「黑格爾在邏輯學的開始處主張純粹的有和無是同一，然而這是在何種意義下那樣說的？只要它被認為是對象的有，不，應該說只要它在某個意義上被認為是主詞的存在，那麼就不能說它完全和無是同一。因為無論我們如何無規定地思考被認為是主詞的有之存在，它都不可能會變成無。若要認為有和無是同一，一定要有一種立場的超越不可。」（N7・268）。

『開始』的例子說明在東西的開始當中，東西尚未存在，但那不是單純的無，在那當中有一個有存在。如此一來，那和潛在的有並沒有不同。黑格爾所謂真正存在、具體存在必須是作為我所謂無的自覺之內容來思考的存在，即所謂真正的無那樣的存在。」（N7・269-270）。因此能讓有與無這個矛盾真正成立的是映照或觀看甚至是承載它的場所（絕對無），而不是黑格爾辯證法背後的實體（有）。西田對黑格爾辯證法的批判，可從以下引文窺見。

> 我認為即使是黑格爾的辯證法邏輯，亦不是如他自己所思考的那樣，以邏輯的方式成立的，應該是透過將邏輯的過程思考為我所想的那種無的自覺過程才有可能成立。黑格爾的理性可說是一種表現自我的自覺限定，它作為無的自覺而擁有辯證法的意義。並不是因為理性的關係才說是辯證法式的，而是以我們所認為的理性，在事實限定事實自身這個意思上，作為所謂吾人內在生命的事實而擁有無的自覺意義來說是辯證法式的。其自身作為一種生命真正地被具體思考的邏輯，必定得是辯證法式的。黑格爾辯證法邏輯的內面必然性，不應向意識對象的限定追求，而應該向意識作用的限定追求。然而黑格爾卻顛倒過來，不是在理性的背後思考事實，而是在事實的背後思考理性。我們可以說，在此存在其辯證法的主觀性，在面對理解具體事實上，他的辯證法已掉落在單純的形式之中。他的自然哲學、歷史哲學會受到非難，也是因為這個原因。我們不應該用邏輯的形式來理解實在，所謂理性亦應作為吾人生命的一面被歷史性地加以理解。（N7・274-275）

這裡明確表示辯證法不是對象邏輯而是場所邏輯，因為辯證法在西田看來是絕對無的場所讓吾人內在生命的事實得以如實呈顯的哲學方法。針對黑格爾那種脫離生命事實的過程辯證法，西田則提出「一即多、多即一」，即絕對無與一切存在及其活動相互映照的場所辯證法

（參見N7・278）。唯有在場所辯證法裡，我們才能體悟到真正的存在或生命事實。

　　相對於這種被西田場所論改頭換面的黑格爾研究氛圍，務臺理作的黑格爾研究顯然保守了許多。他在《臺北帝國大學文政學部哲學科研究年報》發表的〈黑格爾精神現象學與客觀的精神〉，一方面受到上述新黑格爾主義風潮的影響，一方面繼受西田場所辯證法的思維重新評價《精神現象學》的劃時代意義。

三、務臺理作的《精神現象學》研究

（一）《精神現象學》的歷史性

　　長谷川宏的《黑格爾《精神現象學》入門》（東京：講談社，1999年）指出黑格爾在《精神現象學》中展開的意識辯證法，並非一般誤認為的那樣，是一種抽象的理性活動，而是來自他自身對歐洲歷史現實（拿破崙的歐洲征服）的親身體驗以及對應歷史現實所反映出來的哲學思辨。換言之，黑格爾的辯證法並不是從抽象的思辨活動，而是從具體的歷史現實中反映出來的新哲學。此說法和西田對黑格爾辯證法的批判恰好相反。黑格爾在《精神現象學》的序言如此說道：

> 我們的時代是一個充滿創造力的時代，一個向著新時期過渡的時代。精神已經與這個延綿至今的世界決裂，不再堅持它迄今的實存與表象活動，而是打算把這些東西掩埋在過去，並著手進行自我改造。……充斥於現存世界裡的各種輕率和無聊，以及對於某種未知事務的模模糊糊的預感等等，都是另外什麼東西正在前來的徵兆。這種漸進的、尚未改變整體面貌的零敲碎打，被一道突然升起的閃電中斷了，這閃電一下子就樹立起了新世界的形象。[11]

---

[11] 黑格爾《黑格爾著作集3：精神現象學》，先剛譯，北京：人民出版社，2015年，頁7。

　　這種對新時代的敏銳嗅覺、對歷史現實的問題意識，不斷地在
《精神現象學》中反覆出現。也就是說，對歷史現實的改造與新哲學
的建構，在黑格爾看來是不可分割的。賀麟、王玖興在商務印書館版
《精神現象學》的〈譯者導言〉中討論了該書與黑格爾當時的政治態
度，並如此說道：「他把『知識』當作『唯一救星』，這是與『精神
現象學』以尋求『絕對知識』為意識發展的最後目的的思想相符合
的。」[12] 黑格爾認為日耳曼民族在面對當時拿破崙的侵襲時，必須在精
神（意識）的自我認知上有所提升才會有新的格局出現，亦即必須達到
絕對知識這一最終目標，才能打造新的世界。

　　城塚登解說務臺的《黑格爾研究》（1935）時，[13] 如此評價該書的
劃時代意義。一般都主張《精神現象學》必須和《邏輯學》、《哲學科
學全書綱要》有一線之隔。然而，務臺的《精神現象學》研究則闡明現
象學與邏輯學、歷史哲學（即初、中、晚期哲學）之間的內在關聯，並
藉此一窺黑格爾哲學的整個體系（參見M2・353）。務臺顯然意識著當
時新黑格爾主義掠過《邏輯學》、《哲學科學全書綱要》的做法，認為
《精神現象學》和黑格爾中、晚期哲學具有連貫性。他在臺北帝大時期
的文章〈黑格爾精神現象學與客觀的精神〉便已顯露出這種企圖，亦
即將《精神現象學》中的精神與《哲學科學全書綱要》分卷《精神哲
學》中的客觀精神進行了連接。[14]

---

[12] 黑格爾《精神現象學》，賀麟、王玖興譯，上卷，北京：商務印書館，
　　2015年，第12刷，頁5。

[13] 此書為務臺的博士論文。執筆期間為他在臺北帝大的執教時代。本文討
　　論的〈黑格爾精神現象學與客觀的精神〉為此書的序論與第一、二章部
　　分之基礎。

[14] 先剛在《黑格爾著作集3：精神現象學》的〈譯者序〉中討論了《精神
　　現象學》在黑格爾哲學體系中的定位。他指出《精神現象學》在黑格
　　爾哲學體系中，雖有被淡化、忽略的印象，但不僅在《哲學科學全書綱
　　要》中的《精神哲學》分卷，甚至在《法哲學原理》、《歷史哲學講演
　　錄》以及《美學講演錄》、《宗教哲學講演錄》、《哲學史講演錄》中
　　仍有其蹤跡。他認為「《精神現象學》與《精神哲學》在總體上是一

（二）作為客觀精神的現象學之成立

　　務臺在〈黑格爾精神現象學與客觀的精神〉開頭處，便說明黑格爾的精神現象學講的是在顯現的精神或知識的形式中，試圖達到絕對知識的意識之形態及其運動。在意識的諸形態中，精神是最核心的存在。精神在廣義上指顯現的精神之全體，在狹義上指《哲學科學全書綱要》中的客觀精神。客觀精神在《哲學科學全書綱要》中被置放在主觀精神與絕對精神之間。相對於主觀精神在和對象的對立中只擁有主觀的自由，客觀精神則克服了那種意識（主）與對象（客）的對立，在客觀世界中試圖實現自己的自由。這不是一種主觀意識的形態，而是在客觀的道德世界（即法律、家族、社會、國家這種共同體世界）之形態中擁有自我存在、實現自我的精神。此精神可說是一個民族的道德生活、一個實在的世界。[15] 務臺將這種精神的發展過程（精神脫離個人、主觀的意識之形態，發展至具有共同體世界的形態）稱為一種辯證法的揚棄。《精神現象學》第六章的精神指的便是這種客觀精神。

　　務臺在連接《精神現象學》的精神與《哲學科學全書綱要》的客觀精神後，又將論述拉回《精神現象學》，說明現象學是敘述意識的辯證法運動之學。此意識以主客二元（意識作用與意識對象）為前提，將它視為否定的存在來加以揚棄，藉以達到「知識與真理一致」的絕對知識。務臺針對這種敘述意識發展過程的現象學提出質疑。因為這種現象學只要以主客對立為前提（即以主觀精神為前提），又如何轉變成以克服、揚棄此對立，並作為客觀世界（共同體世界）來限定自己的客觀精神之現象學？[16] 也就是說，「從主觀精神到客觀精神是如何可能的？」正是務臺提出的質疑。筆者認為此質疑的產生，來自務臺援用西田的黑

　　致的。……《精神現象學》儘管沒有明確地提出『主觀精神』『客觀精神』和『絕對精神』之分，但它實際上就是遵循著這個辯證的框架結構層層推進的。」（頁7）這種看法在務臺的黑格爾研究裡可見其端倪。

[15] 參見〈黑格爾精神現象學與客觀的精神〉，頁423-424。

[16] 參見同上，頁426-427。

格爾論及其場所辯證法的思維。從結論來說，務臺認為這種「自在存在（an sich）到自為存在（für sich）」之轉移的可能，來自絕對精神（世界精神、一般精神）或絕對知識的自覺限定、自我限定、自我啟示或自我表現（manifestation），[17] 也就是西田所說的「無的自覺限定」。

《精神現象學》的主要課題，是敘述從個人的日常知識到揭示真理的哲學知識之內面教育的歷史，亦即從個人精神（個別）到一般精神（普遍）之教養史。然而這種現象學經由務臺的獨特解釋，變成同時敘述「個人精神到一般精神的發展過程」以及「一般精神在自覺限定中呈現出何種自覺形態」的哲學。也就是說《精神現象學》的意識辯證法運動不應該是一種「主觀精神→客觀精神→絕對精神」的發展過程，而是一種「主觀精神→客觀精神←絕對精神」的發展過程。[18]

荒木正見在〈黑格爾《精神現象學》中的場所性萌芽：和西田幾多郎的比較〉中雖然指出在《精神現象學》裡可以解讀出絕對者（絕對精神）的自我限定，但他也宣稱這並非黑格爾自身明確自覺到絕對者（絕對精神）的自我展開。[19] 務臺對《精神現象學》的獨特解釋，可說更早於荒木的見解。務臺提出精神的「上升即下降」、「發展即限定」之說法，顯然來自西田主張的「作為絕對無之場所的自我限定」。因為作為絕對無的場所與一切存在及其活動的自我限定與相互限定，正是個人精神（個別）與一般精神（普遍）的自我限定與相互限定。客觀精神的現象學成立在主觀精神與絕對精神的「自我限定與回歸」，即兩者從自在存在（an sich）到自為存在（für sich）的轉移。[20]

---

17 參見同上，頁430。
18 參見同上，頁431、433。
19 收於《黑格爾哲學研究》，第8號，2002年，頁50。
20 參見〈黑格爾精神現象學與客觀的精神〉，《臺北帝國大學文政學部哲學科研究年報》，第1輯，1934年，頁443。務臺認為黑格爾的精神是具有實體的現象，它在自我的他者中並不會喪失自我，而是在區別當中維持自我同一。也就是說，在自我的他者中回歸自身。這意味著精神從自在到自為的發展。

務臺認為黑格爾的「精神不會停留在自在存在，因此反而會將停留在自在存在的絕對者視為一種抽象態來加以拋棄，並以一種自為的形式來開展自己。」[21]

如前所述，精神在廣義上指顯現的精神之全體，在狹義上指《哲學科學全書綱要》中的客觀精神。務臺在其論文後半部的第三節又回到精神概念的討論。他認為只要精神作為意識來顯現精神，就必須以現象學的方式被加以闡明。廣義來說，精神是指以意識的型態來顯露的精神之意，狹義來說，是指道德的、歷史的世界。精神的顯露可從意識的層面和一般精神的層面來看。從前者來看，是指在對象上為自體的存在以自為的方式顯露在意識之中，從後者來看，是指它自己回歸到自己的自我限定。根據務臺的理解，精神現象學的精神必定包含這種雙重限定。[22]

我們若將上面說法換個語境來說，這兩個限定可指個體精神的上升運動與一般精神的下降運動。兩者不停留在自在存在（自我同一），在否定自我（個體：克服意識作用與意識對象的對立矛盾、主客二元。一般：自我限定、自我啟示）和他者存在（法律、家族、社會、國家、世界歷史）的對立過程中，以自為的方式表現自我。如此一來，就如務臺所言，狹義的精神必無法和廣義的精神分離。[23] 也就是說，客觀的道德世界（客觀精神）的顯露，必不離個體精神的上升運動與一般精神的下降運動。主觀精神、客觀精神、絕對精神在此形成一種具有自我限定又彼此限定的辯證法關係。黑格爾式的精神直線上升發展在務臺的改造下，變成了共時、空間式的展現。否定（限定）的運動使得精神同時包含了個體、共同體（歷史世界）與絕對者這三個要素。

---

[21] 同上，頁444。此處的「自為」，日語原文為「向目」，此為誤植。筆者認為應該是精神從自在到自為的發展，故將「向目」理解為「向自」，也就是漢譯的自為。

[22] 同上，頁462。

[23] 同上，頁462-463。

（三）主詞與謂詞的辯證法邏輯

務臺以西田的「作為絕對無之場所的自我限定」為思想資源，改造了黑格爾的意識（精神）辯證法之結構。務臺結論出的客觀精神包含有以下三種要素。第一、世界精神的理念（一般者）。第二、相對於此的個體性。第三、作為第一與第二之綜合的道德世界，即形成世界歷史的內容。[24]這裡潛藏著務臺對胡塞爾意識現象學缺乏客觀的道德世界（客觀精神）的批判。

務臺不滿足於胡塞爾意識現象學的非歷史性。雖然他在晚年指出自己上胡塞爾兩學期的講座，發現胡塞爾現象學已經處在轉換期，即從純粹現象學轉向處理人類相互關係（指交互主體）的現象學。但他還是認為胡塞爾的意識只停留在主觀的、個人的、抽象的意識，並沒有達到將對象作為自己的所有，並在其中表現自己這種作為客觀精神的意識。胡塞爾的意識可以是表現文章意思上或廣義倫理意思上的意識，但絕不是於歷史世界中表現自己那種道德意識。務臺主張在黑格爾的精神現象學（務臺改造過的精神現象學）裡，主觀作為客觀精神，在真正放棄自己卻反而停留在自己，它便是以這種形式被掌握，才能得以超越自己和世界，而達到客觀的道德世界。[25]不僅如此，務臺的黑格爾論還透露出自身背離西田的「場所的邏輯」，逐步接近田邊元的「種的邏輯」。正如古田光所言，此時期的務臺向黑格爾哲學探求的是掌握歷史世界的線索（參見M2・362）。

這恰好在務臺的〈日本的哲學在這八十年間是怎麼發展過來的〉（1968）一文中，也得到了印證。他指出自己起初是受西田哲學中「個體與一般者」之問題的影響，來進行自己的哲學思考。但隨著歷史的挪移，大正時期的個體思想也隨之退色，取而代之的是昭和時期的歷史現

---

24 同上，頁477。
25 參見M9・83及〈黑格爾精神現象學與客觀的精神〉，頁447-448、466。
　此一觀點亦有先於賀麟、王玖興在〈譯者導言〉中的胡塞爾現象學批判之感。

實的問題，亦即務臺的《精神現象學》研究集中探討的客觀精神（客觀的道德世界）問題。在這種歷史脈動下，批判西田場所辯證法的便是其接班人田邊元。田邊於1930年發表〈求教西田先生〉與西田哲學分道揚鑣。田邊發表該文後，始終認為西田哲學為一種神祕哲學，是一種缺乏對應歷史現實的「寂靜哲學」，原因在於其哲學體系始終缺乏以民族國家、種族或共同體為對立統合媒介的「直觀哲學」，並斷言西田哲學與普羅汀（Plōtinos, 204-270）流出論的神祕主義思想無異（參見T4・303-328）。務臺的黑格爾研究正是在這種歷史脈動下進行的。[26]

關於黑格爾意識（精神）辯證法的改造，務臺援用了西田「謂詞（述語）的邏輯」或「場所的邏輯」。務臺認為黑格爾的精神必須藉由意識的區分將自己客觀化，因此必須是在概念中的精神，否則會掉落在無客觀化力量的精神，亦即無主體的抽象主觀。此無疑是精神的喪失。務臺認為精神藉由意識的區分，透過自我的分割，隨著概念將自己客觀化時，才能和無概念自覺的精神有所區分，而成為客觀精神。這種內面的區分同時也是外部的現實存在之表現世界。因此精神必須包含概念。而無概念的精神便是沒有邏輯性格的精神。此謂精神的自我喪失。[27] 務臺會如此規定客觀精神，目的在於連結精神與邏輯學之間的關聯。這自然也意識到西田對黑格爾辯證法邏輯的批判。

務臺指出黑格爾的邏輯學並非只是在闡明思想的邏輯性格，而是作為精神存在的「表現邏輯」來進行對存在的轉換，也就是在闡明客觀精

---

[26] 志野好伸在〈洪耀勳的實存概念之探討〉（鄧敦民、洪子偉主編《啟蒙與反叛：臺灣哲學的百年浪潮》，臺北：臺灣大學出版中心，2019年，頁375-392）指出務臺在1936年的〈表現世界的邏輯〉中批判西田的「個體限定即一般限定」的哲學立場，關注到田邊在「種的邏輯」中主張的種在個與類的媒介作用。筆者認為這恰好為務臺將客觀精神（一種客觀的道德世界，亦即法律、家族、社會、國家這種共同的客體世界）置入在主觀精神與絕對精神之間的關係，並解釋它的研究工作，做了一個最好的註腳。

[27] 〈黑格爾精神現象學與客觀的精神〉，頁467-468。

神之所以客觀的根據。這一說法早在其《精神現象學》中便以「表現的
邏輯」出現，因為黑格爾在該著序論對「表象的思維」（räsonnierendes
Denken）與「概念的思維」（begreifendes Denken）進行區分，並在後
者尋求表現的邏輯。這裡出現了表現邏輯的命題之辯證法運動。務臺詳
細地探討了「表象的思維」與「概念的思維」這兩個概念所產生的兩個
不同的邏輯學。前者為以亞里斯多德為代表的實體的邏輯學，後者為黑
格爾意識（精神）辯證法的邏輯學。

　　「表象的思維」看的不是思維與內容的關係，而是隨意的關係。
因此主詞不為謂詞所束縛，它是可隨意地從謂詞抽離退回自身的獨立存
在，因此對謂詞而言，只是一個能夠敘述它的立足點（basis）而已。比
如亞里斯多德的個體就是謂詞的任意結合之基體，也就是說主詞是謂詞
的基體。此為西田的「場所邏輯」所批判的「對象邏輯」。「概念的思
維」則不同於此，主詞並非謂詞的任意結合之基體，它作為自我運動的
概念之主體而存在。主詞從一種作為基體的靜態主詞脫離出來，並下降
到謂詞（內容）之中，成為內容的主體，內容也因而開始運動。靜態的
主詞被放棄後，在謂詞之中以運動的主體出現，成為真實的主體。此
時謂詞成為主詞的概念（內容），主詞捨棄靜態的位置下降到謂詞之
中，成為謂詞的主體。主詞否定、揚棄自我下降到謂詞，成為謂詞的主
體後再次回歸自己，謂詞亦放棄單純的謂詞在自身之中找到限定自己的
主體，並將此作為自己的真實主體彈回主詞的位置。這種主詞否定、
揚棄自己到達謂詞，謂詞將自己主體化到達主詞的轉換，正是概念的
「區分與區分的否定」之辯證法運動。[28]

　　在務臺的想法裡，主詞與謂詞透過自己與他者的否定、限定作用
後重新擁有自己，彼此處於不可分割的關係裡。此為黑格爾在《精神現

---

[28] 參見同上，頁468-472。此外還參考了《黑格爾研究》（收於《務臺理作
　　著作集》第2卷），藉此確認務臺在該論文中的一些模糊的表現（參見
　　M2・34）。

象學》思考的精神的自我表現之邏輯，這種主詞與謂詞的辯證法運動可說是黑格爾邏輯學的基礎。務臺的黑格爾研究並沒有提到西田的「謂詞（述語）的邏輯」或「場所的邏輯」，但在此不難發現西田的「場所的邏輯」為務臺的黑格爾研究提供了思考資源。因為在「場所的邏輯」裡，無論是主詞還是謂詞，都不能單獨以自我同一的方式呈現自己。兩者都必須以自我否定、限定又交涉彼此才能保存自己的姿態出現。在這主詞與謂詞的辯證法運動背後的正是「作為絕對無的場所」。當然場所也無法單獨以絕對無的姿態顯現自身。它還必須和主詞與謂詞的辯證法運動彼此限定、映照彼此。

四、洪耀勳的「辯證法實存」

（一）現代哲學中的「辯證法實存」

　　務臺的黑格爾研究成形於臺北帝大的執教時期，自然也對洪耀勳的黑格爾辯證法理解產生影響，特別是洪耀勳在使用辯證法與實存概念時，其辯證法的意涵在無意識中使用了京都學派式的黑格爾辯證法。[29] 務臺的黑格爾研究對洪耀勳的直接影響可從〈當今哲學之問題〉、〈當今哲學之問題（承前）〉、〈風土文化觀：與臺灣風土之間的關聯〉中窺見。

　　洪耀勳在〈當今哲學之問題〉裡明確地指出哲學的混亂現象是現代的危機，也是哲學本身的危機。現代的窮困並非立場的窮困，而是問題意識的窮困。哲學的任務便是忠實地提出問題。哲學的方法或立場會誕生，便在於問題的提出。洪耀勳認為當代的危機可比擬從古代到中世、從中世到文藝復興的時代轉換危機。此危機所指的是人與人相互的

---

[29] 洪耀勳曾在哲學科的哲學談話會（1931年10月24日）上演講過「關於黑格爾的精神現象學」。參見邱景墩〈文政學部——哲學科簡介〉（臺北帝國大學研究通訊編輯小組編輯《Academia：臺北帝國大學研究通訊》，臺北：南天書局，1996年，頁122）。

關係體系、人與神的關係體系之崩壞。哲學的當前課題便是認識這種混亂，並將人類實存從混沌當中解放出來。洪耀勳認為要解決當代的問題，就不能只借鑑過去的歷史（哲學）來解決，必須站在當代的立場從過去的歷史（哲學）當中篩選出有價值的東西來回應未來。[30]

　　在說明文章主旨後，接著洪耀勳開始檢討現代哲學思維的轉變脈絡。整體上他歸結出現代的哲學脈動以排除理性主義（rationalism）為開端，生命比知性更被加以重視，相繼而起的是新的形而上學的生命哲學。這種認識和田邊元在〈現象學的新轉向〉（1924）中檢討德國哲學從觀念論轉向現象學的認知是一致的，亦即科學的哲學之退場與生命的哲學之誕生（參見T4・19-20）。在這個哲學轉向的大脈絡下，新康德學派的沒落以及新黑格爾主義的崛起便能得到印證。洪耀勳直言自己無法偏袒後者崛起的哲學評價。總之，新的哲學的誕生，就洪耀勳來看，便是奠基在一個共通的歷史情勢。上述說法似乎和務臺極力評價黑格爾的客觀精神保持了一定的距離。

　　在洪耀勳的筆觸下，哲學沿著「歐洲─日本─臺灣」這條歷史發展脈絡，不應該回到實證主義或觀念論，必須和同時代的哲學脈動（生命哲學→現象學→實存哲學）並進，那是因為臺灣人和歐洲人、日本人都擁有一樣的歷史意識。他主張現代哲學的誕生必須奠基在歷史實存上，甚至認為哲學家應被從人類實存深處產生的思慮所驅動，成為精神或文化的醫生。而作為醫生的哲學家必須洞察各種人類世界的種種現象，並為此確立診斷治療。這種對從事哲學工作者（亦是對自身）的期許，亦可讓我們洞察到他在〈風土文化觀：與臺灣風土之間的關聯〉中嘗試建構具有臺灣風土性格的實存哲學之構想。顯然洪耀勳的哲學既非理性主義哲學亦非生命哲學，而是從臺灣歷史、風土的實存立場出發的哲學。[31]

---

30 參見《洪耀勳文獻選輯》，頁24-25。
31 參見同上，頁28-30。

　　在強調歷史實存之後、進入生命哲學的論述之前，洪耀勳提及黑格爾的客觀精神。他評價黑格爾不滿足於理性概念的抽象一般性提出揚棄它的客觀精神，亦即代表民族精神、法律、經濟、宗教、藝術、道德、國家等的客觀世界。洪耀勳接著指出當主觀精神被揚棄時，個人意識便不再成為問題。這裡意味著個體被整體所取代，歷史世界的創造不再由個體承擔，所謂客觀精神的主觀性也意味著客觀地創造歷史之主觀性。歷史在此還不能算是完成，與此同時，歷史也是絕對者的創造。換言之，絕對者的自我實現（務臺所謂自我限定、啟示）就是歷史，歷史是世界精神的客觀化，客觀精神又是絕對精神的客觀化。[32]

　　從此處主觀、客觀、絕對精神三者之間辯證關係的粗略描述，不難看出援自務臺的黑格爾研究。但如前述，洪耀勳此時因著眼在海德格的實存概念之創造力，在必須保持實存的個體性這點上，並沒有贊同務臺對黑格爾客觀精神的解釋。這要到〈風土文化觀：與臺灣風土之間的關聯〉的出現，才會對務臺的黑格爾研究重新進行評價與運用。[33]

　　在梳理赫德、施萊格爾（Karl Wilhelm Friedrich von Schlegel, 1772-1829）、狄爾泰（Wilhelm Dilthey, 1833-1911）、舍勒（Max Scheler, 1874-1928）、胡塞爾、海德格這條脫離科學哲學經生命哲學邁向實存哲學的現代哲學發展脈絡後，他認為以海德格所開啟的實存概念才是更接近自己的現代哲學圖像。從胡塞爾的意識現象學到海德格的實存現象學（解釋學現象學）的發展，洪耀勳進行了一個簡潔的評論。胡塞爾在《哲學作為嚴格的科學》（1910-1911）的主要工作在於認識、意識問題的闡明，存在的問題根本沒有展開。其形式、實質的存在論在於區分

---

[32] 參見同上，頁30-31。

[33] 但筆者認為洪耀勳的實存概念重視歷史性的問題，就如同海德格以時間性來分析此在並視之為「世界內的存在」（das In-der-Welt-sein）一樣，不能只是單獨的個體，必定是一個與其他存在者共在的關係存在。如後所述，洪耀勳援用西田幾多郎的「我和你」理論時，亦顯露出個與個以及個與絕對普遍之間的關聯。在此不必過度解讀其實存指的只是單獨的個體。

經驗上被給予的領域並思考其法則性。胡塞爾的工作即是在闡明意識領域之中的存在者之樣態。關於被給予的存在者與給予的存在本身（即存在者的存在）這種存在論關係的存在問題，則完全被懸而不論。胡塞爾這種所與性的存在論和洪耀勳所追求的現代哲學圖像有差異，是因為實存的根源性本質「生命的流動」、「實際動態的持續」這些特質沒有被發揮出來，而發揮實存特性的便是海德格。[34]

　　洪耀勳讚賞海德格在《存在與時間》的基礎存在論，因為他在為形而上學進行奠基之前主張必須重新審視存在的問題，對存在的提問便是對人的提問，這種提問反映在對實存的現象學分析與反省（即用時間性這個視域來對此在進行結構性的現象學分析與反省）。反過來說，對人進行根源性的實存式分析才是海德格建構基礎存在論的基礎。[35]然洪耀勳並沒有滿足於海德格以同一律為基礎的存在論，因為在那裡並無法看到辯證法的矛盾或否定性。

　　田邊在晚年對海德格的批判論文〈是生的存在論還是死的辯證法〉（撰寫期間1957-1958，T13‧525-576）中，便指出海德格的解釋學現象學只停留在對人類實存的分析，缺乏生命以否定媒介（否定自覺）的方式真正進入歷史或哲學的現場。當然就如嶺秀樹所指出，早在1920年代後半西田和田邊的海德格批判當中，就能看到西田和田邊皆站在辯證法的立場（前者為無的場所自覺，後者為辯證法自覺）來批判海

---

[34] 參見《洪耀勳文獻選輯》，頁38-40。

[35] 參見同上，頁33-34。大橋良介在〈海德格是誰？〉（《Heidegger-Forum》，第3號，2009年，頁98、105）中指出海德格的基礎存在論最後在《存在與時間》以失敗收場，此失敗迫使他不得不面對形而上學的探究。在形而上學的探究道路上，他選擇了語言作為探究存在的出入。嶺秀樹在〈日本接受海德格的一個側面：以西田的海德格批判為線索〉（《日本的哲學》，昭和堂，2015年，頁12-29）亦提出同樣的海德格哲學轉向問題。相對於大橋從《存在與時間》中存在與存在者的現象學之兩義性來判斷，嶺秀樹則從1923年夏季學期講座的「存在論：實際性的解釋學」與《存在與時間》的差異來判斷。

德格的解釋學現象學立場。[36]

　　洪耀勳的海德格批判，在思想上可說是根源於京都學派的海德格觀。洪耀勳認為在思維（知識）與存在領域裡，同一事物不可能同時具有限定又不具有限定（主詞甲不可能同時是謂詞乙和非乙）。唯有辯證法才能同時顯現是與非（矛盾）。辯證法之所以是辯證法，在於立足於現實基礎的生命實存。對洪耀勳而言，實存本身就是一種矛盾存在，因此他才會說「矛盾的消解即是實存的否定」。[37]如此一來，我們可以說洪耀勳的辯證法是一種實存式的辯證法，他所謂的實存是一種辯證法式的實存。

　　在文章的最後，洪耀勳藉由援用西田的「我和你」的理論，主張實存便是立足在辯證法運動的人格行為之主體。他如此說明西田的「我和你」的辯證法關係。「自己在己身的深處，看見作為自己根源的絕對他者。透過這件事，自己在他者之中消失。也就是說，我在他者之中失去了我自身，同時你也必須在此他者之中失去你自身。我在此他者之中聽見你的呼聲，你也在此他者之中聽見我的呼聲。我以作為此他者的你為媒介，認識我自身，你以作為絕對他者的我為媒介，認識你自身。」[38]我們在各自之中看到絕對他者，並在其中無化自己，此時我和你不僅能真正相遇與認識，還能因此真正地認識自己。此狀態便是處於「我和你」彼此能內在移動的辯證法關係。「我和你」的相互移動意味著透過相互的人格呼應，來知道彼此及自己。在洪耀勳看來，這種辯證法式的實存不應是一個被分析、解釋、反省的概念，必須是一個能在歷史現實的世界當中與他者進行交涉的生存狀態。

---

[36] 參見〈日本接受海德格的一個側面：以西田的海德格批判為線索〉，頁12-19。嶺秀樹藉由對「實際性的解釋學」的分析指出海德格澈底否定辯證法的立場。

[37] 參見《洪耀勳文獻選輯》，頁41-42。

[38] 《洪耀勳文獻選輯》，頁43-44。西田幾多郎的〈我和你〉（1932），收入於《無的自覺限定》（1932），《西田幾多郎全集》，第5卷，東京：岩波書店，2002年，頁267-333。

（二）臺灣風土論：「辯證法實存」的轉向

如志野好伸在〈洪耀勳的實存概念之探討〉所指出，務臺在〈表現世界的邏輯〉中批判西田的「個體與一般者」的哲學立場時，意識著田邊的「種的邏輯」中主張的種在個與類的媒介作用。〈表現世界的邏輯〉與〈風土文化觀：與臺灣風土之間的關聯〉有極為密切的關聯，在此簡略論述其要點。

務臺在該文中藉由批判黑格爾邏輯學，指出西田的「個體限定即一般限定」（個體與絕對無相即）的邏輯裡，缺乏田邊的「種的基體」（共同體）之否定媒介，以致於帶來自身邏輯的侷限。務臺認為在黑格爾邏輯學裡，個體被收攝、吸收在一般者（絕對者）之中呈現出一般者的邏輯傾向（即流出論傾向），代表歷史世界的特殊者很難在這種邏輯體系裡維持自己。也就是說，在個體與世界的關係中，共同體（法律、家族、市民社會、國家等）理應有一個現實的立足點，卻只變成了世界精神的自我疏離態、特殊態。種的基體無法以獨立的姿態面對個體和一般者，這意味著共同體在個體與一般者的辯證法關係裡失去其位置（參見M3‧234）。

在此回顧一下務臺的〈黑格爾精神現象學與客觀的精神〉。務臺致力於將客觀精神置放在主觀精神與絕對精神之間，試圖建構一個個體、共同體、一般者（絕對者）自我限定又彼此限定的辯證法。在〈表現世界的邏輯〉裡，務臺將個體稱為主體的行為、一般者稱為世界的表現（即將黑格爾邏輯學中的精神表現轉變成實踐的意思），認為在兩者之間加入種的基體，即可建立一個具有「個體、共同體、絕對者」之存在論與實踐論的辯證法邏輯。由於務臺在文章中批判田邊的「種的基體」缺乏一般者（世界的表現）之否定媒介，以致於讓「種的基體」有可能成為將個體收攝其內的絕對者。基於這個理由，務臺認為黑格爾乃至西田的邏輯學仍然是田邊「種的邏輯」的基礎，只要在兩者論述之內加入「種的基體」之否定媒介的作用，便可成為自己所謂的

「表現世界的邏輯」（參見M3・238-243）。

　　筆者認為可以將「表現世界的邏輯」視為務臺《黑格爾研究》的延伸與發展。這也是洪耀勳在〈風土文化觀：與臺灣風土之間的關聯〉中援用來思考臺灣這一「種的基體」概念的思想資源。因為一方面西田的「我和你」的理論主要是處理個體與個體以及個體與絕對者的關係，另一方面和辻哲郎在《風土：人間學的考察》中，批判海德格對此在的分析缺乏空間性、風土性的視域，以致於人類實存只保留了個體性而缺乏共同體性。西田與海德格的思想，顯然已經無法滿足洪耀勳建構臺灣主體性的哲學嘗試。這同時也意味著洪耀勳「辯證法實存」概念的轉向。當然和辻的風土論乃至存在論以及田邊的「種的邏輯」，是洪耀勳風土論的主要思想參考來源。但此時黑格爾的《精神現象學》再次被洪耀勳提及。[39]

　　洪耀勳認為黑格爾的真理或存在的基礎結構，是從個體（主體行為）與一般者（表現世界）之間的根本性要素中成立。兩者處於絕對否定即肯定的相互否定媒介關係之中。「雖然具有主我意識的個體深深地潛入在客觀的表現世界中，但由於黑格爾對世界精神的絕對信賴，因此只是以過程的方式從此世界精神的一般限定來限定個別者。這使得個體無法充分地發揮其主體性，而盡被一般者所吸收。黑格爾的理論最終不得不陷於流出論。由於個體與一般之相即觀的緣故，理應是個體與世界之間關係的現實立足點，也就是像親屬、社會、國家等共同體那種世界精神的特殊形態，對他而言，也只不過是世界精神的一個事例。」[40]洪耀勳在此和務臺同調，認為黑格爾邏輯學沒有保留「種的基體」的獨立

---

[39] 關於此點，洪耀勳如此說道：「我們必須將人類存在作為主體來掌握，人類存在的生存交涉必須是一種辯證法的運動。關於這些說法，我們現在有必要回顧一下黑格爾。特別是在生命的運動過程成為問題的此處，我們不能缺乏對被視為人類自身訓育史的《精神現象學》之思考。」（《洪耀勳文獻選輯》，頁88）。

[40] 同上，頁91。

性，亦即缺乏其否定媒介的視野。接著他站在務臺的觀點，認為「種的基體」必須奠基在個體（主體行為）與一般者（表現世界）之間的關係中。

在理論上，個體與一般之間的關係，即使作為原型被顯示出來，在現實上，作為此關係的線索，特殊的社會性基體必須在其正當性上被提出。因為在現實上我們人類存在雖然同為一般的人類性，但仍是作為一國的國民，作為某個特定地域、社會圈、某個時代的共同存在而存在。然而，我們作為基礎存在的邏輯，始終先採取表現世界的邏輯，也只有根據此邏輯的原型，在歷史性、社會性存在當中應該變成問題的個體與特殊性基體之間的關係，才能得以成立。因為個體者（主體的個）為了在不被特殊者（基體的種）所吸收的情況下維持其自立性，其基礎早已被置放在表現世界的邏輯限定中。特殊的種的基體，亦同樣地之所以能夠在否定個體者同時肯定它，是因為種不是在於其特殊基體中，而是早在表現世界之中獲得基體即個體的基礎。因此個與種之對立的可能根據，不是存在於種自身，而是原始性地存在於個體與世界之間的關係中。[41]

這裡的言論顯然援引自務臺對田邊的批判以及對黑格爾、西田的擁護與改造（事實上這也是一種批判），只是洪耀勳沒有明確說明而已。洪耀勳的「辯證法實存」概念之轉向，也在此顯露出來。和辻的風土論借用海德格分析此在的「出於外」（ex-sistere）之結構，談論人與風土的不可分離關係，以此一方面批判自然科學認知下的物我二元世界觀，另一方面批判海德格的實存論及其用具（器物）上手的物我關係論缺乏空間、風土、共同體性。洪耀勳全面贊同和辻的海德格批判，並主張「若只從時間性來解釋人類，結果還是無法脫離個人意識，這只會阻隔通往世界（社會）的道路」[42]、「我們在我們生存交涉中和各

---

[41] 參見同上，頁91-92。
[42] 同上，頁98。

種**東西**相遇，並出於在該東西之內。與其說我們出於那種工具存在之中，倒不如說我們以更加根源的方式出於**你這種他者的我**之中。如此一來，你和我則作為『共同存在』，在共同的、原始社會的世界中才能得以被找到」[43]、「作為人類存在的現實辯證法運動的表現，種種結合態、共同態被形成，那些隨著一定秩序被展開的體系即是『歷史』、『社會』。因此在歷史世界的具體形態中對主體的掌握，不光是在歷史性上，同時還必須在風土性上進行。在風土性與歷史性的統合中，歷史、社會才能獲得肉體。缺乏風土性契機的歷史和社會，只有單純的精神，避免不了不具有肉體的幽靈。形式的歷史與一般的社會之結構，非須得藉由風土的特殊性實質內容來充實自己」[44]。從這裡我們可以看到，洪耀勳透過和辻的風土論，對之前缺乏共同體視野的「辯證法實存」概念進行了一個改造。

　　但基本上這種「種的基體」奠基在個體（主體行為）與一般者（表現世界）之間關係的「辯證法實存」，可說是根據務臺的黑格爾研究而來的。然而，和務臺的辯證法邏輯（「表現世界的邏輯」）不同的是，洪耀勳所謂的辯證法並不是理論上或學院上的，而是歷史實存、風土實存、生命實存的辯證法。正如本書第一章所述，此種「辯證法實存」的轉變和臺灣風土有密切的關聯，因此可說是一種具有具體歷史、空間的實存概念。他在風土論的最後談論到，臺灣人當時處在中國大陸和日本之間，也必須以上述歷史實存、風土實存的辯證法，來思考臺灣人作為一種「辯證法實存」的歷史處境。

---

[43] 同上，頁94。
[44] 同上，頁99。

五、結　論

從洪耀勳在〈當今哲學之問題〉中對現代哲學發展脈絡的剖析，可知他的哲學論述對應的一方面是當時歐陸、日本的哲學潮流，另一方面是臺灣當時所處的一種歷史情境（殖民地處境）。當日本帝國在與歐美帝國進行世界競爭時，日本哲學家所被賦予的歷史使命，往往是打造以自身傳統為基礎的日本哲學，來和歐美的哲學競爭或對決。因而關於面對生命與哲學的態度，在日本與臺灣之間便顯得有一些在歷史、風土實存上的落差。如前所述，務臺理作在臺北帝大時期對臺灣學術、風土等環境的厭惡、難耐，顯示出日本帝國知識分子對非文明地區的無關心性，以致於其哲學論述（比如其黑格爾的客觀精神研究或表現世界的邏輯）落入一種無歷史性或自我中心主義的學院哲學論述當中。[45]洪耀勳則不同。他既沒有日本哲學家那樣的哲學宿命，也沒有臺灣乃至中國傳統的包袱。他處在文明的邊陲，更能清楚地觀察文明國與非文明國的歷史性落差。這和同時代的中國海德格專家熊偉（1911-1994）以及韓國（朝鮮）海德格專家朴鍾鴻（1903-1976），也有很大的不同。

熊偉為海德格的學生，1933至1941年間旅德八年，41年回國後先後任教於南京大學與北京大學哲學系。他當初研究海德格的目的，是為在理解海德格哲學的基礎上解讀中國傳統哲學在時代背景下的困境。[46]朴鍾鴻為京城帝國大學哲學科畢業的哲學家，殖民地時期撰寫有〈關於海德格的操心〉（1934）、〈海德格的視域的問題〉（《思想》，東京：思想社，1935年）、〈常人的自我否定發展〉（1941）等文，戰後以其歐陸哲學素養試圖將韓國（朝鮮）儒學哲學化，打造具有韓國特色的韓

---

45 林巾力在〈自我、他者、共同體：論洪耀勳〈風土文化觀〉〉（《臺灣文學研究》，創刊號，2007年）中，批判和辻哲郎的風土論或日本哲學家的哲學，往往陷於自我中心主義，缺乏相對的歷史感覺。

46 參見熊偉《自由的真諦》（北京：中央編譯出版社，1997年）的〈熊偉自傳〉與〈說，可說；不可說，不說〉。

國哲學。[47]

　　兩者的哲學態度和洪耀勳的比較起來極為不同。熊偉與朴鍾鴻皆對各自的文化傳統有深入理解與闡釋。相對於前兩者的哲學屬於對過去傳統再詮釋的立場，洪耀勳則缺乏對臺灣漢民族傳統文化的素養。然而，也因為如此，他才能在臺灣殖民的歷史情境下（至少是他在臺北帝大的期間），得以客觀地面對歷史的脈動，並在這個脈動下試圖建構能勾勒人類未來圖像的臺灣哲學。我們可以說其哲學態度處於未來。洪耀勳的哲學，具體來說，其實存式的辯證法或辯證法式的實存，隨著當時的哲學潮流及歷史變遷，顯露出各種不同的面貌。比如從個體與一般者的「辯證法實存」到個體、共同體、一般者的「辯證法實存」（〈當今哲學之問題〉、〈風土文化觀：與臺灣風土之間的關聯〉）、從藝術創作的實存（1936年的〈藝術與哲學〉）到和真理對立統一的實存（1938年的〈存在與真理〉）等。在此可以確定的是，這些實存圖像雖然脫離不了歐陸、日本的哲學發展脈絡，但卻也不是原封不動的舶來品。因為這些都和洪耀勳的生命、他所處的臺灣社會及世界脈動無法分割開來。

---

[47] 參見小倉雅紀〈洌巖・朴鍾鴻的「韓國哲學」之創造〉（《東海大學紀要外國語教育中心》，第19輯，1998年）。李光來《韓國的西洋思想接受史：以實現哲學管弦樂團為目標》（高坂史朗、柳生真譯，東京：御茶水書房，2010年）第六章描述的朴鍾鴻哲學之立場與出發點和洪耀勳當時的哲學動機相當類似，這也是殖民地哲學家共有的歷史實存經驗所致，但在哲學創造和傳統哲學之間的關聯上，兩者卻有很大的差異。

第五章
海德格哲學在東亞的接受與轉化：從田邊元、洪耀勳談起

一、前　言

　　本章目的在於還原海德格哲學在東亞的接受與轉化的其中一個歷史片段。在這個歷史脈絡裡，首先出現的是田邊元的海德格論。海德格哲學在日本的20年代後半開始出現熱潮，日本以外的東亞地區，出現了三位介紹該哲學的哲學家，分別是臺灣的洪耀勳、韓國的朴鍾鴻及中國的熊偉。

　　熊偉為海德格的學生，旅德八年（1933-1941），1941年回國後先後任教於南京及北京大學哲學系。從其自傳可知，熊偉當初留德並沒聽過海德格的名字，所以沒有像京都學派那種「參拜海德格」（ハイデガー詣で）的心態。他到弗萊堡大學從學於海德格後，才開始研究他的哲學。其研究目的在於重新解讀中國哲學而非海德格哲學本身，文革後真正開始譯介海德格哲學，並帶領陳嘉映、王慶節等人開創了中國海德格研究的風潮。[1] 朴鍾鴻為京城帝國大學哲學科畢業的哲學家，殖民時期撰寫有關於海德格的學士論文及一些期刊論文，戰後以自身歐陸哲學素養試圖將韓國（朝鮮）儒學哲學化，打造韓國哲學。

　　兩者的哲學態度和洪耀勳的比較起來極為不同。熊偉與朴鍾鴻皆對

---

[1] 關於熊偉的介紹性文章，可參考靳希平〈海德格研究在中國〉，《世界哲學》，2009年第4期。

各自的文化傳統有深入理解與闡釋。相對於前兩者的哲學屬於對過去傳統再詮釋的立場，洪耀勳則是在臺灣殖民的歷史情境下，試圖建構能勾勒人類未來圖像的臺灣哲學。

本章在此因篇幅、目前收集資料與語言的限制等因素，只將論述範圍限定在田邊元與洪耀勳的海德格論，另外試圖以梳理「歐洲哲學→日本哲學→臺灣哲學」這一條哲學在異文化下的發展脈絡為基礎，來思考臺灣哲學萌芽與發展的可能性。至於兩者的海德格論與韓國、中國這兩個脈絡之間的跨文化探討，則有待日後的檢討。

以下筆者將針對海德格哲學在日本初次登場的面貌進行檢討，接著闡明田邊如何接受、消化、轉釋舍勒的人學、海德格的存在哲學及潛伏在其中的「種的邏輯」之萌芽面貌，最後梳理洪耀勳的海德格觀及其「辯證法實存」，並思考兩者對海德格哲學的接受與轉化的哲學工作之歷史意義。

二、海德格哲學在日本的登場：實際性的解釋學

海德格哲學在東亞被認識與討論，始於田邊元。田邊於1922-1924年留學德國期間，從學於胡塞爾，曾聽過海德格於弗萊堡大學的講座「存在論：實際性的解釋學」（1923年夏季學期）。回國後，立即在京大講授「現象學的發展」（1924，收於《田邊元全集》第15卷）。其研究成果有〈現象學的新轉向〉（1924，收於全集第4卷）及〈認識論與現象學〉（1925，同前）。田邊在「現象學的發展」與〈現象學的新轉向〉中指出德國觀念論自黑格爾以後呈現衰退，自然科學隨之興起，哲學面臨自然科學的挑戰，不得不將自身推向「科學的哲學」之路邁進（以西南學派的價值哲學為代表）。相對於「科學的哲學」之興起，另有一個標誌「生命的哲學」的潮流產生（如柯恩、文德爾班、布倫塔諾、狄爾泰等人）。

田邊指出胡塞爾的現象學正是在這個從十九世紀後半到二十世紀初

期的新哲學復興運動下得以萌芽與發展。在《哲學作為嚴格的科學》
（1910-1911）中，胡塞爾批評自然主義與歷史主義，針對「科學的哲
學」與「生命的哲學」，明確地表示出自己的態度，並排斥將意識視為
科學認識的對象這種做法。他主張懸擱意識之外的存在、存在只能由
意識產生、意識總是對於某物的意識，並提出作為意識本質學的現象
學（即純粹意識的哲學）。因此，作為嚴格科學的哲學並不是建立在
「科學的哲學」，而是建立在一種受「生命的哲學」啟發的現象學之上
的東西。胡塞爾的現象學雖傾向「生命的哲學」，但因它擁有學問基
礎的反省機制，仍舊脫離不了「科學的哲學」之傾向。田邊從海德格
的解釋學現象學中，找到這種作為「學問的哲學」之現象學發展到作
為「生命的哲學」之現象學的痕跡。也就是說，田邊觀察到的現象學
之新轉向是：從胡塞爾的純粹意識現象學到海德格解釋學現象學（her-
meneutische Phänomenologie）的發展（參見T4・23-24、37-42及T15・35-
67）。

　　我們若從「存在論：實際性的解釋學」（Ontologie: Hermeneutik der
Faktizität, 1923）的講座內容便可窺見，海德格哲學正在萌芽、發展的
幾個面向。其中一個面向是存在論（Ontologie）與解釋學（Hermeneu-
tik）的關係。由存在（Onto）與邏輯、話語（Logie）結合起來的存在
論之所以等同於解釋學，事實上，是源於海德格對亞里斯多德在《工具
論》第二篇「解釋篇」中的邏輯學之理解，即「話語的功能被理解為
使某種東西作為敞開中出現的存在、作為現成在手（Vorhanden）的存
在」。[2] 這意味著邏各斯具有揭示、解蔽的功能，也就是「能使先前被
遮蔽、被掩蓋的東西作為無蔽、敞開於此的東西顯現出來」。[3]

　　亞里斯多德的邏輯學，顯然透過海德格的詮釋，變成一種解釋、

---

[2]　海德格《存在論：實際性的解釋學》，何衛平譯，北京：商務印書館，
　　2016 年，頁14。
[3]　同上，頁14。

分析此在（Dasein）的生存樣態之學問。也就是說，海德格的存在哲學奠基在，他將亞里斯多德的邏輯學理解為分析、解釋人類存在的解釋學。實際性（Faktizität）[4]的解釋學，可說是分析、解釋、揭示甚至是敞開人之在世存在的各種生存樣態之學，因此存在論具體來說，便是揭示人類的實際生存樣態之解釋學。[5]原本分析、解釋人類的語言與表現的邏輯學，變成解釋「人類如何（Wie）在此存在」的解釋學。此舉就如何衛平所言，開啟了德國亞里斯多德主義的復興，同時也是對自近世笛卡兒以來到新康德主義占主導地位的認識論哲學之反動。[6]

　　海德格哲學萌芽、發展的另一個面向，是解釋學（Hermeneutik）與現象學（Phänomenologie）的關係。海德格的解釋學現象學，可說是既奠基在自身的「實際性的解釋學＝存在論」，又奠基在胡塞爾的現象學還原（即回歸事物本來面目）之立場。然胡塞爾的現象學立場顯然被海德格轉移、挪用在他對人的實際生存樣態之揭露工作上。[7]關於胡塞爾與海德格的現象學之差異，田邊如此說道：「在此現象學的方法論上，特別要注意的是，相對於胡塞爾顯著的映像論（Abbildungstheorie）傾向，也就是抽象、形式的意識自由之變更以及在可立足之地的絕對普遍之本質直觀，以一種靜態的方式將意識置放在吾人之前，來進行反省這種傾向，海氏則將現象學視為一種從現實具體的歷史意識來理解自身的東西，換言之，不是將現象學視為映像，而是視為其自身的發展，也就是自覺。如此一來，重視事象性、事實性（實際性），以具體的體驗之學為目標的現象學之要求，則被澈底發揮出來，與此同時，該現象學自身則被視為一種意識的自覺，亦即自我解釋Selbstauslegung。」（T15．65，括號為筆者注）

4　海德格明確表示實際性指的是「當下我們本己的此在」（同上，頁28）。
5　參見何衛平在《存在論：實際性的解釋學》的譯者序。
6　同上，頁170。
7　同上，頁179-182。

　　我們可以說海德格這種此在（Dasein）本身的現象學，成為日本哲學界對現象學新轉向的一個認識之指引。然而，除了上述田邊對海德格的解釋學現象學之理解外，不能忽視的是，「實際性的解釋學＝存在論」的另外一個面向，即人（此在）自身的自我展演或敞開自己的生命、生活。這從海德格在該講座一開始的定調當中便能窺知。「存在方式中的此在指：不是而且決不是最初作為直觀和直觀規定的對象，不是作為僅僅從中獲得知識和占有知識的對象，而是此在為了它自己以其最本己的存在的如何（Wie）在此存在。這種存在的如何敞開並規定著『此』（Da）之當下的可能性。存在（Sein）──為及物動詞：去過實際生活！如果存在取決於它自身，即存在，那麼存在本身根本就不可能是占有的對象。」[8] 不能忽視人（此在）的自我展演的理由是，對存在的（ontisch，今譯：生存的）與存在論的（ontologisch，今譯：生存論的）這一組概念（亦即存在論差異）的掌握，成為探討日後田邊在其一系列海德格哲學批判的論文（特別是〈綜合與超越〉1931、〈人學的立場〉1931）中的重要關鍵。

　　除了上述兩個面向外，若考慮到海德格哲學、田邊哲學（京都學派哲學）、洪耀勳哲學的關聯，在「存在論：實際性的解釋學」的講座內容中，必須注意的是海德格對辯證法的否定態度。海德格認為「辯證法為了它自己的可能性而要求如其預先規定的那樣來看待所有的存在者，在意義上將一切預先框在一個次序化的範圍內。辯證法最擅長做的就是不斷地揚棄，然後重新達到統一，它有損於這個開端的可能次序。……如果今天企圖將現象學與辯證法的真正基本傾向連繫在一起，那麼就如同想要將火溶於水一樣」。[9] 事實上，就他來看，辯證法「處於一種虛構編造的關係中，然而並不存在這樣的關係，也

8　《存在論：實際性的解釋學》，頁8-9。
9　同上，頁54。

就是說，它對哲學對象缺乏徹底的根本審視（Grundblick），從這種哲學對象本身出發，理解的如何（Wie）在其『統一』（Einheit）中產生」。[10] 這裡道出主張「人去過實際生活」、解釋「人如何（Wie）在此存在」之「實際性的解釋學」，與建立在虛構關係或秩序框架、無視人之各種實際生存樣態的辯證法在哲學立場上的根本不同。前者講的是實際、具體的人的生存及生存論環節（Existenzialien），後者講的是人之精神的自我認識與發展。和追求詭辯、具宏大敘事能力的辯證法相較，海德格認為自己的解釋學現象學「只能從現象學上來獲得，也就是說，只能通過顯示（Ausweisung），而不是通過重復命題、接受基本原則或相信學術教條那樣一種方式來獲得」。[11]

　　嶺秀樹指出，早在1920年代後半西田幾多郎和田邊元的海德格批判當中，就能看到西田和田邊皆站在辯證法的立場（前者為無的場所自覺，後者為辯證法自覺）來批判海德格的解釋學現象學立場。[12] 但至少在「現象學的發展」與〈現象學的新轉向〉（1924）裡，田邊僅止於介紹現象學的發展與轉向，並沒有立足在自身的哲學體系或立場來批判海德格的哲學。海德格的解釋學現象學或存在哲學與田邊哲學的真正交鋒，要到田邊的〈綜合與超越〉（1931）、〈人學的立場〉（1931）、〈從圖式「時間」到圖式「世界」〉（1932）才能看到。洪耀勳的辯證法實存論，亦是在這個海德格哲學在日本的接受與轉化之脈絡下登場。

三、人學、存在論、身體辯證法

　　在進入具體檢討田邊對海德格哲學的批判之前，首先必須關注的是，在上述現象學的轉向中，舍勒的「哲學的人學」（philosophische

[10] 同上，頁56。

[11] 同上，頁59。

[12] 嶺秀樹：〈日本接受海德格的一個側面：以西田的海德格批判為線索〉，《日本的哲學》，京都：昭和堂，2015年，頁12-29。

Anthropologie）所扮演的角色以及它在田邊哲學的萌芽期與田邊的海德格哲學批判中所占的位置。因為這裡顯示出取代舍勒人學的海德格存在論，經田邊批判後被轉化的過程。此外，我們從對田邊的〈人學的立場〉之分析出發，也將有助於本章下節討論田邊在〈從圖式「時間」到圖式「世界」〉中批判海德格哲學（特別是時間論）的語境。同時藉由這個探討，可幫助我們理解洪耀勳所主張的「辯論法實存」與京都學派的關聯。

　　舍勒在《人在宇宙中的地位》（1928）的導論提及哲學史觀下的三種人學，即猶太—基督教傳統下的人學、希臘—古典文化的思想範圍下的人學、自然科學與心理學的思想範圍下的人學，最後展開具有本能衝動（Drang）與精神（Geist）之二元性張力的人學論述。舍勒的「哲學的人學」之開展，經海德格的「存在論：實際性解釋學」、《存在與時間》（1927）、《康德與形而上學的問題》（1929）的檢討，轉為一種田邊所謂的「自覺存在論」（existenziale Ontologie，今譯：生存論的存在論）。[13]

　　如一般所知，舍勒在和胡塞爾決裂後，到他逝世，是其哲學多產期，也是開始脫離天主教及胡塞爾本質直觀現象學的籠罩，發展自身哲學人學的重要時期。海德格哲學的萌芽與發展，和舍勒哲學的這個發展趨勢不無關聯。事實上，這在《康德與形而上學的問題》海德格對舍勒的批判及獻言中便可窺知。[14]藤田正勝在〈「種的邏輯」是如何成立

---

[13] 陳嘉映、王慶節翻譯《存在與時間》時，將existenzial譯為「生存論上的」、「生存論性質的」（中文修訂第二版，北京：商務印書館，2015年，附錄二）。在此採田邊元的漢字譯文。

[14] 關於兩人的交鋒，並非本章焦點，在此無法討論。日本這方面的研究，可參考奧谷浩一〈舍勒的哲學人學與海德格的對決〉，《札幌學院大學人文學會紀要》，第86號，2009年，頁173-196，以及畠中和生〈舍勒的海德格批判：關於情緒的實在性問題〉，《廣島大學大學院教育學研究科紀要》，第2部，第56號，2010年，頁45-54。

的？：前往田邊哲學成立的道路〉[15]一文中，試圖從田邊的海德格批判來尋找「種的邏輯」成立的背景。[16]基本上筆者和此認知採同樣立場，以下的檢討則將焦點放在田邊對舍勒人學與海德格存在論的批判。

田邊在〈人學的立場〉首先便揭示當時歐洲的人學正在引領一種風潮（如費爾巴哈、狄爾泰、舍勒、海德格等對人學的討論），接著承繼西田幾多郎於〈人學〉（1931）所提出內在人類與外在人類的論述方式，在批判西田的內在人類之人學立場（即將外在的歷史世界包攝在人的內部之立場）的同時，主張統一這兩種立場的「整體的人學」，才是田邊自己要追求的目標（參見T4‧358-359）。關於「整體的人學」，田邊如此說道：「所謂整體人類的認識，並無法從這種部分人類的認識之總合來獲得。相反地，必須從先於部分的整體來考察人。至於作為整體的人，該從何種立場於其整體性被認識呢？我想只能從闡明作為整體的人始終是作為整體在於各種方式存在這種存在樣態開始。人學本質上只要是整體人類的學問，就必須以存在論的方法為其固有的方法。」（T4‧361）

在田邊看來，要談論整體的人學，必須要有異於傳統（無論是希臘哲學、基督教思想或自然科學的方法），而海德格的「自覺存在論」則可成為處理整體的人學之方法。相對於此，舍勒在其人學中運用本質直觀的現象學方法，[17]將人的本質規定為無法被對象化的、作為作用中心的人格性。但筆者認為此做法仍脫離不了本質論的框架，因此田邊才會批評舍勒因學術根基的不足，無法處理本能衝動與精神（人格）的二

---

[15] 藤田正勝：〈「種的邏輯」是如何成立的？：前往田邊哲學成立的道路〉，《思想》，第1093號，2015年，頁30-50。

[16] 關於此討論，早於藤田的有嶺秀樹：《西田哲學與田邊哲學的對決：場所的邏輯與辯證法》（京都：密涅瓦書房，2012年），以及合田正人：《田邊元與海德格：被封印的哲學》（東京：PHP新書，2013年）。

[17] 關於此點，可參見舍勒在《人在宇宙中的地位》中援用胡塞爾的「現象學還原」的論述（馬克斯‧舍勒：《人在宇宙中的地位》，李伯杰譯、劉小楓校譯，貴州：貴州人民出版社，2015年，頁28。

元問題（參見T4‧380）。在筆者看來，雖然舍勒強調本能衝動與精神
（人格）之間的相互滲透關係，[18] 避開了本質決定論或精神決定論，為
人的整體生存樣態保留了極大的空間。然而，該主張尚還為精神保留
了主導的地位。[19] 上述田邊的舍勒批判則是來自他對海德格康德書的解
讀。田邊整理海德格的觀點如下。

> 海德格在其康德書裡，主張康德的批判哲學以確立形而上學為
> 目標，這本應歸結於決定人類本質的哲學人學上，但康德自身
> 並沒有將人學作為人學來加以建構。解決這個被留下的課題之方
> 法，並不是上述舍勒的形式主義現象學（作為其適用的區域存在
> 論），而是自覺存在論。海德格雖指出作為有限存在的人類本
> 質只能藉由此方法被闡明，然而他卻避而不談離開此種形而上
> 學，一般來說人學是藉由何種方法成立的問題（Heidegger, *Kant*
> *und das Problem der Metaphysik.* S. 196-209）。因此我們還無法確
> 定海德格是否認為自覺存在論對人學的建構是否必要以及是否同
> 時是充分的條件。（T4‧362）

　　顯然田邊在此早已預見海德格的轉向（Kehre）。在田邊看來，對
海德格而言，存在論和人學牽涉到形而上學，還是將來尚待思考與解決

---

18 舍勒如此主張：「然而，『生命』與『精神』的差異儘管如何巨大，按
　照我們已表白過的思想，這兩個原則在人身上卻是互為依托的：精神把
　生命觀念化；而只有生命才有能力把精神投入到行動中，並把精神變成
　現實，無論是從最簡單的行為刺激起，還是一直到完成一件我們認為具
　有精神意蘊的產品上，都是如此」（《人在宇宙中的地位》，頁46）。
19 比如「生命的本能可以進入精神的法則和觀念及意義的結構中（或者不
　進去），精神為生命的本能指明方向，不讓它們看見觀念和意義的結構
　及精神的法則」（《人在宇宙中的地位》，頁36）。雖然舍勒不時強
　調本能衝動或生命能給予精神力量，但精神對於本能衝動仍具有主導的
　地位。

的問題。筆者認為田邊主張的辯證法存在論，來自於這個問題意識。因為他在此承續了海德格的問題，並說明自己對存在論和人學之差別的看法。「我認為其差別就在於，後者（存在論）僅僅只是自覺存在的，即存在之自我解釋式的。前者（人學）則成立於存在的自我解釋與存在者的辯證法規定之相互媒介統一處。」（T4・363，括號為筆者注）

順著此一田邊人學的主張來看，很容易理解為何田邊將海德格的解釋學現象學視為是一種存在論的（ontologisch）立場，而不是「存在的─存在論的見地」（ontisch-ontologischer Gesichtspunkt，參見T4・364）。因為即使海德格在《存在論（實際性的解釋學）》以來便一直強調自己的解釋學不僅是分析、解釋此在的結構，還是此在的自我解釋、自我展演，但田邊卻認為這種此在的分析論，缺乏存在的（ontisch）與存在論的（ontologisch）這兩種立場的相互媒介之統一。[20]

田邊指出《存在與時間》中的工具論（即人與工具的交涉關係），雖顯示出一種辯證法的關係，[21] 然而這種交涉關係並非人與人（我與你）之間的關係，因此海德格即使將「作為物的世界內存在者」視為超越的存在者，它仍然只是一種觀念上的超越。海德格的這個主張亦在和辻哲郎的《風土：人間學的考察》中遭到同樣的批評。京都學派的共同關注點首先是在人與人或人與共同體的交涉關係，而不是人與物的交涉關係。也就是說，人與超越的關係，更應放在人與包含他的

---

[20] 關於海德格與田邊元對存在的（ontisch）與存在論的（ontologisch）這兩種立場的歧異，嶺秀樹如此說道：「在海德格看來，『存在的』意味著和存在者有關，『存在論的』則意味著和存在者的存在有關。然而，在田邊看來，『存在論的』意味著自覺存在論中『存在的自我解釋』，『存在的』意味著和『存在者的辯論法規定』有關」。（《西田哲學與田邊哲學的對決：場所的邏輯與辯證法》，頁283）。因此我們必須清楚掌握這裡的ontisch-ontologisch是田邊吸納、轉化海德格的概念所進行的操作，而不是他使用海德格的概念來建構他自身的辯證法存在論。

[21] 根據田邊的說法，海德格存在論中的另一個辯證法傾向，是被拋狀態（Geworfenheit）與自由籌劃（Entwurf）這兩個概念。關於此討論，將在下節展開。

母體、共同體甚至是整個人類社會之間的關係來談。田邊認為：

> 真正作為實在的超越、無法內在化的超越存在者，並非和我的
> 關心點有交涉的物，而是包容我、讓我和你於其內成立的共同
> 體。經由家族、部族、民族直到人類社會為止，非利益社會的
> 共同社會無論如何也無法消解在對於我們的實用性或所屬性之
> 中，它是我存在的母體、根基的超越存在者……相對於個體人格
> 的整體人格，才是真正的超越存在者。我和你作為此超越、整體
> 的人格的否定限定，彼此形成對立，與此同時又作為同一整體
> 的限定，自覺同一性。整體的共同體唯有以和我相對的你為媒
> 介，才能出現在我面前。而我則將整體我——透過他我的個體限
> 定自我與他我並使二者成立的整體我——視為始終無法完全內在
> 化於自我的、作為自我約束者的超越存在，並與之形成對立。這
> 便是在既是我又非我的整體中，我和你的同時成立，這可說是辯
> 證法式的存立。（T4・363-364）[22]

　　此處所言超越者（絕對的整體、共同體、整體我）、我（自
我）、你（他我）三者之間的辯證關係，構成了田邊的人學結構。我們
可將這裡的田邊人學結構，視為他在〈社會存在的邏輯：試論哲學的社
會學〉（1934-1935）處理類（普遍：人類、菩薩國）、種（特殊：國
家社會、共同體）、個（個別：個人）的「種的邏輯」體系之萌芽。

　　關於田邊在其辯證法的人學中所展開的身體性及它所帶出的空
間性問題，除了來自費爾巴哈的人學（視哲學的真理為血肉之人類的
真理）之影響外，其最大的思想對手仍是海德格（重視時間忽視空
間）。田邊在〈綜合與超越〉中，一方面評價海德格在康德書主張

---

[22] 這裡的「非利益社會的共同社會」來自藤尼斯（Ferdinand Tönnies, 1855-
1936）的社會學概念。

《純粹理性批判》的課題在於一種確立形而上學的存在論而非認識論，另一方面卻又批判他只關注康德超越論的想像力中的時間性，而忽視空間性、身體性（參見T4・337）。海德格的獨特康德解釋，反而觸發了田邊建構具有空間性、身體性的辯證法存在論。[23] 當然這並不代表田邊的辯證法存在論或「種的邏輯」就缺乏時間性的視域。

　　關於身體，田邊認為對象性的身體（一種物體Körper而非身體Leib）必須和意識作用的身體有所區分，並如此主張：「我的身體，一方面是讓我作為我得以存在的限定根據，另一方面是我超越其限定歸入無限的絕對整體之媒介。所謂行為，便是指此後歸入的動性，這必然意味著驅動之前作為限定根據的身體，並在絕對整體要求的合目的性方向上引起變化。這個是我的限定根據，同時又是通往無限的我之還元發展的媒介之矛盾統一，便是身體性。我是作為此辯證法統一的對立契機之個體，同時又擁有作為其對立者整體的存在性，並自覺到自己是非力量消長之力量根源的對立存在者。此存在者的限定，便是來自身體性。若排除身體性的話，力量存在的主體不僅會消失，對立的個體和整體也會失去存在者的資格。」（T4・370-371）

　　田邊指出，海德格存在哲學的抽象性，便在於忽視身體性的討論。如《存在與時間》中的身、心、靈統一論及康德書中的「身體是人的有限性之特徵」等即是明證（參見T4・371）。[24] 連其「實際性的解釋學」，亦只停留在脫離生命的概念之解釋，完全忽略了身體性的問題

---

23 關於身體性的辯證法存在論，在田邊《黑格爾哲學與辯證法》（1932）的序裡可窺見。田邊表明身心、物質與精神的舊哲學問題，因自己身體關係而得到自己的重新詮釋，並認為自己的身體辯證法，足以批判海德格存在論因個體論述所帶來的抽象性（參見T3・81）。

24 關於身、心、靈統一論，田邊在《存在與時間》第1篇第1章第10節「此在分析與人類學、心理學、生物學之間的界劃」中，以海德格的這段話作為論證。「問題指向整個人的存在——這個人慣常被把捉為肉體、靈魂、精神的統一（leiblich-seelisch-geistige Einheit）」（參見《存在與時間》，頁65）。

（參見T4・371）。[25]田邊指出在海德格的自覺存在論裡，物為工具，身體一方面雖為工具的典型，工具被理解為身體的延伸，但另一方面身體也應有不被理解為作為工具屬己的一面。這一指出目的在於，人類存在必須有一個非屬己的身體作為其限定根據，並以此身體限定作為自身實現超越的整體之媒介。和上述超越者（絕對的整體、共同體、整體我）、我（自我）、你（他我）三者之間的辯證法論述不同，田邊藉由既屬己又非屬己的身體性，來闡述超越的整體或存在者（絕對的整體、人類）、共同體社會（家族、部族、民族）、我（自我）三者之間的辯證關係。

> 人類存在必須是作為個體存在藉由具體身體性的媒介，含有歷史性、社會性存在，並在每個現在的道德行為中，以辯證法的方式來實現永恆的超越性整體，才能得以被理解。……若能如上所說，以身體為人類存在的主要契機，進一步將作為關心交涉對象的物件視為身體的延伸，在身體性的性格中來解釋它，並承認從家族、部族、民族到人類，一切所有人類所屬的整體共同體皆具有共通的身體基礎的話，那麼我相信共同社會的媒介這一地域、血緣的哲學意義，亦能大致被理解。我們必須承認地域的自然，亦具有所謂共同社會的身體、地球即是人類的身體這種言說，具有單純比喻以上的意義。（T4・374-375）

　　顯然這裡的身體，被田邊擴大解釋為共同社會的身體、地域的自然，甚至是地球。姑且不論海德格是否會認同這種具宏觀視野、充滿詭辯的辯證法存在論，至少在田邊看來，人類存在若只停留在「實際性的

---

[25] 當然田邊不會不知道海德格在《存在與時間》第1篇第3章第22-24節中藉工具的「上手狀態」，來闡釋此在與空間、空間性的關係（參見《存在與時間》，頁131-144）。但田邊所謂的身體（亦包含工具），顯然是作為連結人與超越、絕對的整體之媒介物，既屬於人，又非屬於人。

解釋學」觀點下的論述，似乎無法呈現出人類存在的整體性面向。這裡也顯示出海德格的存在哲學與田邊的辯證法存在論之間的差異。

　　整理上述內容可知，在從舍勒人學到海德格存在論的過渡期，田邊一方面試圖保留前者的形而上學立場，另一方面試圖將海德格的此在分析論或基礎存在論納入自己主張的辯證法存在論（即田邊自身的人學）之中。然而，從田邊的人學構想中可發現，其人學並不屬於任何一方。因為無論是舍勒的人學，還是海德格的存在論，都沒有將作為客體的身體性、空間性的共同體（歷史、民族、國家社會，甚至是地域的自然或地球）納入其思想的範圍。[26] 我們可從這裡看到海德格解釋學現象學的存在論，經由田邊的批判後，被轉化成具有身體性的辯證法存在論。這一海德格哲學批判與轉化，到了〈從圖式「時間」到圖式「世界」〉有了更細緻化的發展。

四、海德格時間論之缺陷及「種的邏輯」之雛形

　　相對於〈人學的立場〉集中在費爾巴哈、狄爾泰、舍勒、海德格等對人學的討論，〈從圖式「時間」到圖式「世界」〉則集中在分析與批判海德格對康德哲學（《純粹理性批判》第一版）進行改造後所提出的存在與時間論。在此一田邊對海德格哲學進行批判、轉化的過程中，可隱約看到田邊自身的哲學體系——「種的邏輯」之雛形。以下將針對田邊的海德格哲學批判，以及田邊自身的哲學立場，進行概括性的檢討。

　　田邊在〈從圖式「時間」到圖式「世界」〉的開頭處便指出，康德在《純粹理性批判》的圖式論中，主張純粹悟性概念的範疇與感性的

---

[26] 比如田邊如此批判海德格，「自覺存在論作為人學的方法，雖是必要的條件，然它讓個體的人類存在形成孤立，只停留在解釋其所關心的交涉之中，因此忽視了個體人類本身的辯證法存在性。海德格最終無法理解以整體的共同體之制約為媒介的個體人類的我和汝之間的對立共存。」（T4・364）

直觀為完全異質的東西，因此需要一個在兩者之間、聯繫兩者的媒介（第三者），即先驗論的（超越論的）圖式或時間。但田邊認為圖式（時間）若真能聯繫範疇與直觀（悟性與感性），正代表兩者並非完全異質的東西，應該說兩者的共通相並沒有直接顯現在表面，而是間接在媒介者中顯現出來，因此圖式（時間）並非兩者的媒介者，而是兩者從它分化、顯現的共通根源（參見T6‧3）。這一田邊對圖式（時間）論的洞察，和海德格的康德論在某些部分有不約而同的一致性。因為相對於柯恩（Cohen）淡化《純粹理性批判》（第二版）中圖式所屬的先驗論構想力（超越論想像力）的獨立性，海德格則將康德的理性批判解讀為確立一般形而上學（存在論）的嘗試，並給予圖式論核心位置，主張圖式論才是理性批判的核心（參見T6‧4）。田邊和海德格一致的地方，就在於承認圖式（時間）論、綜合範疇與直觀（悟性與感性）的構想力之重要性，不同的是田邊依舊認為理性批判並非在於確立存在論，而是在闡明認識論。

此外，田邊依據《純粹理性批判》（第二版）的「觀念論論駁」，指出圖式論並非海德格所主張的那樣，由先驗論的時間來加以限定，應該是由空間來加以限定。闡明「圖式論究竟是由先驗論的時間還是空間來加以限定？」、「以根源性時間為基礎的圖式論與以時空的對立統一為基礎的圖式論究竟有何不同？」，成了判別海德格的存在哲學與田邊的空間哲學（種的邏輯、世界論哲學）之間差異的基準點（參見T6‧5）。[27] 這意味著檢討海德格的圖式（時間）論何以必須前往田邊的圖式（空間或世界）論發展的過程，成為見證海德格哲學在日本被接受與轉化的一個極為重要之研究工作。[28]

---

[27] 田邊援用數學家閔考斯基（Minkowski, 1864-1909）的「時空對立統一」，即「世界（Welt）」概念來取代海德格的時間圖式論，並認為連康德本人及其追隨者都沒能注意到能將圖式論從時間圖式具體化到世界圖式（參見T6‧10）。

[28] 因為這個接受、批判與轉化的工作，給予了九鬼周造（〈海德格的哲學〉1933）、和辻哲郎（《風土：人間學的考察》1935）一個批判海德格哲學的參照點。

　　在進入討論海德格康德書中的時間圖式論之前，田邊首先檢討了
《存在與時間》中的時間論。田邊一方面評價海德格對黑格爾的時間
論之批判，另一方面又批判海德格的存在論無法真正處理歷史性的問
題。因為他所謂的時間，僅屬於人類存在的根源性結構，無法成為歷史
性的時間（田邊稱為世界存在的時間）。換言之，海德格的時間屬於一
種脫離世界存在而獨立自存的人類存在，不屬於從外部來限定人類存在
的世界存在（參見T6・11-12）。

　　這裡為了方便對以下行文的理解，可將世界存在理解為既是包含我
（個人）的共同體社會（家族、部族、民族）又是一個超越我的絕對整
體、共同體、整體我（人類）。上節所述的身體、空間、地域之自然或
地球以及世界圖式論、「時空對立統一」之「世界（Welt）」，亦可放
到這裡來理解。也就是說，海德格的時間不屬於田邊屬意的「既是世界
存在又是個人存在」的辯證法式人類存在。

　　田邊藉由討論海德格「此在在真理中」的生存論結構，即「被拋
的自由籌劃」（geworfener Entwurf）與時間之間的關聯，來闡明海德格
的時間之非歷史性或世界性。此處的被拋狀態（Geworfenheit），指的
是被限定的存在，相當於時間樣態的過去，籌劃指的是自由、自主的狀
態，相當於時間樣態的未來。田邊認為按道理來說，人要能真正活出自
己，必須是在與過去（被拋狀態）的抗衡中展開未來的自由籌劃。也
就是說，過去不能被吸收到人的內部意識或結構，而失去其自立性或獨
立性，反之亦然。過去既是在我之內又在我之外，未來亦是如此（參
見T6・12-14）。然而，此在的未來存在可能之自覺，在海德格的存在
論中占了主導地位，連現在及過去的出現，都是由未來的作用來決定
（參見T6・35-36）。與此相對，田邊認為時間與人類存在，唯有在上
述辯證法的關係底下才能成立。關於時間，他如此主張：

　　　時間本身在我之內，屬於我內部結構的同時，又在我之外，它
　　屬於從我之外來限定我的世界存在之結構的東西。後者指的是

空間。因此時間的結構包含空間，就像空間的結構包含時間一
樣。簡言之，不會有離開空間的時間，也不會有離開時間的空
間，兩者若分離僅只是如影子般的抽象物，唯有彼此的對立統
一、相互貫通的相入相即，才能具體存在。此即爲「世界」。
「世界」在人之外限定人、包攝人，同時亦由人所創造、被人所
限定。（T6・14）

　　據上可知，田邊藉由辯證法觀點，批判海德格的時間與存在缺乏
一個外部歷史時間與共同體社會的否定媒介。田邊將這一缺陷歸咎於柏
拉圖與亞里斯多德的形式論及繼承此形式論之德國觀念論之傳統。這導
致海德格在談論存在的時間結構時，忽視了從外部來否定、規定或束
縛、限定此結構的他者（＝空間、世界）問題。原本在時間中含有的外
部性、空間性要素，也因而被排除在外。這個他者（＝空間、世界）否
定原理的缺乏，使得海德格將作為外部他者的歷史性和空間性，收攝到
人的內部之中。這一內部時間觀點成了田邊批判的標的，同時也是田邊
往後發展自身哲學（種的邏輯及該體系下的歷史哲學）時的借鑑。[29]
　　上述田邊對《存在與時間》的時間論之批判立場，延續到他對海德
格康德書的時間論之解讀。田邊指出海德格康德書中的存在論，不僅沒
將康德的時間圖式論具體推展到世界（空間）圖式論，還執著於時間圖
式論，其結果，不但無法達到存在確立歷史性的目標，還將時間從世界
存在抽離出來，進而推向意識的結構裡。
　　田邊指出，海德格康德書中的時間論並非《純粹理性批判》的時間
論，而是海德格依據自身的存在論所提出來的時間論。[30] 海德格的時間

---

[29] 見田邊元〈種的邏輯與世界圖式〉（1935）、《歷史的現實》
　　（1940）、戰後懺悔道哲學中的歷史哲學、《哲學入門——補說第一、
　　歷史哲學・政治哲學》（1949）。
[30] 海德格將康德純粹知識的三種純粹要素之綜合「直觀中統握的綜合」、
　　「直觀中再生的綜合」、「直觀中認定的綜合」給予「當前」、「過
　　去」、「未來」這三個時間樣態（參見海德格《康德與形而上學疑
　　難》，王慶節譯，上海：上海譯文出版社，2011年，頁166-169）。

圖式論繼承了康德於《純粹理性批判》第一版的先驗論的演繹論中將構
想力的綜合規定為再生的綜合之想法，並將時間樣態的過去配對在構想
力。此作為感性和悟性之共通根源的構想力，若作用於配對時間樣態的
現在的悟性之思維作用時，恰好與《存在與時間》的時間論結構產生牴
觸，因為過去媒介（綜合）現在和未來，在存在論上是不可能的。理由
是海德格的「自覺存在論的立足點是現在。而現在包含著負荷的過去和
自由籌劃的未來彼此對立的契機，同時統一兩者。因此現在才是相互對
立的其他兩個契機以轉換方式被統一的媒介。若構想力具有媒介作用的
話，那麼它必須具有現在的性格。」（T6‧32）

　　簡言之，由於此在（現在）綜合被拋（過去）與自由籌劃（未
來）這種《存在與時間》的時間結構，被再生的構想力（過去）綜合感
性的直觀（現在）與悟性的範疇（未來）這種《康德與形而上學的問
題》的時間結構所取代，因此田邊才會認為後者時間結構顛覆了前者的
時間結構。為補救這一錯誤，田邊主張應將再生的構想力（過去）和
生產（形成）的構想力（現在）進行區分，並認為後者才是所謂先驗
論的構想力。至於作為未來的悟性，田邊則認為既然是未來的自由籌
劃，必不能缺乏過去、既有的設計圖，因此必包含有未來與過去這兩
種契機。若海德格能放棄以存在論，而是以認識論來看《純粹理性批
判》，悟性在認識的結構上，必會屬於時間樣態上的過去。被海德格配
對時間樣態的現在的感性直觀，田邊則認為不可斷言它只屬於現在，應
該從動態的關聯來看感性直觀朝向未來的運動及其成立於來自未來的形
成之面向（參見T6‧32-34）。如此一來，再生的構想力（過去）綜合
感性的直觀（現在）與悟性的範疇（未來）這種時間結構，則變成生產
的構想力（現在）綜合感性的直觀（未來）與悟性的範疇（過去）這種
時間結構。

　　田邊針對《存在與時間》的時間論提出其缺乏外部時間（空間、世
界）視野的批評後，又以前書中的時間結構（亦即一種在真理中的此在
結構）來批評康德書中的時間結構之錯誤源自海德格的存在論視野，接

著又批評康德書中的時間圖式論，主張唯有走向世界（空間）圖式論或以時空的對立統一為基礎的圖式論，才能真正完整地表示出存在與時間的關係。海德格的自覺存在論，在其主觀的內部，雖具有辯證法的要素（如前述的人與工具、被拋的自由籌劃），在客觀的外部，卻是非辯證法、觀念論的（參見T6‧47）。正如田邊所言，構想力的圖式不能像海德格那樣，單單只是理解為以內部時間為媒介的觀念形象之形成基準，應同時將它理解為作為具有實在、客觀意味的表現之形成原理的世界。這由以下田邊的海德格哲學批判中亦能窺見。

> 存在論若必須是解釋學式的話，那麼它必不能如海德格所主張那樣，只停留在以單字的解釋爲方法的學問。它不僅必須要將語言，還必須將其他文化領域的表現作爲一般的存在解釋之媒介。然而，若存在論作爲哲學是邏各斯中的存在自覺的話，那也必須是語言以外的其他文化領域中的表現包含著邏各斯，才能得以被解釋。換言之，其他的表現亦必須包含由概念之媒介而來的認識且具有知識結構，才能成爲存在解釋的媒介。然而，認識的自覺，一般不外乎是認識論。因此解釋學的存在論，唯有以認識論爲媒介，並透過作爲認識原理的邏各斯自覺，才能說是存在的自我解釋。因此成爲海德格康德解釋特色的、將康德理性批判的意圖從認識論轉移到存在論的見解，可說是沒有真正澈底於解釋學存在論的自覺之抽象見解。（T6‧43）

此處所言的其他文化領域的表現及康德的認識論，皆顯示外部客觀存在的否定或限定原理的重要性。這也是為何田邊主張將外部世界（空間、共同體社會或他者）收攝在人的內部意識的時間圖式論，唯有走向世界圖式論，亦即以時空的對立統一為基礎的圖式論，人類存在才有其具體性的理由。

若仔細檢證田邊自此以後的哲學發展可發現，以上田邊的海德格哲

學批判恰好是其「種的邏輯」及歷史哲學的先驅理論。種（共同體、國家社會、民族）、個（個人）、類（人類、理想國、菩薩國）三者彼此對立統一的辯證法結構，以及分別代表此三者的時間樣態——過去、現在、未來之對立統一態，甚至是戰後歷史哲學中的內部時間與外部時間的辯證法關係便是明證。

五、洪耀勳的海德格觀及其「辯證法實存」

關於洪耀勳的生平、著作及思想等，筆者已在本書前四章中有介紹不再重複。首先必須說明的是，「辯證法實存」並非洪耀勳以自明的方式提出，並作為自身哲學發展的基礎來加以闡釋與演繹的概念。此概念是筆者經梳理目前現有洪耀勳的戰前日治時期之著作群內容，所提鍊出來具有臺灣特色的哲學概念。[31] 然這個概念如下所述，絕非洪耀勳的獨創，而是西田幾多郎、田邊元、務臺理作在吸納、消化與轉化西洋哲學時，所提出的日本哲學立場。但筆者認為即使是如此，辯證法實存這個概念在臺灣當時的文藝與政治等歷史處境及洪耀勳的哲學敏感度中，顯然有別於京都學派，具有近現代哲學在臺灣異化的特殊意義。[32]

如前章所述，洪耀勳在〈當今哲學之問題〉中主張，哲學沿著

---

[31] 著作群如下：〈當今哲學之問題〉、〈當今哲學之問題（承前）〉（《臺灣教育》，378、380號，1934年1、3月）、〈悲劇的哲學：齊克果與尼采〉（《臺灣文藝》，1934年4月）、〈斷想：地下室人類〉，《臺灣警察時報》（1934年11月1日）、〈藝術與哲學（特別是與其歷史性社會的關係）〉（《臺灣文藝》，1936年3月）、〈風土文化觀：與臺灣風土之間的關聯〉（《臺灣時報》1936年6-7月號）、〈存在與真理：對於努茲比塞真理論的一個考察〉（《臺北帝國大學文政學部哲學科研究年報》，第5輯，1938年）、〈實存之有限性與形而上學之問題〉（《師大學刊》，第1集，1942年）、〈存在論之新動向〉（《師大學刊》，第2集，1943年）。

[32] 相關的論述，可參看洪子偉的〈臺灣哲學盜火者：洪耀勳的本土哲學建構與戰後貢獻〉。

「歐洲－日本－臺灣」這條歷史發展脈絡不應回到實證主義或觀念論，必須和同時代的哲學脈動（理性主義哲學→生命哲學→現象學→實存哲學）並進，並認為現代哲學的誕生必須奠基在歷史實存上。從實存出發做哲學、思考哲學的實踐立場來看，可知洪耀勳哲學的萌芽與時代並進。此觀點在他任職北平師範大學時所撰寫的〈存在論之新動向〉亦能看到。此文爾後被收入其戰後著作《實存哲學論評》（臺北：水牛出版社，1970年），作為開啟現代哲學探討的第一章，可說具有時代性意義。此文共分五小節，一、存在論之復興，二、存在論和哲學的人類學，三、存在論和解釋學，四、存在論和現象學，五、存在論之現狀。

　　洪耀勳在第一節開頭談到「在認識論代表著哲學全體的時期，存在之形而上學或存在論不得不暫時離開它的寶座，但是近來認識論的哲學逐漸衰退下去，於是存在論的哲學就重新復興起來了」，「康德與形而上學的關係，在存在論已復興的現在，曾有人把他看作新形而上學的創造者，對此種看法，我們也是贊成的，所以不能一味說他是形而上學之否定者，但是他對於形而上學之成立抱了一種懷疑，這也是事實」。[33] 此處顯然講的是海德格哲學出現後的西方哲學發展情況。這在本章第二節田邊掌握近代歐洲哲學發展、現象學新轉向的文脈及海德格的「存在論：實際性的解釋學」、《存在與時間》、《康德與形而上學的問題》中可窺見。海德格的哲學並非是單純的希臘存在哲學（形而上學）之復興，而是經由亞里斯多德的邏輯學、齊克果、尼采與雅斯培的實存哲學、狄爾泰的生命哲學與解釋學、胡塞爾的意識現象學、舍勒的哲學人學等之批判式繼承，才能以自覺存在論的形式出現。「存在論之復興」，亦可說是在這種歷史意義底下產生的。

　　洪耀勳在第二節中處理舍勒的哲學人學（philosophische Anthropologie）與海德格的自覺存在論（existentiale Ontologie：洪耀勳標注），亦離不開本章第三節的檢討內容。洪耀勳介紹哲學人學，並非以部分的

---

[33] 《洪耀勳文獻選輯》，頁216。

存在理念（如理性的、工作的、機械的、超越的、力比多的、經濟的等）來探討人，而是以整全的立場來討論人，並如此說道：

> 哲學的人類學之成立總得前提著全體的人的存在之研究，爲要能夠達到全體「人的存在」之研究，萬不能以人類作格外的客觀的東西來看待。舍勒雖不能以對象化之作用中心之人的性格看作人之本質，但只說要研究作用中心之全體的「人的存在」，而還不提到這存在者之存在樣態（Seinstart），因爲作用是不能離開其作用本身而遂行，所以一面要作人存在者之存在論的研究，而他面也該作這存在之存在論的研究，才能完成哲學的人類學之課題。如此看來，這「人的存在」之存在論的研究也不外乎「人的存在」之一存在樣態而已，所以哲學的人類學可以成立於「人的存在」之自覺的認識，由這意思展開著自覺的存在論（existentiale Ontologie）之海德格之基礎的存在論（Fundamental-Ontologie）（參照本校學刊第一集，拙論〈實存之有限性與形而上學之問題〉）便是這種人類學之課題之完成。由這意思看來，哲學的人類學也能規定作「想把握著自己自身之人之自己省察學」吧。[34]

　　針對整全的人類存在研究，洪耀勳認為海德格的存在論比舍勒的人學更能全面掌握「人在世的各種實際生存樣態」，前者可完成後者未能展開的課題。這和田邊指出舍勒人學的形而上學色彩及海德格的自覺存在論之文脈，有不約而同的親近性。這同時也道出，現今若要談論「人是什麼」的存在論或形而上學問題（即Was是），必無法繞過海德格揭示此在之實際性（即Wie如何）的基礎存在論之訊息。[35] 洪耀勳在

---

[34] 《洪耀勳文獻選輯》，頁219。

[35] 海德格存在論中的解釋學與現象學關係，洪耀勳如此解釋：「他把『存在』看作人的相互交涉的目的，而且這存在是人的現存在（Dasein此在：筆者注）之顯現，就是說，這交涉的存在再被還原於人的現存在，

第三節介紹海德格的解釋學現象學來自他對狄爾泰的解釋學方法之現象學改造，在第四節說明解釋學現象學與胡塞爾的意識現象學之區別，並沒有超出田邊對現象學之闡釋的範圍。

洪耀勳在第五節中，則說明當今哲學即使是存在論流行的時代，但和舊有的存在論相較，在本質上並沒有太大差別。因為無論新或舊的存在論「仍然和考究存在者（Seiendes）之特殊的諸部面之特殊的諸科學不同，是要考察關於存在者一般（普遍存在者：筆者注）之基礎的構造及其存在樣式或其存在原理及原因的。換言之，現在的存在論，也以存在者一般或存在者的存在（Sein des Seiendes）等問題為目標」。[36] 只是海德格的存在論在方法上和認識論有所不同，是從人的自覺層面開始談起。筆者認為，這種自覺的存在論，正是要呼籲人們從自身存在（亦即所謂實存）出發，而不要只從反省存在的認識論，也就是從對象邏輯的層面出發，來談論存在。也就是說，實存的存在論取代了認識的存在論。這裡明確提示出認識論到存在論轉向的當代哲學動向。換言之，新的存在論是從存在著手，而不是從認識著手。更確切來說，是從存在與此在這種存在論差異的立場著手。

洪耀勳指出新舊存在論的不同來自方法上的差異後，分別舉出胡塞爾的領域的存在論（regionale Ontologie）、[37] 哈特曼的批判存在論（kri-

---

才有其究極的根柢，以『人的存在』特有之自覺的存在為基礎，要用表現和解釋的關係來解明一切存在，便是海德格之基礎的存在論。他的哲學雖是由『人的存在』之解明作為基礎的存在論，可是由其方法看來則是解釋學，由其對象看來則是現象學，所以也被叫作『解釋學的現象學』（hemenentische Phäenomenologie）。」（《洪耀勳文獻選輯》，頁223）。這裡的「解釋學的現象學」之解釋，比田邊的解釋更加清晰。

36 《洪耀勳文獻選輯》，頁229。

37 關於此，洪耀勳如此說明：「在胡塞爾之現象學的存在論不是存在或存在者之形而上學，是想把對象所有的一般的或特殊的本質之現象學的記述之『記述的本質學』。在這裡的存在論雖是關於存在者的實在構造之分析，但是對其窮極的原理或原因則置之不問。」（《洪耀勳文獻選輯》，頁230）。

tische Ontologie）、海德格的自覺存在論或基礎存在論以及雅斯培的實存哲學，並說明後兩者並不為現象學所制約，而是將它作為方法來探討人的存在與一般存在的問題。洪耀勳的海德格存在論之理解如下：「海德格作為方法而採取的現象學，是當作生存（Dasein）之解釋學的現象學，就是以自覺存在者的人之自己解釋作中心的。他說：我們除去由自覺的存在者即現存在者或生存之自己分析以外，無法解明存在的問題。我們要達到存在的一般的問題，總要以自覺的現存在作為其媒介或基礎，所以把現存在的解釋學叫作基礎的存在論，根據此點，其他的存在問題才有其門徑。」[38] 我們可以說洪耀勳對《存在與時間》中的海德格思路之掌握，極為準確。因為海德格的存在論，不僅僅是對此在的分析、解釋而已，其目的正是要透過此過程，來重新探討存在的問題。海德格對存在的探討，是透過掌握包含此在的存在者之分析、解釋，而不是透過主客二元這種認識論的立場來進行。

以上是洪耀勳介紹當時關於存在論的哲學動態之內容。據此可知，他所示的海德格觀，在區別海德格的自覺存在論或基礎存在論（＝解釋學的存在論＝解釋學現象學）和胡塞爾現象學的存在論之不同。這條取徑和田邊對現象學新轉向的觀察是一致的。除上篇文章外，我們還可在洪耀勳〈實存之有限性與形而上學之問題〉（1942）這篇介紹《康德與形而上學的問題》的文章當中，看到其海德格理解及田邊的影響。相較於〈存在論之新動向〉的介紹性內容，〈實存之有限性與形而上學之問題〉顯然較具有哲學性的論述。

洪耀勳在論文開頭便指出，形而上學的問題是基礎存在論的問題，後者即是對「有限的人的存在之存在論的分析」（Seinsanalytik des endliches menschliches Daseins）[39] 之問題。海德格這種對有限人類在世的實際生存樣態之分析，在《存在與時間》與康德書中則有不同的切入

---

[38] 《洪耀勳文獻選輯》，頁231-232。
[39] 《洪耀勳文獻選輯》，頁202。

點。洪耀勳說道：

> 形而上學之問題究竟是歸結於「人爲何物？」之問題。然則，
> 海德格對此問題給予何種解答呢？他以爲作人之本質的是「關
> 心」（Sorge）與「有限性」（Endlichkeit），而「關心」是他
> 的主著《存在與時間》（Sein und Zeit）之指導概念，而「有限
> 性」是《康德與形而上學之問題》（Kant und das Problem der
> Metaphysik, 1929）之指導概念。[40]

　　海德格在《存在與時間》中，將此在的存在解釋爲操心（即生存
論存在的基本現象），並爲操心的結構「先行於自身的─已經在（世界
中的）─作爲寓於（世內照面的存在者）的存在」配對時態的將來、曾
在、當前（未來、過去、現在）。[41] 相對於這種帶有時間樣態的此在之
言論或此在的生存論樣態（操心）的時間式分析，洪耀勳在此文更關
心的是人的有限性問題。這一點和田邊有所不同（雖然田邊也指出此
點），就洪耀勳所關心的存在論視域來看，筆者認爲他的關注方向和形
而上學的討論，極具緊密的關係。這和〈存在論之新動向〉闡述存在論
歷史的態度形成了呼應。因爲他認爲無論新或舊的存在論，還是無法跳
脫出對「存在者一般或存在者的存在」等問題的考察，只是方法不同
而已。

　　關於人的有限性問題，洪耀勳認爲是海德格在康德書中從存在論
的視域來重新詮釋康德《純粹理性批判》（第一版）的認識論所提出
的。洪耀勳在整理海德格的康德觀時，如此說道：「康德之《純粹理
性批判》之中心問題在於表明經驗的認識之綜合之『先驗的構想力』
（transzendentale Einbiedungskraft）之究明」，「康德之所謂先驗的構

想力，正是存在論的認識之『內在的可能性』（innere Möglichkeit）可被建立之基礎（Grund）」，「康德之先驗的構想力是表示人之有限性的，此思想即表示康德之思想與他之『實存哲學』（Existenz Philosophie）之接近。作為他的實存哲學或基礎存在論之基礎者，即此人之認識之有限性。常恆性與正確性之缺乏，正表示我們人類認識之有限性，而人性之本質的構造之究明是根據於此有限的理性才能成就。人之認識所能關及的，不外乎有限的理性之概念與直觀之綜合」。[42]

　　據上可知，在洪耀勳看來，海德格認為《純粹理性批判》的核心，在於闡明表示人之有限性的「先驗的構想力」（超越論的想像力）這種主張，正來自其自身的基礎存在論立場。「人不單是在認識上是有限的，對其全性質都能這樣說。海德格之形而上學是要進到人之存在之有限的，從而他的形而上學的奠基須由實存論的有限性概念領導之。有限性為人的存在之根本構造（Grundverfassung），而如前所說，此有限性不在於人之種種之不完全性和被造物之性格，而在於人之存在樣式之『實存』（existentia、Existenz）。」[43] 顯然，形而上學的探討，要先進入海德格的「實存的存在論」來談才可能。此主張和〈存在論之新動向〉的論述是一貫的，這也意味著海德格接著《存在與時間》未完成的工作，展開其形而上學的思考。據此，我們可以了解到，海德格要探討存在者的存在，不能直接從形而上學的層面來進行，必須透過人的有限性（亦即此在性）之分析與解釋開始。關於「實存」概念的解釋與由來，洪耀勳則參考田邊的〈實存哲學的極限〉（1938）來展開。關於田邊這篇文章，本書第二章已有專門的討論，不再重複。總之，洪耀勳透過海德格的康德書介紹，想傳達給臺灣和中國大陸的是，海德格的形而上學便是「實存（此在）的形而上學」（Metaphysik des Daseins）。筆者認為此立場和他在1934-1936年的著作群以及〈存在與真理〉之間

---

[42] 《洪耀勳文獻選輯》，頁206-207。
[43] 《洪耀勳文獻選輯》，頁209。

有一定的關聯。

我們若仔細回顧1934-1937年洪耀勳在臺灣所寫的著作群和1937-1943年在中國大陸所寫的文章，會發現兩個時期之間，有一定的差異性，即哲學創造力的減退與哲學介紹工作的增加。但兩個時期之間，按他的海德格觀來看，還是有一個內在的連續性。以下筆者嘗試檢討其異同及臺灣哲學萌芽與發展的可能性。

關於洪耀勳「辯證法實存」的形成與變遷，筆者已在本書前四章進行過檢討，在此僅止於簡略的整理。洪耀勳在〈當今哲學之問題〉中，既不滿足於黑格爾精神現象學的客觀精神之抽象性，亦不滿足於「德國觀念論（理性主義哲學）→生命哲學→現象學→實存哲學」這一近現代哲學發展的論述。他雖讚賞海德格的實存論（自覺存在論），最終卻援用西田幾多郎的〈我和你〉，主張實存便是立足在「絕對者、我、你」對立統一之辯證法運動的人格行為主體，亦即「辯證法的實存」。「辯證法的實存」並非是一個被分析、解釋、反省的存在概念，而是一個能在歷史現實的世界當中與他者進行交涉的生存狀態。

這一從黑格爾、西田與海德格哲學中提煉出來的「辯證法實存」概念，在〈風土文化觀：與臺灣風土之間的關聯〉因援用和辻的風土論、田邊的「種的邏輯」、務臺的「表現世界的邏輯」及黑格爾的精神哲學，有了新的轉向，即探索建構臺灣主體性的「辯證法實存」。當然在這個轉變之前，還有一個必須注意的過程，也就是在〈藝術與哲學〉出現的「藝術創作的實存」概念。洪耀勳在意識由臺灣文藝聯盟等發起之臺灣文藝運動的同時，思索了「種的基體（臺灣社會、風土）」之實存作為臺灣文學創作理論的可能性。此文藝運動的影響在洪耀勳的臺灣風土論中亦能窺見。當然我們不能忘記，在「種的基體（臺灣社會、風土）」背後，還有個（每個臺灣人）與類（普遍絕對者）作為其媒介。

到了洪耀勳所謂「升等論文」〈存在與真理：對努茲比塞真理論的一個考察〉，實存概念在洪耀勳的真理論裡，雖有被貶斥的面向，但

在他最後提出的「絕對媒介的真理辯證法」中，實存是和真理形成對立統一的。這種主張和海德格於30年代以後的真理與存在之論述，在某種程度上有不約而同的親近性。洪耀勳的「辯證法實存」，隨著當時的哲學潮流及歷史現實，顯露出各種不同的面貌。此概念雖然脫離不了歐陸、日本的哲學發展脈絡，但卻也都和他的生命、他所處的臺灣社會及世界之脈動無法分割開來。

　　這裡若說洪耀勳的哲學在臺灣時期與中國大陸時期有歧異的話，我們只能從外部想像他所處的歷史背景及人生境遇的不同。在後者時代，顯然哲學介紹工作勝於哲學創造工作，但介紹也和其哲學素養與期待有關，並不能說在北平師範大學、北京大學哲學系教書，就只成為學院哲學教師，不再抱有哲學理想或想像。至少從此時期的介紹工作中，依舊能看到他對海德格哲學發展的持續關注與選擇性的敘述。學哲學、做哲學的人，除了「曾在」的知識或傳統之處理外，還須有「當前」的歷史處境及對「將來」生活的有所期待。筆者相信洪耀勳在中國大陸時期對實存哲學發展的學術性關心，不會略過臺灣時期對實存哲學的掌握與運用而憑空出現。

六、結　論

　　本章透過探討海德格哲學在日本與臺灣如何為田邊元與洪耀勳接受、轉化，還原了該哲學在東亞這個文化語境之異化的一個歷史片段。田邊在回應海德格哲學的過程中所提出的身體（空間）辯論法或辯證法存在論，雖還屬於田邊哲學的萌芽發展期，但其中對時間與空間、精神（意識）與肉體、個人與共同體社會、個人與他者、內部時間與外部時間、個人存在與世界存在的對立統一關係之處理，已為其哲學的建構打下相當穩固的地基。當然在這個哲學創建過程中，我們可以看到日本哲學自身發展的歷史境遇及其內在的必然性。

　　相對於此，洪耀勳接受田邊的海德格論，在學成歸臺服務於臺北帝大的同時，回應了臺灣文藝運動的動向，開始展開一連串介紹歐洲哲學與日本哲學的工作，並在此過程中運用黑格爾、海德格與京都學派（西田、務臺、和辻）的哲學概念，來思考能對應當時臺灣（人）的歷史處境之哲學。在他試圖摸索與發展臺灣哲學之過程中所浮現的「辯證法實存」概念，也因時因地不斷地出現各種不同面貌。雖然此概念在其中國大陸時期的文章裡並沒有出現，但筆者相信其臺灣時期的哲學構想，必不會憑空消失。洪耀勳於戰後的哲學工作，大多偏向介紹性的工作，並無體系性的哲學著作出現。關於此點，不得不令人惋惜。儘管如此，這都無法抹滅海德格哲學在東亞的接受與轉化過程中，洪耀勳所留下的歷史足跡。

第二部　臺灣哲學諸相：歷史、
　　　　宗教與儒教

第六章
楊杏庭與京都學派的歷史哲學：臺灣歷史哲學初探

一、前　言

　　今日在臺灣談論歷史哲學的意義在哪？為何要從京都學派的歷史哲學來著手探討？在日本統治臺灣的時代裡，曾在臺灣這個島嶼出現過西哲東傳的歷史。可惜的是，戰後的臺灣人因各種複雜的政治、歷史等因素，被迫忘卻甚至是埋葬自己曾經有過的歷史記憶。這個斷裂的歷史記憶包括了臺灣人認知世界的知識體系，也就是透過日本的知識系統或某種意識形態去認識、了解、掌握、反省這個世界與自己關係的學問（哲學）。探討京都學派的歷史哲學與「臺灣歷史哲學」的關聯，可幫助吾人挖掘出這段被掩蓋的臺灣哲學萌芽與發展之歷史記憶。

　　關於戰前臺灣人的歷史記憶（哲學史記憶）要如何重構，最重要的還是取決於史料的挖掘與詮釋。在此過程中，歷史敘述的內容與觀點，往往也會隨著史料的出現而有所改變。當然此做法是歷史學家的職務，並非本人最關注的地方。但正如京都學派左翼哲學家三木清在《歷史哲學》（東京：岩波書店，1932年）中所言，歷史事件（作為存在的歷史：存在としての歷史）、歷史敘述（作為邏各斯的歷史：ロゴスとしての歷史）和敘述者的實存狀況（作為實際的歷史：事實としての歷史）是一種辯證關係。今日探討的「臺灣歷史哲學」必會包含這種辯證關係。

　　那麼，關於歷史哲學，為何要選取京都學派哲學家與楊杏庭？這只

能說是臺灣本身的歷史情境所造就，亦即歷史的必然（當然歷史也不會全由必然所獨占）。[1] 在臺灣哲學家所處的歷史背景中可清楚看到，這些人的世界觀無法和戰前日本的知識系統或某種意識形態完全切割。從最顯而易見的臺灣哲學家洪耀勳的例子來說，畢業於東京帝國大學哲學科，隨後任職於臺北帝國大學哲學科，周邊教師幾乎都出自京都帝國大學哲學科（京都學派）。集日本兩個最高學府之哲學素養的洪耀勳，並無法脫離所處的歷史情境，來獨自鑽研現今我們所說的純西方哲學。其哲學思想必包含哲學自身的異文化發展。[2]

　　同樣地，本章將楊杏庭的歷史理論，特別是其主要著作《歷史週期法則論》（東京：弘文堂，1961年）連繫到京都學派哲學家所開展的歷史哲學脈絡來探索，亦是從他所處的歷史情境出發。楊杏庭於1935-1939年這段期間，留學東京文理科大學哲學科，恰好碰上的是務臺理作[3] 及高坂正顯。務臺於1935年、高坂於1936年入職。著作方面，前者於1935年出版《黑格爾的研究》（東京：弘文堂），後者於1937年出版《歷史的世界》（東京：弘文堂）。[4] 無論是前後者，皆對歷史哲學、政治、國家哲學有很大的關心。[5] 楊杏庭的歷史理論與京都學派的歷史

---

[1] 洪子偉在〈日治時期臺灣哲學系譜與分期〉為臺灣哲學發展提出的三個階段：「前啟蒙」（1896-1916）、「啟蒙發展」（1916-1930）、「成熟期」（1930-1945），以及四大哲學區塊：「歐陸—日本哲學」、「美國實用主義」、「基督宗教哲學」、「漢學」。屬於「歐陸—日本哲學」這一區塊的有洪耀勳、陳紹馨（1906-1966）、楊杏庭、曾天從、吳振坤（1913-1988）、黃彰輝（1914-1988）、黃金穗（1915-1967）、鄭發育（1916-1996）等臺灣哲學家（參見洪子偉編《存在交涉：日治時期的臺灣哲學》，臺北：中央研究院・聯經出版，2016年，頁15-41）。

[2] 參見《洪耀勳文獻選輯》的導論與解說。

[3] 務臺於1928年結束留歐生活後任職於臺北帝大，1935年轉任東京文理科大學教授（參見M9・335-339）。

[4] 以下引用此書根據《高坂正顯著作集》，第1卷，東京：理想社，1964年。引用時以（K卷數・頁數）標示。

[5] 關於務臺的哲學關心以及他與洪耀勳哲學的接點，參見本書第四章的內容。

哲學有什麼接點？若有的話，又有什麼意義？對這些問題的回應是本章的重點，將於以下內容檢討。

關於京都學派的歷史哲學之發展，按本人對京都學派整體的研究與觀察，可從三個方面談起。一是京都學派內部哲學的轉向。二是與歐陸哲學動態的關係。前者的具體代表例之一是，田邊元對西田幾多郎哲學的批判（見〈求教西田先生〉1930）以及三木清與戶坂潤（1900-1945）的馬克思主義哲學對學派的挑戰。後者的代表例之一則是現象學的轉向，即從胡塞爾的純粹意識現象學到海德格的解釋學現象學之轉向。這兩方面實際上是相互關聯的（參見本書第五章）。三是日本主義興起所帶來的日本傳統思想與西方哲學之融通。當然新黑格爾主義與馬克思主義哲學的影響亦非常大。

本章以下將檢討三木清的《歷史哲學》（1932）與高坂正顯的《歷史的世界》（1937），並將楊杏庭在《歷史週期法則論》（萌芽於戰前，成形於50年代）中的歷史理論及其歷史實存態度對應到前兩者的歷史哲學論述來進行探討。之所以會舉出三木與高坂，是因為上述第一和第二的方向。在此若大略做一個區分，則是如此。相對於西田幾多郎、高坂正顯的「永恆的現在」（永遠の今）代表的是奠基在絕對者（絕對無）的歷史（時間）論述，三木清的「基礎經驗」（Grunderfahrung）代表的是「歷史事件、歷史敘述、敘述者的實存狀況」三者辯證關係下的歷史（時間）論述。顯然，三木的歷史哲學論述，排除形而上學式的觀點，也就是排斥絕對無的哲學。至於田邊的歷史哲學論述[6]，可說是踩在這兩個方向之間。無論是三木還是田邊的歷史哲學論述，都離不開對海德格存在哲學的批判。關於京都學派內部的歷史哲學之發

6　參見廖欽彬〈田邊元的海德格爾批判與道元的現代詮釋：實存哲學與現實哲學〉，收錄於廖欽彬《近代日本哲學中的田邊元哲學：比較哲學與跨文化哲學的視點》，頁237-256。此文檢視了田邊的海德格批判、種的邏輯、道元的「有時」論及田邊的歷史、時間（哲學）論述。

展，錯綜複雜，有待日後詳加檢討。[7]

　　楊杏庭的歷史理論，表面看來和他在東京文理科大學的學養無關，甚至和40年代以後京都學派的「世界史的哲學」形成對立關係。[8]但筆者認為楊杏庭的歷史週期法則論會誕生，極大部分仍然是由他所處的歷史情境所致。一個是三木、高坂等的影響，另一個是身為被殖民者及「受難者」所擁有的特質。關於這些探討，將在下文展開。

二、基礎經驗的歷史：三木清《歷史哲學》

　　三木清於1917年進入京都帝國大學哲學科，師從西田幾多郎、波多野精一（1877-1950）。1922年留學德國，先於海德堡大學向李凱爾特學習，1923年前往馬堡大學從學於海德格，出席「現象學研究導論」（1923-1924年冬季學期）講座與「亞里斯多德：修辭學」（1924年夏天）的討論班等（期間為1923年10月到1924年8月）。其第一本著作《帕斯卡的人之研究》（東京：岩波書店，1926年）受海德格分析此在（解釋學現象學）的方法之影響，來解釋帕斯卡筆下的人之害怕、戰慄、恐怖、感嘆等不安狀態。

　　關於三木的人學（Anthropologie），根據城塚登的研究，一開始是

7　京都學派內部的歷史哲學發展，可參見杉本耕一的《西田哲學與歷史的世界》（京都：京都大學學術出版會，2013年）。杉本以三木、田邊、高坂為輔，從歷史概念出發，深入探討西田中、後期哲學的轉變過程，使得西田哲學的歷史、社會、世界、實踐性格，得以系統性的面貌出現。此書固然非常重要，但若從此書處理的內容與方向來看，仍可找到前人的研究蹤跡。燈影社再版的高坂《歷史的世界》（2002）這本書的解說者長谷正當，早於杉本，已將京都學派內部的歷史哲學發展脈絡進行了一些梳理，只是缺乏田邊的論述。在筆者來看，無論是長谷還是杉本，都是立足在學派內部立場將研究的關注放在如何建構或打造京都學派哲學，其做法極具選擇性的傾向。

8　鹿島徹的〈楊杏庭的「歷史週期法則論」〉（《早稻田大學大學院文學研究科紀要》，第64號，2019年，頁1298-1283）便是如此主張。

從帕斯卡那種具有直觀的纖細心所捕捉到的生命出發。這種由人的內部直觀所呈現的人學，經由馬克思革命理論的洗禮，呈現出外部社會關係（勞資關係）底下的人學。此人學發展到了未刊遺稿《哲學的人學》（1933-1937）後，逐漸展露出其獨特性（特別是關於具有社會身體性的人學結構）。[9]這本未刊遺稿並非完成品，但若從三木的《歷史哲學》第五章「史觀的構造」之內容來看，可發現三木對人學的探討是針對歷史哲學而來的。換言之，這和三木對海德格存在哲學（特別是此在與歷史的關係）的批判，有很大的關聯。上述遺稿可說是《歷史哲學》的延伸。關於此兩部著作的內在關聯，在此不深入探討。

　　關於三木的初期海德格觀，我們可在〈解釋學現象學的基礎概念〉（1926）看到。此文說明現象學中的此在、存在、實存（Dasein Sein Existenz）和亞里斯多德意義下的邏各斯（logos：語言、定義）之間的關聯，即自我開顯（現象）與邏各斯的原始性關聯，並指出所謂現象學便是人類存在本身的開展。三木舉出解釋學現象學中的三個概念「先有」、「先見」、「先把握」（Vorhabe, Vorsicht, Vorgriff），並將此三者對應於存在、存在性、概念性，接著說明此三者與操心（Sorge）的關聯，存在在根源上因操心具有其現實性，最後結論出要理解這種現實存在，必須藉助海德格的解釋學現象學，而不是胡塞爾的純粹現象學（參見MK 3‧186-220）。

　　然而，這種解釋學現象學下的人類存在，經由三木哲學的社會主義式轉向[10]，被歸結為一種基督教式的人類存在。三木認為海氏的哲學

9　參見城塚登〈人學的可能性：關於三木清的「人學」〉，《日本的哲學》，東京：岩波書店，1969年，頁159-189。關於三木清的人學並非本章重點，詳細的研究，可參見廖欽彬〈三木清現實主義觀點下的人學〉（林維杰編《近代東西思想交流中的西學東漸》，臺灣中央研究院中國文哲研究所，2016年12月，頁247-274）。本章引用《三木清全集》，岩波書店，1984年，以（MK卷數‧頁數）標示。

10　這裡所說的轉向，如城塚登所說，是一種「內部直觀的人學」到「社會關係（勞資關係）的人學」之轉向。這在三木的著名文章〈人學的馬克

便是希伯來主義對希臘主義反撲的哲學，其存在論是末世論式的生命解釋學，亦即從「作為生的終結的死亡」來解釋生命的哲學，其哲學缺乏社會性與歷史性（參見〈海德格的存在論〉1930。MK10‧89-90）。當然三木的這種海德格觀和其馬克思主義哲學（社會主義）傾向有很大的關聯。

除了以上的說明外，我們還須要知道《歷史哲學》的誕生，和以下幾條線索有關。第一個是三木的留德經驗與歐陸哲學的發展。第二個是大學職位的不如意，迫使三木從純哲學研究向實踐哲學領域邁進。第三個是京都學派內部彼此的哲學刺激、影響。第四個是日本整體社會狀況以及此狀況與世界動態之間的關聯。

《歷史哲學》共有六章，第一章「歷史的概念」（收於《哲學年誌》，1931 年12月）是此書最重要的部分。三木在此章已經具體勾畫出其歷史哲學的基本結構。根據他的說法，構成歷史這個概念，有三種要素：歷史事件（作為存在的歷史）、歷史敘述（作為邏各斯的歷史）及敘述者的實存狀況（作為實際的歷史）。三木非常仔細地在文章開頭處說明歷史事件（作為存在的歷史）與歷史敘述（作為邏各斯的歷史）之間的關係。舉楊杏庭在《歷史週期法則論》的「本論」中處理中國五千年歷史（根據他本人說法，資料從戰前就開始蒐集，構思與內容也大致完成）的例子來說，所謂「蒐集史料」中的「史料」，便處在歷

思形態〉（1927年。收於《唯物史觀與現代的意識》，東京：岩波書店，1928年）能窺見。三木在此文表示，馬克思的唯物史觀是一種意識形態。該史觀必須與具有人的基礎經驗與反省經驗的人學以及無產階級者的基礎經驗，處於一種對立與統一的辯證關係，否則只是一種抽象的概念史觀（參見MK 3‧5-41）。此處的馬克思批判仍然延續到《歷史哲學》中的人學論述裡。馬克思的唯物史觀被三木視為一種意識形態，恰好對應的是構成歷史概念的三要素之一，即歷史敘述（作為邏各斯的歷史）。三木人學的發展動態以及其海德格批判、歷史哲學論述，筆者認為應該和田邊的西田、海德格批判、人學探討以及絕對媒介的辯證法進行對比。因為關於此討論是研究京都學派歷史哲學論述的另一個重要方向。

史敘述（作為邏各斯的歷史）與歷史事件（作為存在的歷史）的中間位置。針對蒐集到的散亂「史料」進行整理、分析、書寫、敘述，則成為所謂歷史敘述，也就是楊杏庭的歷史週期法則論（將於本章第四節討論）。三木分別用historia rerum gestarum（出来事の叙述）與res gestae（出来事）來表示歷史敘述與歷史事件，用Quellen（源泉）來表示史料。

　　姑且不論「史料」的真偽（當然真偽的判定也是一種史學工作），弔詭的是，只要是作為歷史敘述，也就是知識、常識，通常會掩蓋歷史事件（真正發生過的事）。換言之，原本應該是作為歷史事件之終點的歷史敘述，卻變成了出發點。如此一來，歷史事件與歷史敘述就會鬆動其位，「歷史事件⇔史料⇔歷史敘述」的辯證結構才能得以透明化。三木的意圖非常清楚，無論「歷史事件→史料→歷史敘述」或「歷史敘述→史料→歷史事件」的單線結構，都是不可能的。

　　然而，光是談論「歷史事件⇔史料⇔歷史敘述」的辯證結構，尚無法觸及到歷史的本質。那麼，什麼是歷史的本質？雖然三木沒有說明，但從他對「何謂真正的歷史敘述」的說明中可掌握到，也就是「人們藉由反覆（繰り返す、手繰り寄せる。不是複製、添加：筆者注）被傳達來的東西將它傳達給後世」（MK 6・14）。至於「如何反覆」以及「反覆什麼」，就變得至關重要。回應前者，三木會說：立足在現在進行選擇。回應後者，三木會說：對現代而言重要且有意義的，此外還必須是一個整體（非任意、散亂、破碎、偶然的）。理由是，讓「歷史事件⇔史料⇔歷史敘述」的辯證結構形成一個有始有終的封閉整體，正意味著將帶來真正開放的實存運動。這也是三木導入敘述者的實存狀況（作為實際的歷史）的真正目的。在此，三木要回應的問題便是「什麼樣的傳達主體」。這裡有三木暗中意識著海德格的實際性（Faktizität）概念之蹤影。[11] 三木除了用行動、自由、創造或製作

---

[11] 關於「作為實際的歷史」與實踐的關聯，他說道：「然而，我們所謂的作為實際的歷史，不可能是康德的自我，更不會是費希特的本原行動

（人的活動）以及現在、瞬間、偶然（時間概念）來表示實際性的意涵，甚至將實際和「歷史的基礎經驗」（MK 6・48）劃上等號。

　　在此若思考楊杏庭從所謂優等生、高材生出發，歷經中國大陸的汪精衛政府官僚及教授經驗後，最後轉向在野運動家及思想家的境遇，我們會發現他的歷史實存狀況（一種特殊的歷史之基礎經驗）是驅使他完成一個具整體性的「歷史週期法則論」之推動力。據此，我們當然有向後現代主義思維下的史觀進行批判的理由，但在此不展開。然而，另一方面，如後所述，當世界的歷史運轉從楊杏庭所謂以「獨裁政權體制」為基礎的「反比例週期法則」發展到以「民主議會制」為基礎的「平行法則」後，就不再有發展，這正意味著「歷史的終結」（這裡借用法蘭西斯・福山在《歷史的終結與最後之人》的概念，但和他所謂的歷史終結意思不相同）。在這個「歷史的終結」的狀況下，只有「執政黨VS在野黨」的執政輪替所帶來的和平景象。當然針對法蘭西斯・福山的「歷史的終結」提出批判的日本當代左翼思想家柄谷行人，必不會贊同楊杏庭「反比例週期法則」的循環論以及「平行法則」中自英國清教徒革命以來盎格魯撒克遜式（英美為代表）的政治觀（主張自由、平等）及史觀，因為只要「民族、國家、資本」存在的一天，人類將永遠無法得到真正的自由（參見《世界史的結構》，東京：岩波書店，2010年）。

　　因此我們不得不說，在克服「反比例週期法則」的「平行法則」裡，依舊存在許多問題。但這仍然無法削減其「歷史週期法則論」的歷史意義。「反比例週期法則」與「平行法則」之所以都有問題，那是因為這兩種歷史理論，從我們當代眼光來看，已變成三木所說的「具完整性的歷史敘述」（作為邏各斯的歷史）。因此必須等待具有「當代基礎

　　（Tathandlung。日語：事行）。它不是費希特所說的純粹行為，而是和感性、身體性東西相結合的實踐。它不是Tathandlung（本原行動），正是Tatsache（實際）。」（MK 6・33）。三木將Tatsache翻譯成日語的「事実」，亦即本章所使用的實際。

經驗」的我們參與反覆（重新敘述）歷史的工作，歷史本身才會有所推進。當然三木批判馬克思的唯物史觀是一種意識形態，亦是在這種意義下進行的。若是如此，「歷史週期法則論」的誕生，恰好推動了下一個歷史的新開展。其法則論並沒有所謂「失敗」可言。

那麼，三木在歷史這個概念裡，置放「歷史事件⇔史料⇔歷史敘述⇔實存者」這個辯證結構，究竟又有何種當代性意義？其問題點又是什麼？在回應這兩個問題之前，讓我們再進一步檢視一下三木的「實際」概念。他認為人的生命和歷史不可分。相對於「作為存在的歷史」與「作為實際的歷史」，他提出「作為存在的生命」與「作為實際的生命」。此外，三木藉由主張「實際應該先於存在」（MK 6．24）、「實際才是形而上學的存在」（MK 6．24），來對傳統的形而上學存在（如本質存在、理念、意識領域）之認識進行顛覆工作。針對實際的形而上學性格，他如此說道：「形而上學的存在，無寧說是以超越一切存在的存在之意味而成為一種實際。這種作為實際的歷史，超越了作為存在的歷史，可稱做是一種原始歷史（Ur-Geschichte）。實際雖是形而上學的存在，但並不意味它是不變不動。它不斷地在運動、發展」（MK 6．25）。

顯然真正的歷史開展，是奠基在「作為實際的生命」，而不是歷史事件也不是歷史敘述，更不是傳統形而上學的存在。若是如此，在我們的腦海裡，必會浮現「實存者→歷史敘述→史料→歷史事件」的單線結構。人類的歷史實存狀況或基礎經驗（主觀），果真能擺脫歷史事實或事件（客觀）的支配，並重新構建一個全新的歷史嗎？恐怕很困難。事實上，這也不是三木的立場。如上所述，三木用行動或實踐、自由、創造或製作（人的活動）以及現在、瞬間、偶然（時間概念）來表示實際的具體內容。「書寫歷史」這一人的主體實踐活動，無法和「作為實際的歷史」進行切割。三木主張「製作歷史本身就是作為實際的歷史，相對於此，被製作的歷史就是作為存在的歷史」（MK 6．26）、「歷史是我們的製作物，同時對我們而言又是被製作物」（MK 6．43）。這

意味著歷史既是書寫（包含製作、革命等實踐），又是其結果下的產物。用三木的話來說，前者為主體的實際，後者為客觀的存在，並非獨立不相干的東西。[12]

據上可知，三木的歷史概念帶有辯證法性格。這種具辯證結構的歷史，如前所示，既不為過去不變的必然（宿命論或命定論）以及哲學的形而上學產物（根源論或根基論）所支配，亦不會被現今人類的歷史實存狀況或基礎經驗所獨占。即使三木更加強調後者的歷史創造，但卻也為它設定「必須是一個整體性」的命令，以便將它引導到自我否定、自我開放的局面。因為在這裡才會有歷史重新書寫，亦即反覆創造的可能性（參見MK 6・16-17）。我們可以在這裡找到三木歷史哲學的當代性意義。

問題是，這個支撐人類進行歷史實踐的基礎經驗是什麼？三木並沒有提出具體的例子，只說明了基礎經驗必須具有某種規範性的、優越的意義（MK 6・47-48、54），實踐的主體具有個體性與社會性、感性與身體性（MK 6・33-37）。究竟什麼是人類共有的基礎經驗？某種規範性的、優越的意義究竟指什麼？即使閱讀完整本《歷史哲學》，仍然無法找到答案。

三、歷史的周邊與中心：高坂正顯《歷史的世界》

高坂正顯於1920年進入京都帝國大學哲學科，1923年畢業後，任職於京都府立大學預科。1936年，在西田幾多郎與務臺理作的斡旋下，任

---

[12] 關於兩者的辯證關係，比如三木在同書第三章「存在的歷史性」中，如此說道：「作為存在的歷史與作為實際的歷史的對立，是存在與存在的根據之對立。然而，兩者作為存在與存在的根據，既相待又對立，但同時又是統一。無論是什麼現實性的存在，都是包含其現實存在（existentia）及現實存在的理由（根據）這兩個契機的統一。這種對立的統一、統一的對立便是辯證法的規定。因此一切現實性的存在，都是辯證法式的。」（MK 6・94，括號為筆者注）。

職於東京文理科大學哲學科，1940年轉任京都帝國大學。二戰期間，因其「世界史的哲學」、「近代的超克」的活躍論述，導致在二戰後被解任。1951年就任關西學院大學，1955年再度回到京大任教。如前所述，當楊杏庭進入東京文理科大學哲學科時，正值高坂致力於研究歷史哲學的時期。三木的《歷史哲學》對高坂的研究影響甚大。但總體來說，兩者歷史哲學的根本立場截然不同。

　　如杉本耕一所指出，在京都學派的歷史討論中，蘭克（Leopold von Ranke，1795-1886）是最常被提出來的史學家。[13]其中，以他的「每一個時代都和神有連接」這句話最有名。這句話意味著每個時代都有其獨自的個性，在其自身都有獨特的價值。這種相對歷史世界奠基在神身上的歷史非連續、非進步思維，和西田場所論式的歷史觀有相通之處。因為在無的場所裡，歷史中的每個時代或歷史世界中的每個事件，並非以目的論的方式朝往某個方向前進，而是在其自身當中就有其絕對的意義。因此經常被西田拿來引用。[14]

　　如前所述，三木強調真正的歷史發展，應該是以現今人類的歷史實存狀況或基礎經驗為出發點，而不是西田主張的「作為絕對無的場所」這種哲學的形而上學產物（根源論或根基論）。正如田邊在〈求教西田先生〉中的西田哲學批判所示，「作為絕對無的場所」因帶有流出論、根源論的性格，因此一切存在（包含歷史世界）都只能被包攝在場所之內，為場所所奠基。此種場所論式的歷史觀，顯然和三木主張以基礎經驗為基底的歷史觀截然不同。[15]高坂的歷史論述，總體來說，是繼承西田場所論式的歷史觀，特別是關於「永恆的現在」這個概念的繼承。

---

[13] 關於京都學派的世界史與蘭克的關係，可參見鈴木成高（1907-1988）的《蘭克與世界史學》，京都：弘文堂書房，1939年。另可參見廖欽彬〈兩個關於世界史的哲學論述：京都學派與柄谷行人〉，《現代哲學》，2016年第3期，頁19-29。

[14] 參見杉本耕一《西田哲學與歷史的世界》，頁298。

[15] 關於三木的西田批判，可參見〈關於西田哲學的性格〉（1936），收於全集第10卷。

　　高坂的三子高坂節三在《注視昭和宿命的眼：父親高坂正顯與兄長高坂正堯》（東京：PHP新書，2000年）中指出，《歷史的世界》的出版和其父親的康德研究[16]以及西田哲學的影響關係。「永恆的現在」是在西田的《無的自覺限定》（1932）的第三篇論文〈我的絕對無的自覺限定〉及第四篇論文〈永恆的現在的自我限定〉中的重要概念，特別是後者（首出於《哲學研究》，第184號，1931年7月）。根據高坂節三的說法，正是這個概念直接影響了高坂正顯的《歷史的世界》第一章「歷史性的存在」（收於《思想》，第116-117號，1932年1-2月）。[17]在檢討高坂正顯的《歷史的世界》之前，首先先讓我們來理解一下西田的「永恆的現在」意味著什麼。

　　西田在〈永恆的現在的自我限定〉中談時間時，引用奧古斯丁在《約翰福音書講解》中解釋《新約聖經》「加拉太書」中的「當時間結束時，神派來他的兒子」這句話中的「時間結束」之解釋。西田認為奧古斯丁解釋為「時間消失」，和他在《懺悔錄》中的時間觀是一致的。西田如此說道：「如奧古斯丁所言，並沒有過去、現在、未來，只有過去的現在、現在的現在、未來的現在。現在可以包含過去、現在、未來。然而所謂時間存於現在，就是指否定時間。當時間在某種意義上被包攝，那麼它就不再是時間。時間必須是無限之流，而且是其方向絕不能扭轉的永恆之流……如奧古斯丁所言，我們必須認為時間存於現在，如此思考時間才會消失。」[18]這裡所指的現在，並非我們一般認識的流俗時間（即非自然科學時間），而是指被永恆（神）包攝的現在，也就是「永恆的現在」（永遠の今）。西田認為若要知道變化者

---

16 高坂的最早康德研究成果有《康德》（東京：弘文堂，1939年）、《康德解釋的問題》（東京：弘文堂，1939年），在《歷史的世界》之前，高坂已翻譯過康德的《永久和平論》（收於《康德著作集》，第12卷，東京：岩波書店，1926年）。

17 參見高坂節三《注視昭和的宿命眼：父親高坂正顯與兄長高坂正堯》，頁103-104。

18 N5．144-145。

（時間）的話，必須要有不變的存在（変ずるものが知られるには変ぜ
ざるものがなければならない）。

　　這個不變的存在，在奧古斯丁裡是神，在西田裡則是一般者或絕
對無的場所。比如在「個物能成立，必須是它存於一般者，必須是被視
為一般者的自我限定。我將此稱為一般者的場所的自己限定」（N5・
145）的西田發言中，便能發現他的奧古斯丁時間論與場所存在論的論
調是一致的。一般者或絕對無的場所在西田哲學的脈絡裡，通常處理的
是存在論與認識論問題，不是歷史或時間的問題。但西田在此則將時間
的問題導入自己的場所論。我們不難看出從場所存在論到時間論的類比
性思考，很大程度上是西田為了回應田邊元、三木清、戶坂潤批判其哲
學的根源論性格以及非歷史性、非社會性傾向的批評。[19]

　　高坂繼承這個帶有形而上學色彩的「永恆的現在」概念，展開他
在《歷史的世界》的歷史哲學論述（序論）。《歷史的世界》有一個副
標題「現象學的試論」，從其內容可知，高坂和自己最初的形而上學立
場有一定的差距。此差距就在於高坂一方面以解釋學現象學的方法處理
各種「歷史的周邊」現象，另一方面又主張「歷史的中心」必須以宗教
與道德的形而上學為依據（第一章）。在進入檢討之前，在此先說明楊
杏庭的歷史週期法則，無論是第一「反比例週期法則」或第二「平行法
則」，幾乎與這種歷史哲學論述無關。說「幾乎」是因為在構成週期法
則現象的六個要素（武力、道德、制度／文化、經濟、人口）當中的道
德，被楊杏庭視為是一種道德的或宗教的自覺。[20]雖然理由是為了批判
馬克思太過輕視道德與宗教的功能，但在第一法則下的各個時代之繁
榮、強盛景象無法缺乏宗教及道德的形而上學，卻是不爭的事實。因此

---

[19] 太田裕信〈瞬間與歷史：西田幾多郎的時間論・永恆的現在的自我限
　　定〉（《日本的哲學》，第12號，2011年，頁123）對西田的「永恆的現
　　在」概念，有較系統性的梳理與解釋，值得參考。順帶一提，此文可說
　　是補足杉本耕一著作的不足之處，但仍舊只停在西田哲學的內部研究。
[20] 參見楊杏庭《歷史週期法則論》，頁85-88。

我們可以說楊杏庭的歷史理論，不會和西田、高坂的歷史哲學立場完全分割。關於此問題，將於下一節以及本章結論處討論。

　　如長谷正當的解說所示，高坂在《歷史的世界》中處理的學問領域極為寬泛，如地理學、歷史學、法學、政治學、民俗學、神話學等。他在吸取這些知識之後，進行歷史現象的分析。其關心點不在歷史哲學的抽象理論，而是在具體的歷史現象之分析與敘述。這些歷史現象，對高坂來說，不能離開自然，自然與歷史是不可分割的（參見K1‧322）。什麼是歷史性的存在呢？高坂在此書第一章「歷史性的存在」舉出兩個歷史型態，一個是具連續發展的歷史，一個是不具發展的歷史。

　　高坂如此說明前者的抽象結構：「我們可以透過現在的決斷、行為來變革過去的意思。我們不可將過去思考為無法改變的命運。過去的意思隨時在現在之中發生變革。命運時刻都在變新。所有的歷史內部存在，都不是完結的存在（完了せるもの），而是不斷演變的存在（なりつつあるもの）」（K1‧12-13）。具體則以達文西的作品為例。高坂提出「達文西的作品究竟在什麼意義上能稱得上歷史性的存在」的問題，並針對此問題如此回答：「歷史性的部分即使在現在，還是不會阻礙我們的理解。或許時間性的存在會埋沒於過去，但歷史性的存在是即使在現在仍然生存的存在。我們之所以能理解達文西的作品，是因為其作品所訴說的意義，仍然活在現在」（K1‧6-7）。歷史性的存在之所以是其所是，是因為它以意義、表現的形式脫離過去，在現在被理解，並因現在的未來期望，而被解釋、傳達到未來。這形成了歷史連續發展的條件。三木的歷史實存狀況或基礎經驗的歷史面貌恰恰是這種代表，然而高坂並不滿足於這種歷史的面貌，相反地提出不具發展的歷史。

　　如前所述，蘭克的「每一個時代都和神有連接」這句話，經常被西田引用，同樣地也被高坂拿來說明何謂不具發展的歷史。高坂說道：「過去必有不被包含在現在之內的意義。如蘭克所說，過去的時代，每個都直接和神相連繫。這並不是說透過被包含在現在之內，以現在為媒介，就能和神連繫。同樣地，過去的哲學體系，亦不會被包容在現在

的體系之內，它必含有不為現在體系所取盡的意義。那裡有過去的尊嚴」（K1‧31）。顯然歷史性的存在成立在和神（超越、永恆）的直接關聯，而不是以現在為媒介被顯示出來的。關於過去的哲學體系，高坂舉出如何理解亞里斯多德的例子。他說：「我們並不是為了理解亞里斯多德，而追溯從亞里斯多德到現在的哲學史發展。也就是說，理解亞里斯多德，不是藉由以連續的方式回歸希臘的過往。我們直接可以從現在回歸到亞里斯多德」（K1‧17）。這裡同樣可顯示出過去有過去自身的獨特價值的意思，同時也提供了我們如何處理戰前臺灣人的歷史記憶（哲學史記憶）的方法。

　　據上我們可以看到歷史性存在的兩個面貌。那麼，讓我們來看看高坂是如何談論具連續發展的歷史與不具發展的歷史之間的關聯。高坂透過談論時間的四種樣態，來聯繫兩者。第一是因果論的時間樣態。時間從過去流到未來。第二是目的論的時間樣態。時間從未來流向過去。第三是實踐的時間樣態。從現在回到過去或前往未來，過去和未來都存於現在。相對於此三者分別從過去、未來、現在來看時間，還有第四個立場，即永恆的時間樣態。過去、現在、未來皆為超越時間的現在（亦即永恆的現在）所包攝。此時的歷史性存在，便是「永恆的現在」的歷史性存在。高坂用「下降」（降りてくる）來說明「永恆的現在」的自我限定。在此，歷史性的存在即是「永恆的現在」的自我限定（參見K1‧18-20）。最後高坂強調這四個時間樣態並不是彼此獨立又並存的關係，應該說「第一的時間為第二的時間、第二的時間為第三的時間、第三的時間為第四的時間所包攝，形成一個整體，這個整體同時又具有根基的意味」（K1‧20）。[21]根據以上內容，我們既可看到西田哲學的影子，亦可察覺高坂歷史哲學與三木歷史哲學之間的巨大差異。

　　以上的高坂史觀還不能算是《歷史的世界》的主要論述。第一章

---

[21] 這種永恆包攝時間的論述，可說是以西田場所論（絕對無的場所包攝謂詞、謂詞又包攝主詞）為基礎的歷史哲學論述。

「歷史的周邊」才是此書的主要根幹。高坂在開頭處引用德羅伊森（J. G. Droysen, 1808-1884）在《史學綱要》（*Grundriss der Historik*, 1858）主張將私人話語（Geschäfte）轉到歷史（Geschichte）的史學任務，目的在於方便自己分析與解釋作為歷史周邊的六種現象：謠言、軼聞、傳承、慣例或權宜、流行、習慣（噂話、逸話、伝承、コンベンション、流行、慣習）。此外，他還加上閒聊、傳說、神話、傳統及輿論。高坂雖沒有明示，但他顯然仿效海德格用解釋學現象學分析、解釋此在各種日常結構的方式，將歷史周邊的各種現象（即無法成為歷史中心的日常性世界）進行了闡釋，並說明這些現象雖無法到達歷史的中心，但都被歷史的中心之光所照耀。

關於此說法，可見於高坂以下的發言。「歷史的周邊是日常性的世界。然而，從歷史的中心而來的光，亦會照耀到那裡。因此（A）在歷史認識，特別是在解釋的立場，無論是如何細微的周邊事件，都會成為理解中心事件的資料，亦必須是如此。……『究竟該怎麼做才能達到歷史的中心』這個問題，應該包含解釋學面向以外的面向，即（B）『能以何種態度和行為達到歷史的中心』的實踐面向」（K1・80-81）、「隨著歷史的周邊迫近到歷史的中心，我們反而能更接近超時間、超歷史的存在。雖然有點弔詭，我們反而可以說歷史的中心是超歷史的。照耀到歷史周邊的歷史中心之光，便是從這種超歷史的、理念的存在發出來的。和蘭克所言所有時代皆與神有連繫的那個神之間的接點，就在於此」（K1・83-84）。

用三木的話來說，上述那些歷史周邊現象最多只能進階到歷史敘述（作為邏各斯的歷史）。雖說如此，高坂一方面指出這些作為歷史周邊的各種現象（與人的存在樣態相關聯的各種日常生活現象）雖無法直接達到歷史的中心，卻可透過宗教與歷史的決斷與覺悟（即自覺）參與到中心、和歷史的中心有連繫，另一方面作為歷史中心的絕對者（神的光、普羅丁的一者、絕對無、超越時間、歷史的存在），雖與歷史周邊現象有隔絕，卻又不離開具體的歷史周邊現象。歷史的周邊與中心的關

係，既不是質料與形式，也不是部分與全體，更不是特殊與普遍，而是具體的普遍。針對此，高坂如此結論道：「周邊─中心的結構，毋寧說是（d）具體的普遍，因此必須到達個體才能被揭示出來……因為透過歷史的周邊所見之沸騰的漩渦以及透過歷史的中心所見的<u>一者被深化在歷史基體的原始自然與將這個自我否定面的原始自然包含在內之永恆的現在</u>之中，而且此兩者透過歷史主體的實踐媒介，朝往歷史的世界發展。此時，周邊─中心結構自身，顯然反而是以實踐的辯證法為基礎的。」（K1‧91。底線為筆者所加。）

　　在此已無篇幅可以探討這裡所說的歷史基體與歷史主體。簡言之，代表自然（含原始自然、環境、歷史自然）的前者與代表國家與文化的後者，分別扮演著推動歷史世界的角色。在此，神性的存在必不會缺席。

四、歷史週期法則的哲學意涵及其問題點

　　關於楊杏庭在東京文理科大學時期的歷史哲學論述，大抵透過對三木、高坂的兩部著作之理解，可以得到一個概觀。楊杏庭以中文撰寫完成於1947年的《歷史週期法則論》，於中國與臺灣出版不果，最終在日本以日文出版《歷史週期法則論》（東京：弘文堂，1961年），當中歷經了不下十五年的歲月。因此若將此書斷定為日治時期產物，於理不通。但若檢視其「緒論」及「本論」，即使將戰後所發生的歷史事件抽離出來，仍然不會造成歷史週期法則論的不成立。再加上，若從楊杏庭本人「早在1937年就發現日本軍部無視中國歷史的週期運動而發動對華侵略戰爭是一個無知的誤判」以及「在1945-1947年這段時間，在南京已經完成關於中國歷史週期法則的論證」的說法來看，[22] 似乎將此書視為**戰前的思想結晶**亦不為過。關於此議論，將在此打住。

---

[22] 參見《歷史週期法則論》，頁1、79。

　　什麼是歷史週期法則？在此容許筆者進行簡略的梳理。楊杏庭在自序說明此法則有兩種。一個是「反比例週期法則」，一個是「平行法則」。前者是包含戰亂（當然也有和平、穩定、繁榮）的法則，後者是沒有戰爭（但有黨派鬥爭與對立）且能永保和平的法則。這兩個區分十分重要，因為這分別代表了權力一元論與權力二元或多元論的歷史發展。比之更重要的是，我們必須掌握楊杏庭本人的歷史實存狀況。如前所述，楊杏庭於戰前只是日本帝國時代下的被殖民者，即使在中國大陸時期，仍舊只是為日帝做事的二等國民。於戰後因其特殊身分與言論等問題，受到蔣介石獨裁政權的壓迫，最終無奈只能流落他鄉——日本另謀出路，但在日本的處境，亦不能算是很好。

　　這裡借三木歷史哲學的結構，可觀察出兩個取徑。第一個是因中日戰爭爆發（歷史事件），觸發楊杏庭蒐集史料，繼而進行歷史敘述。[23]第二個是因戰後的歷史實存處境，推使楊杏庭針對歷史事件及中國史料（甚至包含歐美歷史及日本史材料）再進行歷史敘述。這兩個取徑恰好合流到1961年出版的《歷史週期法則論》。「反比例週期法則」與「平行法則」可分別還原到這兩個不同的取徑。前者對應第一個取徑，後者則對應第二個取徑。何以這是可能的？正如楊杏庭在此書所期望，世界歷史的走向應該從第一法則走向第二法則，讓戰亂停止，讓短暫和平走向永久和平。也就是說，讓獨裁、專制政權（權力一元世界）結束，使它走向英國清教徒革命後所開啟的民主議會制政權（權力二元或多元世界）。這和他當時的歷史處境（也就是壓迫他及臺灣人的獨裁者蔣介石）有很大關聯。

　　楊杏庭在《歷史週期法則論》第十六章「中國的現代週期」裡，分析了中華民國的週期革命及生成。他指出孫文的國民革命能成功，在於

---

23 當然這裡亦有楊杏庭自身的歷史實存狀況，只是從筆者目前現有的資料中沒掌握到。比如本章一直強調的被殖民者經驗、異民族、異文化經驗等。關於其自傳《受難者》的內容，將於日後進行檢討。

將一元帝權轉移到多元民權，也就是第一法則到第二法則的轉移。[24] 然而，其接班人蔣介石卻將多元民權倒轉為一元帝權（獨裁者政權。在這之前有袁世凱的例子），因此最終不得不把江山讓給鼓吹共產主義、平等思想的毛澤東。然而，毛澤東在楊杏庭看來，亦和史達林一樣，其共產主義、平等思想只不過是取得政權的口號而已。因此蔣介石與毛澤東分別被楊杏庭視為右翼獨裁主義的權力者與左翼絕對主義的權力者。[25] 楊杏庭就在這種歷史處境下，開始思考第二個法則的歷史發展，也就是民主議會制政權（權力二元或多元世界）的發展。第一法則對戰後的楊杏庭而言，自然就變成必須被超越的法則。但如他自身所言，此法則在戰後的六十年代再被提出，完全是因為它仍舊具有教訓、參考（借鑑）的價值。更何況獨裁政權自人類有史以來，就不曾消失過。

　　若是如此，我們就可以從楊杏庭的歷史週期法則論中，看到三木所謂「歷史事件→史料→歷史敘述」與「實存者→歷史敘述→史料→歷史事件」這兩條單線結構。前後者雖有時間的錯位，但仍可將兩者看成三木主張的「歷史事件⇔史料⇔歷史敘述⇔實存者」的辯證運動。因此，我們從此點能將楊杏庭的歷史週期法則論視為一種實存式的歷史哲學論述。[26] 這和三木設定基礎經驗必須具有某種規範性的、優越的意義

---

24 這裡可以看到孫文的三民主義理想下的革命，將中國五千年的歷史循環法則打破，繼而將中國歷史發展帶往由英國清教徒革命以降的民主議會制政權（權力二元或多元世界）。在此，我們無須如溝口雄三 (1932-2010) 在《作為方法的中國》（東京：東京大學出版會，1989年）裡所主張的那樣，單純地主張中國的近代化可在中國傳統自身（大同世界思想）中找到。當然楊杏庭也沒否認中國古代有民權、民本思想（參見《歷史週期法則論》，頁82）。但這種論調放到孫文的思想上並不完全適用，而且這樣也會阻礙中國與世界之間能具有的共同基礎經驗。

25 《歷史週期法則論》，頁33。

26 關於此點，讓我們看看三木清怎麼說。「海德格傾全力在單純提出和世界時間不同的主體性時間，就連他都無法脫離理解的立場，也就是解釋學的立場。然而，一般來說，解釋學的立場是內在的立場，在那裡時間最終只停留在意識的時間。與此相反，新的歷史哲學首先必須站在

有很大關聯。因為楊杏庭選擇以自由、平等、博愛作為人類（不限哪國人）應該擁有的共同基礎經驗。理所當然地，他的法則論必須是一個具完整性的論述，以便推進下一個歷史論述的誕生。

　　為了要尋找楊杏庭的歷史論述與京都學派歷史哲學的接點，筆者想先從構成一元帝權（獨裁政權）的六個要素（武力、道德、制度／文化、經濟、人口）所造成的週期波動，以及道德要素的形而上學意義檢討起。楊杏庭將到中華人民共和國成立以前的中國五千多年歷史，區分成六個大週期（一大週期約7-800年左右）。每個大週期包含有兩個中週期（一個中週期約300年左右）。一個中週期包含三個小週期（一個小週期約100年左右）。每個小週期又分成三階段，即「草創期（形成期）」、「拓展期」、「崩潰期」。一個王朝、專制體制或獨裁國家，大約在一個中週期滅亡。此週期波動則呈現出「高、中、低」峰的波動圖。此圖不斷地以循環的方式發展下去，代表著中國歷史的循環以及一元帝權（獨裁政權）的興衰、治亂的命運。

　　和此「高、中、低」峰的波動圖形成反比例的，便是「文化、經濟、人口」要素所造成的「低、中、高」峰的波動圖。這意味著此發展和一元帝權（獨裁政權）的逐漸衰亡形成反比例，以逐漸增大的趨勢出現。楊杏庭用了一個特別的術語「非連續的連續」，來說明中國的歷史週期現象。所謂非連續，是指因一元帝權（獨裁政權）的消亡所產生的非連續（絶対権力を覆す革命や内乱は、歴史の非連続面）[27]，連續是指「文化、經濟、人口」即使因週期末的政權消亡或革命受到打擊與破壞，大部分都被下一個主權者所接受與發展。週期波動的「高、中、低」峰與「低、中、高」峰，彼此以反比例的形式，而且是以非連續與

創造歷史本身的立場。固然所有人類在某種意味上都是『歷史家』。因此，所謂理解在根本上，屬於他的存在方式。然而，人類超越此立場，是『歷史人』，即不斷地在製作歷史的人。行為的立場若能將它澈底化時，便能突破意識的立場，亦即觀念論的立場」（MK 6‧178）。

27 參見《歷史週期法則論》，頁70。

連續的這種矛盾的形式出現。

　　此處說的歷史的連續與非連續，和高坂所說的意義完全不同。高坂主張的非連續，指的是永恆的現在（神、絕對者、超越時間或歷史的存在），而連續指的則是不斷演變的歷史。真正的歷史發展是不斷演變的歷史被包攝在非連續的永恆的現在，前者以後者為基礎。這完全是「西田─高坂」式的史觀，至少在三十年代前期。對楊杏庭來說，無論是連續或非連續，都和「永恆的現在」無關。與其說楊杏庭的法則論和高坂完全無關，倒不如說楊杏庭不認為自己是京都學派的徒孫，因此無須考量哲學思想體系的繼承與發展。之所以會如此，或許和他是二等國民的實存立場不無關係。即使不是如此，或許也可視為對高坂的反抗，或許只是單純站在歷史必須站在歷史的立場來看待。

　　然而，不管如何，楊杏庭在處理構成一元帝權（獨裁政權）的六個要素中的道德時，卻因其形而上學色彩又無法和「西田─高坂」的立場完全切割。楊杏庭認為權力主體無論是絕對或相對，都必須具備三個條件，即「武力（勇）」、「道德（仁）」、「制度（知）」，缺乏武力取不下政權，缺乏道德終將被推翻，沒有制度將難以維持政權。筆者注意到的是，楊杏庭對道德條件的解說：狹義層面的主體性人格與廣義層面的一朝代之道德風紀或綱紀。[28]楊杏庭戒備自己勿入司馬遷、黑格爾、蘭克等人的道德決定論或形而上學色彩，將武力、道德、制度（勇、仁、知）進行如下的說明。「相對於道德是唯心的、形而上的實在，武力與制度則是形而下的存在。因此這三個條件既不是唯心的，也不是唯物的，而是兩者結合形成一個歷史現實體」。[29]

　　楊杏庭一方面警戒自己的歷史論述不掉入唯心的（觀念的）、形而上的立場，另一方面卻又以這個立場批判馬克思的階級鬥爭史觀。因為馬克思的史觀只能在中週期中的第三小週期末看到。楊杏庭稱該史觀

---

[28] 參見《歷史週期法則論》，頁40-42。

[29] 《歷史週期法則論》，頁42。

只是三分之一的真理，並主張除了物質經濟的利害衝突外，不可忽視人民的參政權要求、民權的合法性保護等，因此從新康德主義價值哲學主張的真、善、美、聖四個精神價值的標準，來批評或評價歷史亦非常重要。[30]

這裡楊杏庭舉了一個具體例子。羅馬第二中週期的第三小週期末，便出現格拉古（Gracchus）兄弟的革命，造成道德正義推動歷史進步與民主解放的結果。同樣地，他也提及《尚書》中的「天視自我民視」（中國古代民權、民本思想）。此外，更舉出基督在羅馬帝國積極參與奴隸解放運動的例子，說明神的愛與正義的重要性。針對馬克思的階級鬥爭史觀，他舉基督行徑如此批判道：「此鬥爭（指基督對羅馬帝權及貴族權的鬥爭：筆者注）並非以經濟的階級利益之鬥爭，應該是透過道德的或宗教的自覺，脫離自己所屬貴族的階級利害，為了增進其他平民的階級利益獻身」。[31]

顯然在此可看到「西田─高坂」所說的「永恆的現在」（神、絕對者、超越時間、歷史的存在）或道德命令。然而，這個構成權力主體要素的「道德（仁）」之形而上學基礎，也就是道德或宗教的自覺之理論，並沒有被楊杏庭發展出來。他僅僅只是說明歷史的形成不能缺乏超越的、絕對的存在。從這點依然可看到楊杏庭和京都學派（西田─高坂）的歷史哲學之間的關聯。不同的是：楊杏庭主張應摒棄第一法則的歷史循環，前往第二法則的「歷史終結」狀態（執政與在野黨或多黨制政權的狀態）。

楊杏庭的第一法則所包含的六個要素，如前所述，因其反比例以及非連續與連續，處於彼此對立的情況。此法則因文化要素，還有一個對立的狀況出現，即「從武強到武弱」（政權的強到弱）與「從文弱到文強」（文化的弱到強）的演變。在這過程中，後者產出的天才、偉

---

30 參見《歷史週期法則論》，頁85。
31 《歷史週期法則論》，頁86。

人、英雄、思想家、文化人、革命家等將以超越的方式，換言之，也就是以宗教的、道德的、文化的形而上學模式來對處現實環境，對現實環境提出反動的思維或採取改革或革命的實踐方式。[32]筆者認為楊杏庭在處理文化這一方面，並沒有系統性地區分「具積極、創造性的人」與「具消極、停滯性的人」。前後者雖然都是使王朝、獨裁政權加速滅亡的原因，但前者是將政權一旦裁斷（即楊杏庭說的歷史斷裂或非連續）後再創新局的類型。這一類型的人或以武力，或以天命，或以宗教、道德、文化的形而上學為基礎來建立全新的政權，顯然在週期波動的「高、中、低」峰與「低、中、高」峰的交錯之中可看到。

楊杏庭在該書第八章「馬克思學說的崩潰」的第三節「世界共產革命的可否」中對歷史的未來趨向，提出自己的想法。他認為（一）獨裁政權難以統治整個世界。（二）世界革命必須以武力戰爭為前提，因此不可行。唯一可行的道路是，仿效英國清教徒革命以來的民主議會方式，奠基在從下到上的歸納方法，將一國議會擴大強化到世界議會，透過此議會功能來調節英美與蘇中的關係。（三）康德在《一切能作為學問而出現的未來形而上學之序論》的世界永久和平提案值得重視，因為取代一個權利主體統治世界的世界組織（以前為國際聯盟，現為聯合國）比較能實現其理想。[33]然而，眾所皆知，現今最能代表後者的美國，因其新自由主義及種族中心主義，再次讓我們看到民權多元政治體制所帶來的當代危機（指美國國內外的危機與全球危機）。此外，現今以民主議會制為工具，來實行獨裁政權的國家，也不在少數。第二法則的歷史發展趨向在今日，也面臨了很大的挑戰。

---

[32] 參見《歷史週期法則論》，頁56-57、77-78。

[33] 如前述，高坂早在1926年便出版了康德《永久和平論》的翻譯，其《康德》、《康德解釋的問題》亦在1939年出版。按理楊杏庭不可能沒有接觸過康德的永久和平理論及其政治理論。

五、結　論

　　楊杏庭的歷史理論與京都學派的歷史哲學是否有接點？若有的話，那又有什麼意義？我們可根據上面的探討整理出兩個面向：歷史實存與「永恆的現在」。楊杏庭雖沒提到三木的歷史哲學，但這本可稱日本歷史哲學代表作的影響力在三十年代的日本，特別在京都學派是不言而喻的。楊杏庭的歷史週期法則，從歷史事件（中日戰爭爆發），歷經其史料蒐集、整理、分析，在1947年呈現出理論體系（歷史敘述）。爾後出版的《歷史週期法則論》（1961年），不僅增加中國史以外的西洋史與日本史，在更多二戰後的世界歷史事件及相關史料被放入後，重新為先前的歷史週期法則增添更多論據。其中第二法則可說和他當時歷史實存狀況有很大的關聯。就其歷史理論的建構過程來看，借三木的歷史哲學架構，我們或許可以說《歷史週期法則論》是一種實存式的歷史哲學論述。

　　關於歷史週期法則的理論，從一個小週期使用「草創期（形成期）」、「拓展期」、「崩潰期」或「蓓蕾期」、「開花期」、「結果期」等語言來看，屬於典型的有機發展思想。三木在《歷史哲學》第三章「歷史的發展」中，將有機發展思想梳理為四種類型：古典型（亞里斯多德）、浪漫型（謝林、亞當・米勒、狄爾泰）、生物學及實證主義型（史賓塞、杜里舒〔Hans Driesch〕、伯倫漢〔Ernst Bernheim〕）、形態學型（斯賓格勒），並認為有機發展思想的根本結構有四種：自然概念、人類的觀想態度、完結的整體理念以及發展物與可能性、現實性的關聯（參見MK・109-133）。

　　楊杏庭的第一歷史週期法則顯然屬於有機發展思想中的形態學型，根本結構具有自然概念、完結的整體理念。權利主體（獨裁政權）的發展週期與和其成反比例的「經濟、文化、人口」之發展週期，被類比為植物或人類的生長。相對於近代以來的「無限前進的體系」（進步史觀，始於十七世紀的法國），第一法則屬於「圓環行程的體系」（圓環史觀，重複「興起、成熟、死滅」的循環。見於古代修昔

底德、波利比烏斯。參見MK‧156-157）。

　　此外，我們還可注意到三木所提出的世代概念。此概念奠基在自然，由來自各個家族系列內部的生殖序列。用這種世代概念衍生出來的「三世代法則」來看「世紀」的歷史學家是蘭克的弟子羅倫次（Otto Karl Lorenz）。我們從三木以下對世代說的觀察，可窺見楊杏庭的週期劃分的祕密。「然而，對歷史諸事件的長遠系列來說，世紀顯然是個小單位。因此他（羅倫次：筆者注）接著以較高的單位，就像一世紀由三個世代所形成那樣，採用了三世紀即三百年，甚至是三世紀的三倍。羅倫次相信在德國的文學史，事實上，就是在威廉‧舍雷爾（Wilhelm Scherer）的波動說中，找到對其三百年單位說的支持」（MK‧189）。整體來說，楊杏庭的第一法則和德國歷史學派的「有機體說的歷史理論」極為類似。

　　至於從和「西田—高坂」的「永恆的現在」之對比來看，顯然楊杏庭並不採取那種宗教的、道德的形而上學立場。然而，如上所述，第一法則中的道德與文化要素，並無法脫離宗教的、道德的形而上學立場。畢竟此兩項，亦是影響人類歷史發展的主要因素之一。楊杏庭於二戰後放棄第一法則採取第二法則的選擇態度，雖和其歷史實存狀況有關，但從他提出的第一和第二法則都無法實現人類救贖的現代批評觀點來看，我們不也應該傾聽並思考「西田—高坂」的歷史哲學對現今人類歷史研究的啟發嗎？或許這樣的反思帶有矛盾的意味，筆者在此並非要宣傳這種歷史哲學的效益性，但當我們要建構某種史觀（包含臺灣哲學史）時，除了以歷史實存狀況的立場來進行外，或許不能偏廢不斷發展的歷史被包含在「永恆的現在」（超越者、絕對者）的立場。因為環繞歷史的所有相對性觀點、價值、理論等，在和「永恆的現在」（超越者、絕對者）形成包攝關係時，才能顯露出各自的獨特價值。楊杏庭的歷史週期法則論和京都學派歷史哲學（無論是三木還是「西田—高坂」的主張）的接點，處在歷史實存與「永恆的現在」的兩端，無論它帶來何種意義，都應該不斷地由後世的人來檢討。

第七章
曾景來的宗教哲學：其佛陀觀與近代日本佛教研究的關聯

一、前　言

　　臺灣是否有宗教哲學？若有宗教哲學，是以何種面貌出現？又該如何被討論？當筆者閱讀完曾景來的《阿含的佛陀觀》（1928）[1]及他到二戰結束為止的文章後，產生上述的期待與疑問，同時也萌生該如何從臺灣本土歷史地基來思考宗教哲學的念頭。今日的臺灣學術界，大多直接略過臺灣本土的歷史地基來討論宗教哲學。筆者也因自身學術訓練關係，對扎根臺灣探討哲學問題的工作，尚處在暗中摸索階段。

　　本章將藉由探討曾景來日治期的論著及其背後的日本近代佛教研究，試圖開拓一條通往臺灣宗教哲學的論述道路。須先聲明的是，佛教的哲學討論只是思考宗教哲學的其中一個管道，因此探索曾景來的宗教哲學，並無法取代具普遍性、開放性的宗教哲學概念。在此自覺的前提下，本章設置「近代日本的佛教研究」、「大乘非佛說論」、「曾景來的佛陀觀」、「宗教與道德論」這四個部分，依序探討造就臺灣宗教哲學的歷史背景及臺灣宗教哲學形成的可能性。

---

[1]　《阿含的佛陀觀》為曾景來在駒澤大學的學士畢業論文。筆者透過駒澤大學石井公成教授的幫助，有幸親自翻閱此論文。此論文被曾景來發表在《南瀛佛教》（第5卷第6號-第7卷第3號，1927-1929年）。在《南瀛佛教》的內容和學士論文內容大致相同，唯有前兩章講述佛陀傳的部分，是曾景來後來添加的部分。

　　曾景來為學問僧，高雄美濃人，因家庭背景關係與佛教結緣，1917年美濃公學校畢業，1920年臺灣佛教中學林（曹洞宗在臺灣的唯一中學林）畢業。1922年曹洞宗第四中學林畢業後，進入曹洞宗大學高等部（駒澤大學預科前身）。1924進入駒澤大學大學部佛教學科。1928年大學畢業，學士論文為《阿含的佛陀觀》，同年返臺。1929年受命於曹洞宗，擔任臺灣巡迴布教師，另擔任南瀛佛教會教師。1932年擔任《南瀛佛教》編輯，直到1940年。1933年擔任總督府社會科囑託，主要協助處理宗教事務與調查。1941年赴海南島調查。戰後，任《臺灣佛教》主編、中國佛教會臺灣分會理事、花蓮東淨寺住持。[2]

　　1895年後的日治期臺灣佛教，因1915年西來庵武裝抗日事件，進入官方管控，開始脫離中國佛教體系逐漸轉向日本佛教體系。此後出現一個非常重要的臺灣佛教發展之分水嶺，那就是1922年官民合辦、日本曹洞宗參與指導的南瀛佛教會之成立及《南瀛佛教會會報》雜誌的發行。[3]在此之前，有一重要里程碑便是1917年曹洞宗在臺灣的中學林（泰北高中前身）之設置。上述僧侶教育機構以及日臺佛教界的活動機構與刊物，可說是奠定臺灣佛教近代化的基石，亦是臺灣宗教哲學形成的搖籃之一。在這個臺灣佛教近代化過程裡，傳統儒家社群和南瀛佛教會的知識青年之間，經常發生論戰。比如從1920年代起，林德林（1890-1951）便和彰化的崇文社員就佛教教義與現實議題等，有過為期不短的交鋒。其中的「中教事件」更是在臺灣社會掀起近代日本佛教戒律與傳統臺灣儒家道德之間的意識形態論戰。顯而易見的是：臺灣佛

---

[2]　關於曾景來的學習與活動情況以及當時的日臺佛教背景，本章主要參考大野育子的《日治時期佛教菁英的崛起：以曹洞宗駒澤大學臺灣留學生為中心》（2009年，淡江大學歷史系碩士論文）。此論文挖掘與提供大量的史料，並參考相關研究領域的研究成果，是一篇十分優秀的碩士論文。以下引用以《日治時期佛教菁英的崛起》略稱。

[3]　參見江燦騰《臺灣佛教史》（臺北：五南出版，2009年）第二卷「日治時代臺灣佛教史」的第七章部分。大野育子在《日治時期佛教菁英的崛起》第二章第二節中亦有論及（參見頁27-37）。

教的近代化除了面臨統治政權的宗教收編策略外，還面臨了臺灣傳統社會價值觀的檢視。[4]

撇除禪儒論爭不談，造就上述臺灣佛教在近代的轉變，除了有總督府的對臺宗教政策之影響外，還有一個共同的歷史基礎，那便是禪宗。日本曹洞宗與臨濟宗在這一歷史共通性上，得以在臺灣伸展勢力。曹洞宗與臨濟宗、淨土宗、淨土真宗（大谷派及西本願寺派）競爭，最後雖在臺灣取得優勢，但它以宗祖道元（1200-1253）的思想為基礎的宗派學或禪學，卻沒有在臺灣這塊土地得到真正的發展。以曾景來為例來看，可知當時以理性主義為基礎的歐洲近代佛教研究及日本近代佛教研究，才是造就臺灣宗教哲學萌芽的主要原因。這和駒澤大學初任校長、曹洞宗革新派學問僧忽滑谷快天（1867-1934）的近代學風有很大關聯。此外，教授曾景來印度佛教的木村泰賢（1881-1930，曹洞宗僧侶）及宇井伯壽（1882-1963，曹洞宗僧侶），在佛教研究的方法論上，亦給予他很大影響。[5]

這裡須注意的是，忽滑谷近代學風背後的近代日本佛教研究脈絡。忽滑谷曾於1902年出版一本書收錄江戶思想家富永仲基的《出定後語》及受其影響的江戶儒者服部天游（1724-1769）的《赤裸々》，並分別為兩者撰寫小傳。顯然小傳內容企圖以富永與服部的大乘非佛說論立場，批判當時佛教徒的迷信、守舊與墮落。[6]這一大乘非佛說論的由

4　參見江燦騰《東亞現代批判禪學思想四百年（第二卷）：從當代臺灣本土觀察視野的研究開展及其綜合性解脫》，新竹：元華文創，2021年。關於1920年代的禪儒論爭，作者於此書第九章（首出文章〈日據時期臺灣新佛教運動的先驅：「臺灣佛教馬丁路德」林德林的個案研究〉，《中華佛學學報》，第 15 期，2002年，頁255-303）有詳細討論，在此不深入探討。

5　關於曾景來的授課情況，參見大野育子《日治時期佛教菁英的崛起》，頁89。

6　參見山內舜雄《續道元禪的近代化過程：忽滑谷快天的禪學及其思想「駒澤大學百年史」》，東京：慶友社，2009年，頁64-74。

來，可在村上專精（1851-1929，曾為真宗大谷派僧侶，爾後除僧籍）
的《佛教統一論第一編・大綱論》（東京：金港堂書籍，1901年）、
《大乘佛說論批判》（東京：光融館，1903），甚至更早可在姊崎正治
（1873-1949）的《佛教聖典史論》（東京：經世書院，1899年）中看
到。近代日本佛教研究中出現的大乘非佛說論，不僅為舊有的佛教研究
提供新的方法論，甚至對大乘佛教帶來新的挑戰，迫使大乘佛教徒背負
「大乘經典皆非佛說」的歷史魔咒。關於近代日本佛教研究與大乘非佛
說論，將於以下兩節討論。

二、近代日本的佛教研究

　　日本當代佛教研究專家末木文美士在《作為思想的近代佛教》
（東京：中央公論社，2017年）的第四部「學院派佛教研究的形成」
中，以「佛教研究方法論與研究史」為題，為讀者提供一個以東京大學
印度哲學講座、東洋哲學講座、宗教學講座、梵語學講座為開端的佛教
或宗教研究圖像。印度哲學講座的首位教授為村上專精，其後接班人依
序為木村泰賢、宇井伯壽、中村元（1912-1999）。東洋哲學講座的首
位教授為井上哲次郎（1856-1944），其女婿姊崎正治為宗教學講座的
首位教授，與井上比較東西方哲學、宗教的學風同調。梵語學講座的首
位教授是從學於繆勒（Friedrich Max Müller, 1823-1900）的高楠順次郎
（1866-1945），其治學方式亦接近井上。

　　若根據曾景來《阿含的佛陀觀》的參考文獻，可知該論文吸收了大
部分近代日本佛教思想家的研究成果。在此列舉如下。宇井伯壽〈出現
在阿含的佛陀觀〉（《思想》，第60號，東京：岩波書店，1926年）、
保坂玉泉（1887-1964，曹洞宗僧侶）的佛教概論講義筆記、立花俊道
（1877-1955，曹洞宗僧侶）《原始佛教與禪宗》（東京：更生社書
房，1926年）、赤沼智善（1884-1937，真宗大谷派僧侶）《阿含的佛
教》（京都：丁子屋書店，1921年）、村上專精《佛教統一論・佛陀

論》（東京：金港堂書籍，1905年）、姉崎正治《現身佛與法身佛》
（東京：文榮閣，1925年）。

　　根據末木的研究，東京大學印度哲學講座傾斜在佛教研究，自村上
專精的傳統學風轉向以近代歐洲佛教研究為典範的進步學風。此一近代
學風以梵文、巴利文甚至藏文等解讀佛教經典，並和漢傳佛教經典進行
比較，顯然具有比較文獻學或考據學的特質，自木村泰賢以降便成了該
講座的定調。這種習自西歐又與之競合的比較文獻學或考據學，形成近
代日本佛教研究的特色。

　　末木比較了村上專精、木村泰賢、宇井伯壽的佛教研究特色，認
為相對於未有留學經驗的村上，留英的木村與留英、德的宇井更具有近
代治學精神。宇井以實證的文獻學來研究佛教，比木村又更具客觀性和
合理性。筆者認為這從宇井在〈出現在阿含的佛陀觀〉中比較巴利文和
漢文《阿含經》的做法可得到佐證。然而，末木認為這三位思想家雖具
客觀文獻學精神，卻都因其宗派學、護教、信仰立場，無法走向真正
的比較宗教學之客觀道路。開啟比較宗教學之路的是同講座繼承人中
村元。在末木筆下，顯然印度哲學講座到中村元為止，和東洋哲學講
座、宗教學講座、梵語學講座的治學立場，形成了主觀詮釋與客觀比較
的對立關係。末木雖未直言，但筆者認為末木的治學立場接近後者，又
具有跨學科的特色。

　　我們可從末木對近代日本佛教或宗教研究的考察，得到幾條看待
曾景來宗教哲學萌芽之可能性的線索。第一條線索，末木提出宗教學與
佛教學的區別。他說：「相對於佛教學主要從佛教內部立場，來進行文
獻學式的教理研究，宗教學原本就是從諸宗教的比較中產生，因此從比
較客觀的立場研究不限於教理的佛教諸相（儀禮、制度、社會活動、現
狀等）。」[7] 就筆者個人觀察來看，關於宗教學與佛教學的區分，末木
的理解和一般不同。一般理解是佛教學、神學等都只是一種特殊的宗教

7　末木文美士《作為思想的近代佛教》，頁242。

學，不能代表最普遍的宗教學。但若按末木所理解的宗教學來思考，似乎以跨學科、跨領域的方式來研究佛教諸相，就能等同於宗教學。我們可以理解末木如此主張的理由，因為當代日本佛教研究的多元發展恰好和末木的說法一致。但在此還須注意一個跨文化敘述的問題。因為探討跨文化敘述的問題，恰好能為我們提供如何思考習自異文化（日本）的曾景來為臺灣所打造出來的言論。

第二條線索，他將佛教研究區分成主觀宗教信仰與客觀學術研究。[8] 在主觀宗教信仰下的佛教研究，依筆者觀察，可分成守舊派與革新派。前者相信神祕、超越與不可思議，屬於前近代、非理性、非科學、非歷史實證立場。後者排斥迷信、直觀與不可思量，屬於近代、理性、科學、歷史實證的立場。胡適（1891-1962）的禪思想史研究雖接近後者立場，卻不盡相同，因為他本人不具有宗教信仰的情懷。批評胡適的鈴木大拙（1870-1966）雖接近後者立場，亦不盡相同，他仿效胡適利用敦煌文獻等闡釋禪思想史，卻又重視開悟與般若直觀，批評胡適歷史、實證主義下的禪思想史有窄化禪精神之嫌，不具普遍性。[9] 在此不討論造就胡適新史學運動的明清、民初佛教研究之歷史背景及末木的區分方式是否存在一種主觀分判的問題。

給予曾景來影響的思想家，如忽滑谷快天、村上專精、木村泰賢、宇井伯壽等人，便是屬於上述的後者。這些人以佛教為研究對象，雖具客觀的歷史實證精神，卻又因各自的信仰關係，讓本應屬於客觀的佛教研究倒逆回一種看似守舊派的主觀佛教研究。末木以村上的《佛教統一論‧大綱論》與《大乘佛說論批判》的大乘非佛說論為

8　這一區分從村上專精在《大乘佛說論批判》結論處說明自己承繼普寂（1707-1781，淨土宗僧侶）在《顯揚正法復古集》中主歷史又不失教理的中立立場便可窺見（頁245-247）。筆者認為末木本人在判釋近代日本佛教研究類型時，亦不得不替自己找一個學術定位，「究竟是主觀還是客觀？」、「是何種主觀與客觀？」的佛教研究態度。

9　關於兩者的比較，參見廖欽彬〈田邊元的宗教哲學與禪的近代化：和西田與大拙的華嚴哲學比較〉，《求真》，第25號，2020年，頁1-22。

例，指出前書的大乘非佛說論比後書的論述更具中立、客觀性，理由是後書雖承認大乘經典從歷史研究來看並非佛陀親口說，卻又積極地主張從教理信仰來看是一脈相承，因而大乘佛說論是成立的。這種以歷史實證為外衣的主觀宗教信仰之言論或以西方近代的方法論進行護教之言論，恰好是日本佛教研究從明治期到二戰前後時期的特徵。[10] 那麼，曾景來的佛教或宗教研究，是否有如日本僧侶般的信仰或使命？這是一個值得思考的問題。

　　第三條線索，末木對宗派大學與東京大學教育方針所進行的分析。從一般定論來說，日本佛教始於中世鐮倉的新興佛教，比如法然（1133-1212）與親鸞（1173-1262）的淨土真宗、道元的曹洞宗、榮西（1141-1215）的臨濟宗、日蓮（1222-1282）的日蓮宗等。這些宗派的宗學興盛於明治期，除臨濟宗外，在戰前便分別擁有自己的大學。比如真宗的大谷大學與龍谷大學、曹洞宗的駒澤大學、日蓮宗的立正大學。這些宗派大學的教育方針，主要還是以近代佛教研究來服務各自的宗學，亦即以新式教育的外裝來顯揚自身的宗學。至於籠罩在這些宗派知識體系下的日本佛教史敘述，究竟有何種程度上的遮蔽問題，在此不討論。

　　和這些宗派大學相比，東京大學的教育方針，顯得更具學院派風格。然東大的印度哲學講座在初期，雖以西方近代方法論來研究佛教或日本本土佛教，但這些講座教授皆為宗派僧侶，因而無法避免淪為各自的宗學或今日所謂日本宗教學的守護者。比如，當代真宗學問僧加來雄之在〈探訪清澤滿之的宗教哲學：如來與他力門論述〉認為清澤滿之（1863-1903，真宗大谷派僧侶）以對如來、他力作用的體悟為基礎，建構宗教哲學（普遍哲學）及他力門哲學（特殊哲學）、進行宗派改革

---

[10] 參見末木文美士《作為思想的近代佛教》，頁348-352。筆者認為針對這種大乘佛教徒的矛盾心理該如何進行一個客觀性的敘述，一直都是日本佛教徒或研究者必須面對的難題。

運動、提出精神主義口號闡釋自身的宗教真實（實存）。[11] 這裡可看到真宗僧侶建構宗教哲學與他力哲學的差異，同時也能看到普遍哲學如何為特殊哲學背書的微妙關係。參考上述宗教學與佛教學、宗派大學與東京大學的教育方針、普遍的宗教哲學與特殊的宗教哲學的區分方式，將會有助於我們思考曾景來宗教哲學萌芽的可能性。下一節筆者將探討近代日本佛教研究無法掠過的大乘非佛說論，並藉此探討在此思潮下曾景來如何展開自己的論述。

三、大乘非佛說論

近代日本的大乘非佛說論，一般都認為起始於村上專精的《佛教統一論・大綱論》與《大乘佛說論批判》。但在他之前，早在姉崎正治的《佛教聖典史論》便能窺見。姉崎在該書序言最後說明此書的出版，是為了紀念富永仲基《出後定語》及德國新教神學家鮑爾（Ferdinand Christian Baur, 1792-1860）《牧者書簡論》（*Über die sog. Pastoralbriefe*, 1835）。《佛教聖典史論》出版的目的在於比較東西方的宗教經典批判精神。其對象分別是部派、大乘佛教的經典與基督教的《聖經》。富永與鮑爾分別被提出來的原因，在於兩者的研究立場都是經典批判。前者的方法是加上說，後者的方法是黑格爾歷史哲學的辯證法。

與《佛教聖典史論》形成呼應，井上哲次郎在《釋迦牟尼傳》（東京：文明堂，1902年）序文斥責世間流傳神奇、不可思議的釋迦傳，試圖透過歷史眼光參照東西方的研究，撰寫一部釋迦傳，將釋迦作為世界偉人的形象勾勒出來。此做法來自法國宗教史家勒南（Joseph Ernest Renan, 1823-1892）《耶穌傳》（*Vie de Jésus*, 1863）的影響。[12]

---

[11] 收於廖欽彬編譯《日本哲學與跨文化哲學》，廣州：中山大學出版社，2020年，頁133-150。

[12] 參見《釋迦牟尼傳》（頁15）引用勒南《耶穌傳》的部分。《井上哲次郎自傳》（東京：冨山房，1973年，頁44）傳達出井上試圖剔除具神話色彩的釋迦圖像，試圖還原其史實的圖像。

和勒南將耶穌視為歷史人物的做法相同，井上亦將釋迦視為歷史人物，試圖排除佛教徒將釋迦神格化的迷信思維。這裡顯然出現了啟蒙期以來區分神話與歷史的理性主義立場。這種將釋迦視為歷史人物的做法，反映出近代日本的佛教研究思潮，對大乘非佛說論的流行起了間接作用。曾景來從《阿含經》中挑出歷史的佛陀與神話的佛陀，試圖刻劃出歷史的佛陀形象，並從佛陀形象的演變思考宗教哲學問題，亦可說受到此思潮的影響（此部分將於下節探討）。

　　如前述，姉崎與井上的比較東西方哲學、宗教的學風同調。因此我們既看不到《佛教聖典史論》對兩者方法論的比較與檢討，亦看不到佛教與基督教經典何以需要被重新審視的當時學術狀況（可能是對話也可能是獨白）。唯一能串連東西方經典批判的軸心，便是區分歷史與神話的理性主義立場。姉崎如此主張大乘非佛說論：「我認為佛教思想的非科學性以其大乘佛說論為代表」、[13]「然而，眾多的佛教徒又如何呢？他們不僅排斥他教，視其為外道邪教，甚至將佛教中的小乘視為異端，獨以大乘自居，並將其信仰放在『此大乘便是釋迦牟尼佛的說法』的史論上。依吾人之見，這只是一種愚痴又危險的信仰。（中略）釋迦若是大乘法宣說者，那麼孔子、基督，不，甚至是吾人、狗子亦都是應機適性的大乘宣說者。」[14]接著姉崎進一步指出佛教經典的歷史探究之最大障礙，便是佛教徒對經典神話的信仰以及佛教徒對以歷史眼光探討佛教經典的批評者之攻擊。關於此批評者，姉崎具體提出富永仲基，並主張自己便是繼承富永與鮑爾的經典批判精神。

　　村上專精在《大乘佛說論批判》第四章「現代日本的大乘佛說論」第二節中，指出富永與姉崎的繼承關係。必須注意的是，此繼承關係只是經典批判的理性精神，亦即加上說的思想史方法論，而不是富永的大乘非佛說論。一般研究者都認為富永是大乘非佛說論的始祖，此說

---

[13]《佛教聖典史論》，頁6。
[14] 同上，頁9，『』為筆者注。

法始於村上。[15]但我們若仔細閱讀水田紀久在《富永仲基 山片蟠桃》（東京：岩波書店，1973年）的解說文〈《出定後語》與富永仲基的思想史研究法〉便會了解，富永並不是要主張大乘非佛說論，而是要運用其加上說的思想史方法，層層剝開佛教思想史的源流與發展。也就是說，加上論是一種思想發達觀的闡釋。思想史的發達和後世之人的加上說，有密切關係。但這並不表示佛陀存在及其說法完全和其後的部派、大乘完全無關。思想史的闡釋在於如何解釋前後或影響關係（包含變質關係），而將佛陀的佛法與部派、大乘完全切割，使每個存在變成一種獨立物這種科學精神，只是其帶出的結果之一。富永的加上說目的在於透過加上說重新梳理關係史，藉此批判一般的佛教思想史解釋方法，此舉卻意外地內含近代的歷史實證精神，受到近代佛教學者的重視。[16]關於加上說形成的理由，水田如此說道：

> 仲基的關心，始終在於人這一思考主體的行為究竟和思想的形成有何種關聯。他說自古以來，人們總是試圖要超越前說來主張自說，為了表示在彼此之中自己較優越，假裝自說才是正統，最能正確地繼承始祖所說的。這個想超越前說的人類共有心理，變成了主張的動機，一方面指出前說的悖論、矛盾、不成熟，一方面誇示自說的合理、準確、優秀，在不斷地彼此批判論難、主張鼓吹之中，從先前的思想不斷地產生出其他派別，並形成體系。因此批判前說的舌鋒越是銳利、自說的出類拔萃及強調正統的強度越大，事實上就是其想壓倒他者，超出其上，以一種發展的形式被提出的後世之說。若注意其極具意圖的擬古表現程度，便能很

---

15 參見《大乘佛說論批判》，頁51-52。村上認為富永的《出後定語》是「大乘非佛說論的導火線」，正是受到姊崎的《佛教聖典史論》之影響。

16 事實上，受影響的不僅是佛教研究者，甚至連日本思想史家內藤湖南（1866-1934）及中國哲學家武內義雄亦受到很大影響。關於此部分，請參加本書第八章部分。

好地掌握到學派發展的圖像。[17]

　　水田解說富永這個加上說時，做了一個淺顯易懂的整理。A（外道）主張a（生天說），B（釋迦）為超越a而主張自說b（七佛），並認為b比a更優秀、正統、古老。C（迦葉派）主張c（阿含、有）、D（文殊派）主張d（般若、空）亦是如此。[18]因此若按水田的說法，可知無論是部派（小乘）經典（《阿含經》）還是大乘經典的形成，都是一種加上說的結果。不能否認的是，富永的加上說確實也影射了無論是部派佛教或大乘佛教都不可能是佛陀親口說的訊息。然而，水田卻直言《出後定語》的目的，並非是要提倡大乘非佛說論，而是要指出釋迦教法與後世大乘諸派體系在發展關係上的關聯，或者是要批判主張大乘經典皆是佛說的宗派，因為經典判釋都必須要有歷史反省。[19]上述討論和下一節筆者要討論曾景來何以要探討《阿含經》的佛陀觀有關。

　　事實上，村上專精雖批評富永的獨斷與偏漏，但卻十分評價他具有歷史考證的科學精神。筆者認為無論是富永還是姉崎，都對村上產生很大影響。因為村上一方面承認從歷史實證角度來說，大乘非佛說論是絕對站得住腳。然而，村上同時在教理信仰層面上，卻又承認大乘佛說論亦站得住腳。這也是末木文美士批評村上的近代佛教研究有時光倒錯之嫌的理由。

　　承繼這個矛盾心態，別具心裁地提出掙脫大乘非佛說論的歷史魔咒、激勵大乘佛教徒應積極活出佛陀精神的是當代日本佛教研究家大竹晉。其《超越大乘非佛說：大乘佛教為了什麼而存在？》（東京：國書刊行會，2018年）為大乘非佛說論整理了一個歷史脈絡。大竹晉指出在初期大乘經典《般若波羅蜜多》中出現的大乘非佛說論。這種非難大乘

---

[17] 《富永仲基　山片蟠桃》，頁670。

[18] 參見《富永仲基　山片蟠桃》，頁14-20、671。

[19] 參見《富永仲基　山片蟠桃》，頁667。

非佛說的言論會興起，是因為大乘佛教在中觀派與唯識派的組織發展下日益茁壯，開始受到部派的關注與批判。但這些紀錄在部派之間並不多，反而在中國的印度佛教記述當中能找到，比如印度僧侶真諦（499-569）的《部執異論疏》。這種大眾部的大乘非佛說論，引來日本近代僧侶前田慧雲（1855-1930）的注意。前田以此為據，主張大乘佛教大眾部起源說。大乘佛教的起源說研究過於龐大在此無法進行討論。總之，在大眾部流傳的《般若波羅蜜多》等大乘經典的歷史事實，證明了部派的大乘非佛說論之興起。此外，記錄玄奘（602-664）與主張大乘非佛說論的部派佛教僧侶之間論辯的《大唐大慈恩寺三藏法師傳》，亦出現大乘非佛說論。中國自漢代以來，大乘佛教廣為流傳，原本沒有大乘非佛說論流行的土壤，但在南北朝時代卻經由印度僧侶帶入中國。整體來說，大乘非佛說論雖在中國有過歷史足跡，卻因大乘佛教勢力過於龐大，而沒有伸展的空間。[20]

佛教在日本的流傳接在中國之後，興起的是大乘佛教，而非主張大乘非佛說論的部派佛教。日本近代大乘非佛說論的興起，以富永為開端，經姊崎、村上等人的議論，成為近代日本佛教研究中不可避開的探討課題。曾景來雖未直接言及此脈絡，但我們必須了解，要探討曾景來的宗教哲學萌芽之可能性，必不能忽視此課題。因為佛陀是歷史人物，其教法必須和《阿含經》及其後的大乘佛教經典中之佛陀觀及教法嚴格進行區分。這個區分的基準，曾景來聚焦在佛陀的成道，也就是自覺的過程。以下將針對此自覺所產生的宗教及宗教哲學意涵進行檢討。

四、曾景來的佛陀觀

綜觀上述曾景來接受的近代日本佛教研究脈絡後，我們可藉由探討

---

[20] 參見大竹晉《超越大乘非佛說》，頁35-52。

他在日治期唯一一本學術研究專書《阿含的佛陀觀》，來思考其宗教哲學萌芽的可能性。首先要進行一些確認。曾景來父親為虔誠佛教徒，他本人亦是虔誠佛教徒，但是一位具近代科學精神的歷史實證主義、理性主義佛教徒。其論著目的，除了戰時體制下的論著不談，大多致力於從理性主義立場來宣揚以佛陀成道（自覺）為中心的佛教理念。1933年繼李添春（1898-1988）之後，擔任總督府社會科囑託，協助處理宗教事務與調查期間，大多在撰寫形成《臺灣宗教與迷信陋習》（臺北：臺灣宗教研究會，1938年）的文章。若觀察其參考文獻中出現井上圓了（1858-1919）的《妖怪學講義》（哲學館出版，共8冊，1894年）[21]，便會理解曾景來的立場，除了來自總督府破除民間迷信的「宗教去魅」與啟蒙策略外，事實上是奠基在其學養之上。

　　井上圓了曾為真宗大谷派僧侶，不滿宗派做為而脫離僧籍，是推動啟蒙、開化日本民眾的明治初期哲學家。井上當時為了籌措建立哲學館（東洋大學前身）的經費，走遍日本各地進行演講。妖怪學便是他將哲學（理性主義）推廣到民間各地時所產生的學問。其論述大體先透過詳述民間的妖怪傳說及現象，爾後再用邏輯學（歸納與演繹法）或自然、社會科學（如化學、物理學、生物學、心理學、人類學等），來說明坊間所謂妖怪不過是違反邏輯、不符自然或社會科學法則上的現象。針對這些違背「某種規定或法則」亦即脫軌的現象，井上給予各種稱呼，例如迷信、幻象、妄念、假象，甚至是偽怪、假怪。井上試圖透過此種講述方式，破除一般民眾的迷信與妄想。[22]

　　曾景來在《臺灣宗教與迷信陋習》的「關於臺灣的怪談」中解釋物理的怪談時，如此說道：「在臺灣的怪談中很多是物理的怪談。這些透過物理、化學、動植物等諸科學很容易得到解釋，這些只是反映在五官

---

[21] 參見井上圓了《妖怪學講義錄（總論）》，蔡元培譯，香港：香港中和出版，2015年。

[22] 參見廖欽彬〈井上圓了與蔡元培的妖怪學：近代中日的啟蒙與反啟蒙〉，《中山大學學報》，2017年第2期，頁169-176。

的自然或自然現象的變化，但其變化和平常不同因而被視為異常，再經由各種因緣的結合而變成怪談」。[23] 此書的問世除了總督府的皇民化策略外，和曾景來的理性主義立場不可分割。

如前述，曾景來在《阿含的佛陀觀》開展之前附上佛陀傳，目的在於刻劃出作為歷史人物的佛陀形象。在展開佛陀傳之前，他明確自覺到《阿含經》的佛陀觀已經過許多潤飾、增加許多神話色彩，並表示要從《阿含經》中抽絲剝繭出歷史的佛陀形象，也就是將被神化的部分剔除，還原佛陀本人的形象。曾景來將佛陀傳分成六個階段（誕生、出家、修行、成道、說法、入滅）來論述。筆者認為最重要的是成道、說法、入滅的討論。對包含四諦、八正道、十二因緣的成道（自覺）之討論，是曾景來認為比較能接近歷史佛陀形象的途徑。[24]

至於何以要刻劃接近歷史的佛陀？曾景來基於幾個理由，比如對現世佛教與信徒的腐敗、墮落、迷信、守舊、形式主義、脫離釋尊本意等的不滿。特別是針對偏離佛陀本意，抱持宗派偏見，淪為一宗一派的御用學者之情況感到憂心重重。曾景來會舉出這些理由，除了是對現世情況的反應外，還必須注意的是，他接受近代日本佛教研究的理性主義思潮之影響。[25] 也就是說，曾景來試圖藉由提供一個理性主義立場下的

---

23 曾景來《臺灣宗教與迷信陋習》，頁26。

24 關於此部分，曾景來如此說道：「關於成道内容，在此簡略説明。一般都認爲是苦集滅道的四聖諦及十二因緣。其中，道諦爲涅槃狀態、佛陀終極的自内證。分觀此道諦的是八正道，八正道可説是佛陀的實踐倫理、實踐哲學，事實上亦是佛陀的宗教之所以爲宗教的緣由。」（《南瀛佛教》，第6卷第1號，1927年，頁32）

25 忽滑谷快天受姊崎影響出版富永與服部的著作，對大乘非佛説論表示認同，遭到宗派的非難。此外，曾景來曾將忽滑谷的《禪學批判論》（東京：鴻盟社，1905年）翻譯成中文（載於《中道》，第38-69號，1926-1929年）。從此書序論總結的幾個要點，亦能看到曹洞宗的近代理性主義思維。比如「宗教信仰非狂熱之物」、「宗教重現世而非來世」、「教祖精神萬世不易，經典解釋會因時變更，應棄教權、墨守主義」、「禪乃合理宗教、非狂熱宗教」、「禪並非不立文字、教外別傳」、

歷史佛陀形象，呼籲佛教及佛教徒放棄舊信仰或不正確的信仰、獲取真正信仰態度。這種真正信仰的道路，無疑是曾景來主張的「回歸釋尊」、「回歸佛陀」。這一主張其來有自。曾景來說明這個回歸運動和當時日本的佛教研究之兩大潮流有關。一是本尊論或佛陀論，一是原始佛教的研究。無論要處理哪個方向，都必須從《阿含經》的檢討開始。[26] 據此我們可大致理解曾景來撰寫《阿含的佛陀觀》的動機。

　　曾景來在《阿含的佛陀觀》中分成幾個主題進行佛陀觀的檢討。一、佛陀的自覺態度（即佛陀的成道）。二、佛陀的德相觀。三、神話的佛陀觀。四、本生的佛陀觀。五、法身的佛陀觀。其中，以第一和第五個主題最為重要，以下將依序檢討。這兩個主題之所以比較重要，是因為筆者想透過討論曾景來的佛陀自覺觀，來思考其宗教哲學萌芽的可能性，而不是因為其他透過去除《阿含經》中具神祕主義色彩的佛陀來還原歷史現實的佛陀形象之檢視工作不重要。比如參考宇井伯壽〈出現在阿含的佛陀觀〉的研究成果，曾景來認為作為佛陀德相的六神通中的漏盡通、如來說法中的四無所畏、三念住、大悲等都可被視為佛陀的自覺態度。至於《阿含經》（增阿含、中阿含）中佛陀對弟子們的愛或大悲，曾景來指出被爾後的大乘佛教（《法華經》）發展成大慈大悲概念，佛陀被視為萬靈的慈父，但《阿含經》中的佛陀大悲，尚未發展到大乘佛教所說的世界慈父。[27] 曾景來雖沒有展開大乘非佛說論，但這裡可看出他極為小心地區分原始佛教和阿含佛教、大乘佛教的佛陀形象。區分的準則就在於佛陀是歷史現實的人，不是神話中的神。曾景來的佛陀觀之討論，事實上承繼了近代日本佛教研究潮流，可說間接主張

「禪的開始在於釋尊的悟道。吾人修道結果是和釋尊進入同一悟道。釋尊是人類。」（參見忽滑谷快天《禪學批判論》，東京：鴻盟社，1905年，頁191-194）。

26 參見《南瀛佛教》，第6卷第3號，1928年，頁30-32。

27 參見《南瀛佛教》，第6卷第4號，1928年，頁31-37。第7卷第3號，1929年，頁15。

大乘非佛說論。

在開始檢討上述兩個主題前，先確認一下對曾景來而言宗教是什麼。他認為宗教奠基在信者與被信者、信者與本尊的關係事實。宗教的生命在於對本尊的信仰。在既成宗教裡，宗教的生命直接求於教祖的人格。佛教的宗教生命能永存，在於對佛陀的考察。此考察便是在表現作為佛教生命的信仰。對佛陀的考察顯然是考察任何宗教始祖的一種型態，但只有對佛陀的考察還不能成為具普遍、客觀的宗教研究。以這一思考立足點，將能支撐我們去考察佛陀的自覺（成道）。曾景來在討論佛陀自覺之前，花了一些篇幅說明佛陀以前的古印度信仰情況。

他舉出印度最古老宗教書吠陀所建構的多神世界觀，並說明在印度的原始信仰裡還有所謂靈魂崇拜、靈魂不滅的觀念，為得靈魂自由而要求肉體的苦行。曾景來認為這兩項到了佛陀都被加以修正。替代神的外部客觀存在（人以外的超越存在）的是「我即是神」、神的內部主觀存在（人以內的內部存在），也就是說無神論取代了有神論。替代肉體苦行的是精神的超脫，也就是說精神替代了物質。[28]這裡可間接看到上述說法類似富永仲基的加上說，因為佛陀以前的宗教不可能和以佛陀為開端的佛教完全切割。作為一種思想的歷史，必不會是分裂、破碎的孤立史，必須有一個關聯性。因此佛陀的自覺，亦被曾景來描述為一種具有歷史關係性的宗教體驗。如後所述，這種具歷史關係性的自覺，會和佛陀入滅後的弟子們或其教團信者的體驗有某種關聯。我們將會看到，作為一種宗教體驗的自覺，具有一個歷史維度（教行信證）。

接著，讓我們來看曾景來筆下的佛陀自覺。曾景來認為佛陀的人格來自其自我修養及救渡眾生。其自覺行以自覺、覺他為圓滿。佛陀的成道即是佛陀的自覺。其教法來自其自覺態度。此態度是佛教成立的根本，屬佛陀個人的主觀態度，非吾人所能理解、考察。然而，現今只能

---

[28] 參見《南瀛佛教》，第6卷第2號，1928年，頁35-39。

以客觀立場，透過考察資料來推斷佛陀的自覺態度。[29]這裡道出的訊息是，現今吾人考察包含佛教的任何既成宗教的始祖，都只能透過後人的記錄或經典才能成立。佛陀的主觀自覺要如何掌握，則變成一個難題。就像未見過佛陀的佛教徒如何談論佛陀、如何實踐佛陀的自覺精神一樣，只能透過前人及相關論著（經典），才能得以間接體察到佛陀的自覺真理。由此能窺見佛陀自覺和後世佛教徒之間的歷史關聯，亦即佛陀主觀自覺與信者客觀考察的對立與統合關係。曾景來站在理性主義立場，雖標榜客觀的佛陀自覺研究，卻又不得不陷入佛陀教法的主觀信仰層面。這恰好可對應到的是普寂、村上專精的主觀宗教信仰與客觀學術研究。當然，佛陀自覺的考察，若是由非信徒的研究者來進行，可能不存在矛盾統合的關係，只有彼此互不相干的二物。這裡顯露出曾景來對宗教及宗教研究的態度。

關於佛陀自覺的歷史維度，曾景來認為可從佛陀對弟子們的教訓及慈愛（平等）當中找到。佛陀重精神，輕物質，主張自我精進努力的解脫。佛陀的宗教是一種自覺的宗教。宗教的本體是人不是神。人若能自覺便是最殊勝者。佛陀否定外界的神，同時在自己內心見證神，自覺自己就是神，即身是佛。體得涅槃之道的佛陀是人，但不是單純的人，是以覺者如來自居的人。這些佛陀形象都是歷史事實的佛陀。[30]筆者認為這裡的佛陀自覺態度，意味著「佛陀自己觀看自己」之意。用哲學話語來說，便是能進行自我觀照、省察、批判的絕對批判者。但這只是佛陀的自覺面相，須待覺他面相，方能圓滿。也就是說，自覺態度因歷史維度，以一種「不斷地自己觀看自己」與「不斷地讓他者觀看他自己」相即的姿態出現。所謂佛、法、僧（三寶）得以成立的歷史事實，便是奠基在這個佛陀的自覺、覺他行。這一點會關聯到曾景來如何談論佛陀的生前與死後現象的問題。

29　參見《南瀛佛教》，第6卷第3號，1928年，頁24-25。
30　參見《南瀛佛教》，第6卷第3號，1928年，頁25-30。

　　關於法身的佛陀觀，在此先整理一下曾景來對佛陀入滅、死後現象的描述。佛陀的色身，是弟子們唯一的歸依對象，佛陀死後，便失去他們的歸依對象。遭遇佛陀的死之後，弟子們開始追想、思慕佛陀，並將其人格昇華。此時的佛陀形象來到一個轉折點。即佛陀不再是單純的人，作為人的佛陀開始被神格化，變成了永恆不滅者。《阿含經》中的佛陀觀，很多屬於這一類。弔詭的是，原本否定神、奇蹟、神通等的佛陀，因其入滅開始被神化、理想化、概念化。《阿含經》中的佛說很多不是佛說，而是佛教徒孫將其思聞的東西假借佛說製造出來的。[31] 這裡出現近似「阿含非佛說」的論調，但曾景來仍相信在《阿含經》中能出絲剝繭出歷史的佛陀形象。

　　佛陀入滅後產生了色身佛（現身佛）與法身佛處於何種關係的問題。佛陀生前的教法當然與佛陀本人無法分離，但佛陀死後則產生了色身佛與其教法分離的現象。此現象的產生，正是因為被遺留下來的弟子們（甚至未見過佛陀的信徒）忘卻歷史現實的、生前的佛陀，只以佛陀的教法為依歸，法身佛便由此誕生。曾景來自身並沒有採取這個姊崎正治在《現身佛與法身佛》中所命名的稱謂[32]，而採用保坂玉泉所命名的稱謂「教法法身」。這個「教法法身」具體指的是佛陀成道時的自覺態度，而非後代佛教所說的法身。[33] 關於法與佛陀，曾景來援引姊崎的論述，如下展開自身的見解。

> 　　本來法與佛陀是完全的二物，從佛陀來說，法是主觀來看的客
> 觀。然而，法因佛陀的體驗認識，亦即自覺，從客觀被主觀

---

[31] 參見《南瀛佛教》，第6卷第3號，1928年，頁32。

[32] 關於法身，姊崎如此說明：「法身觀念，總之就是以教法替代佛陀人格的信仰依歸，因其必然性而成為普遍形而上的根據，將深遠意味下的法，即真理的本體視為佛陀的形而上實體。也就是說，此法是佛陀成道的根據，是佛陀體現它並將它宣示給我們，以同一個道使我們能體得的真理智慧。諸佛成道的大本亦在此法（《現身佛與法身佛》，頁231）。

[33] 參見《南瀛佛教》，第7卷第2號，1929年，頁26。

> 化，隨主觀的擴大，佛陀成為法的體驗者，最終雖達到法與佛陀
> 的一致，然而相對於法本來就是永恆不變的理，佛陀只是擁有
> 色身的現實存在者，他只是受無常的理所支配、極具變化的存
> 在，因此說實在的，法必須是位於佛陀上位的存在。因為佛陀的
> 佛法乃有待佛陀方能成立，雖說它能成為動態性的存在，但若
> 是其普遍的法，則不拘佛陀的出世或不出世，它儼然是不滅恆
> 存者。[34]

　　這裡必須先釐清，法（永恆不變的理）與佛陀（無常的實存者）
的分離說與一致說。讓「客觀法的主觀化」、「對立的一致」成為可能
的是佛陀的體驗認識，也就是佛陀成道的自覺。佛陀的自覺讓永恆不
滅、不變者與無常毀滅、恆變者得以以一種悖論的方式被統一。但作為
現實存在的佛陀與永恆不滅的法，始終只是完全不相關的二物。曾景來
主張法與佛陀的「二而一、一而二」的弔詭關係，主要是要批判阿含佛
教傾向法佛一致論，而淡化法佛分離論。這個傾向可歸結於佛陀被神
化、理想化、永恆化的緣故。我們可以從曾景來的佛、法的分離說與
一致說，找到一些可以進行思考的資源。此二說分別有一個分判的基
準，那便是造成分離說的「超越與實存」以及造成一致的「佛陀的成
道自覺」。在此不得不承認佛陀的自覺有超越的要素，但絕不是所謂荒
誕或神祕不可思議。曾景來用「人以上的」、「自己觀照自己的」佛陀
來表現自覺概念，正是這個意思。

　　此外，曾景來注意到《阿含經》中的五分法身（戒身、定身、慧
身、解脫身、解脫智見身），認為對教法法身的這五種分法，只是讓人
方便理解佛陀達到涅槃（成道、自覺）的過程。這五種法身事實上並非
獨立的存在，必不能離開歷史現實的佛陀。色身與教法，一個是有限
的，一個是無限的，在存續性上來說有很大差別，透過有限的色身而要

---

[34] 參見《南瀛佛教》，第7卷第2號，1929年，頁26-27。

求永恆不滅的法身思想，正是後世佛陀觀發展的結果。五分法身雖然來自法的觀念，因此不具人格性，但若從佛陀的自覺，也就是精神內容的德相來看，這五分法身必不能是單純的形而上存在。[35]顯然，曾景來討論五分法身亦強調不能切割歷史現實的佛陀。

對曾景來而言，超越的真理（法）一方面雖是哲學思維上的形而上學存在，另一方面卻又是作為實存者佛陀的體證存在。這種超越真理並沒有停留在佛陀的自覺體驗，還須等待弟子們或其後佛教徒的體驗，方能圓滿。此即佛教作為宗教得以成立的必要條件。這個作為宗教的佛教能成立，可說是建立在曾景來刻劃出的具歷史維度之「佛陀自覺論」，用宗教哲學語言來說，便是所謂「教、行、信、證」的自覺哲學。[36]曾景來研究佛陀及其後的佛教發展，正是在回應其自身一開始的宗教研究設定。宗教的研究最重要的是對被信仰者與信仰者之間關係的討論，要討論這個關係，必須先究明被信仰者的原始圖像。此即為曾景來探究佛陀觀的緣由。但筆者認為曾景來的佛陀觀涵蓋歷史維度，因此和佛陀之前的宗教信仰背景必不能完全切割。在此觀點的影響下，曾景來不得不提出法、佛的分離說與一致說。這裡我們可以看到曾景來在日治時代的臺灣談論佛陀觀，亦是在追求一個能對治臺灣宗教現狀的原始佛教圖像。[37]其佛教研究有別於當時日本佛教研究狀況，並沒有像末木

---

[35] 參見《南瀛佛教》，第7卷第2號，1929年，頁27-29。

[36] 此處所言「教、行、信、證」的理論，可說是從佛陀的自覺到覺他的過程以及其後「自覺覺他」的歷史性開展中發展出來的。具體比如可在田邊元的《作為懺悔道的哲學》（1946）一書中看到。廖欽彬《宗教哲學的救濟論：後期田邊哲學的研究》（臺北：臺灣大學出版中心，2018年）有詳細的討論。

[37] 比如，他在爾後的臺中佛教會之講稿〈佛陀的成道怎麼樣？〉中如此主張道：「我們要知道佛陀的自覺，就是佛陀的成道呀！說到這裡，我們既而知道佛陀的成道，不單是佛陀傳中最重要的事實，還是佛教全般的根本事實呀！而且這個不論凡愚和聖賢，全佛教徒之所應該尊重的，拿著這個來做我們的理想，面向著這個，可不努力精進嗎？」（《南瀛佛教》，第8卷第3號，1930年，頁15-16）。

所指出的那樣，具有宣揚日本佛教或宗派學的使命。我們不得不說，這是異文化的臺灣歷史風土所造就出來的佛教研究光景。曾景來的佛陀及佛教研究成果，貫穿著其宗教與道德的論述。

五、宗教與道德論

曾景來於一篇短文〈對宗教之管見〉（1927）的結論處，如此說明何謂宗教。「自覺之人，必有覺他之行為動作，何謂覺他，簡單而言，獻身說法是也。獻身說法者，就是自覺之人。既自覺而又覺他，謂之覺行圓滿。是為佛教最大之目的，最高之理想也。能達此地，方為真正之宗教也。」[38] 他認為宗教必須以佛陀的自覺、覺他行為基礎。這種佛陀的自我覺察與解脫，必會引導佛教徒和他一同進行自我覺察與解脫。這是關於信仰者與被信仰者之間實踐行為的標準。我們可以說是一種宗教實存者的實踐準則。然而，相對於這個佛教徒與佛陀的宗教實踐，一般人之間的社會實踐問題又如何呢？在討論曾景來的宗教與道德論之前，先讓我們來了解一下曾景來對善惡之根源的理解。

他早在〈善惡根源之研究〉（《南瀛佛教會會報》，第4卷第5-6號，1926年。《南瀛佛教》，第5卷3-4號，1927年）中，便對善惡說有一些考察。他先介紹基督教之原罪的性惡說，接著介紹孟子的性善說、荀子的性惡說以及王陽明的無善無惡說。針對前三者，他如此批評道：「基督教之性論，不過神話的、巧利的、虛妄的而無可依取者。乃至孟荀二子一善一惡，雖是說得微妙，亦各執其一端，未為真實也。可見人之所生，本非性惡，亦非性善，所以善惡根源之問題，荀卿孟子猶未能解決也。」[39] 曾景來唯獨稱讚陽明的至善說。他說：「陽明先生之所謂至善者。謂性之本體原是無善無惡的。一元的絕對的。非是善惡二

---

[38] 《中道》，第47號，1927年，頁10。
[39] 《南瀛佛教》，第5卷3號，1927年，頁35。

元相對的。蓋王子之哲學。可謂絕對的觀念論。或謂心的一元論。即以唯一單獨之原理。」[40] 曾景來認同陽明的無善無惡說的一元論，並如此說道：「吾人之心本來唯一。非有二也。雖曰智情意有三。結局一心之所分也。雖名之善與惡。亦不外一物之兩面耳。」[41] 受禪影響的陽明心學和曾景來認知的佛教可說沒有不同。他說：「吾人之研究。及至於茲。遂而發見王子之學說。殊有相類於佛教之唯心的一元論。如『心外無別法』、『凡聖不二』、『即心是佛』、『心佛與眾生是三無差別』等諸大乘教說者。」[42]

這裡我們可以看到，曾景來運用的是大乘佛教的概念，而不是其《阿含的佛陀觀》中所說的歷史佛陀之自覺哲學。也就是說，這裡的佛教指的是大乘佛教，而不是以佛陀成道、自覺為中心的原始佛教。但他在文章的結論處，如此呼籲眾人應回歸佛陀以及佛陀與人之間發生的實踐事實。「然則吾人。若能悟達自己本來之面目。歸依佛陀。營作佛恩報謝之生活。且以佛陀之慈悲。與諸世人。互相愛助。能得安心立命。則無何罪惡出生。乃知佛教唯有主說正善。而不認邪惡。如我佛世尊。凡呼世人。則以善男子善女人。不單如是。我佛常曰一切眾生皆是吾子。有情無情。同時成佛。可見佛陀之慈悲廣闊無量。」[43] 如此人們才能在善惡、正邪等相對價值的社會生活中找到永恆的行動價值。這個宗教與道德的實踐問題，雖未在《阿含的佛陀觀》展開，但在曾景來的〈從道德到宗教〉（1928）有了進一步的發展。

曾景來在〈從道德到宗教〉的一開始，便對宗教和道德進行如下定義。道德是人與人之間發生的實踐事實之總稱。宗教是人與神佛之間發生的實踐事實。宗教與道德皆是實踐的事實。道德的根本問題是人格的完成，宗教亦然。道德的特徵在區分正邪善惡，去邪惡，追求

---

[40] 《南瀛佛教》，第5卷3號，1927年，頁36。
[41] 同上，頁37。
[42] 同上，頁37-38。
[43] 《南瀛佛教》，第5卷4號，1927年，頁41。

正善。宗教的特徵在相信自己以上的東西（神、佛），謀求各自的安心。世間、道德的生活與出世間、宗教的生活，對人來說，都是不可或缺的。在前者，人與社會不可分，社會是人們的協同生活體，人格、有機的混一體。在後者，則是萬物一體。[44]

關於宗教與道德的差異，曾景來做出如下區分。若自覺到自己和萬物是一體時，自然不會只有謀求自己的幸福，同時必會謀求世界的幸福。如此人義或人道，甚至是國民、社會、國際的道德自然會跟著產生。這裡顯然宗教的實踐事實高於道德的實踐事實。產生於相對價值的道德觀，若失去相對價值判斷時，則不再是必要的。但宗教的實踐事實則不同，它以永恆不變、絕對的價值為依歸，因此不受相對價值的支配。當道德上的理想不再只停留在相對價值、此世或此生時，顯然已成為宗教上的理想。此即曾景來將宗教實踐看得比道德實踐更高位的理由。[45]

曾景來認為宗教與道德的關係無法切割。道德不必是宗教，宗教必含道德。佛教雖不是以道德為目的，但有許多關於道德的觀念，如四恩、六度、八正道。其中最重要是對父母、國王、眾生、三寶的感謝報恩，因為此四恩孕育出家庭道德、國民道德、社會道德、宗教道德。宗教道德是這些道德的根柢。[46]這裡的論調仍和前述內容一樣，宗教始終是所有道德的根基與終點。曾景來舉出孔子的從心所欲不逾矩與康德的道德律無用論，來說明這個道理。因為這兩者所說的無道德或超越道德的世界，正是宗教的世界。因此，兩者與其說是道德界的人，倒不如說是宗教界的人。[47]

他最後如此結論道：「道德讓人成為人。宗教與其說讓人成為人，應該說進一步讓人成為人以上的存在。即使是多高尚的道德，並沒

---

[44] 參見《中道》，第58號，1928年，頁12-13。這裡的萬物一體論可知來自陽明的影響。

[45] 參見同上，頁14。

[46] 參見《中道》，第59號，1928年，頁16-17。

[47] 參見《中道》，第60號，1928年，頁14。

有想讓人成為人以上的存在——神、佛。道德最終目標是成為高尚的人、完美的人格者。宗教則不能只滿足作為一個人。」[48]顯然，道德的人無法滿足曾景來的期望，能滿足該期望的是超越道德的宗教人。但這裡不能說曾景來主張人應變成一種具神祕色彩的超越者，也就是他在《阿含的佛陀觀》中所欲批判的超越存在。應該說曾景來希望透過談論宗教與道德的關係，來告訴眾人應該回歸佛陀，也就是要和佛陀一樣，能得以自覺、開悟、解脫。筆者認為曾景來的宗教與道德論，可說是以其自身的佛陀觀為基礎來展開，目的是要開啟一個以宗教（佛教）為基礎的倫理實踐道路。至於如何成為人以上的人，當然曾景來並未提供我們一些具體的方法或實例，因此也無法得知他是否也期望眾人能仿效佛陀「自覺、覺他」的精神，隨同佛陀一起救渡眾生，令眾生看破無常、體悟無我的真理。但若從他推動臺灣佛教近代化運動的軌跡來看，或許能間接看到曾景來回歸佛陀，並與之同行的身影。

六、結　論

或許會有人提出質疑，曾景來只是日本帝國主義下的產物、是為其殖民及侵略行為服務的傀儡。但筆者認為不必以這種「單向的歷史主義」[49]來評判一位時代人物，因為在這種歷史風潮下，我們仍然能從其戰前的論著當中，找到一些提供吾人思考臺灣宗教哲學形成的契機。相較於單向的批評，筆者認為抓住這個歷史時刻與關鍵，為吾人建構一個以東亞地區思想對話，甚至東西方思想對話的哲學資源要來得有建設

48　同上，頁15。

49　此處所言「單向」指的是從後人立場批評曾景來「有政治傀儡之嫌」、「他推動宗教現代化只是為政治服務」。固然從一種主體性思維來批判其功過是一種研究立場（如是中國人還是日本人等）。但本文出發點與這種立場不同，試圖從部分切割歷史或政治層面的立場，來挖掘曾景來的宗教哲學面貌，使其宗教言論能昇華成具有普遍學理的樣貌。

性。筆者必須承認，在探尋的過程中，難免會因一些整理、割捨，而遮蔽更多討論曾景來佛教思想的可能性。比如，曾景來於《阿含的佛陀觀》之後刊載的類似推動佛教的一般性文章中，經常出現大乘佛教的概念及用語。這些都會為本章試圖建構的曾景來宗教哲學帶來一些質疑。但也唯有這樣做，才能激發出更多對批判本文的研究出現，比如曾景來的大乘佛教觀和其佛陀自覺哲學之比較、其戰後佛教言論的探討等。以下筆者想針對曾景來的佛陀自覺論或佛陀自覺哲學以及其宗教與道德論，進行一些可能成為宗教哲學問題的論述。

曾景來的佛陀自覺論，雖受近代日本佛教研究思潮，特別是大乘非佛說論的影響，但因其臺灣歷史風土關係，並不像日本佛教那樣，背負著護教或宣揚宗派學的歷史包袱。其佛教研究論述，當然無法像東京大學學院派的東西比較宗教學或印度佛教學那樣，具有那麼寬廣的視野，但我們仍舊可以評價他在接受近代學術訓練下所進行的基礎學術工作。該學術工作並沒停留在學院的象牙塔裡，而是配合總督府政策，轉向當時的臺灣社會。這可說為當時的宗教界推動了一些近代啟蒙的工作。

從普遍的宗教哲學與特殊的宗教哲學的區分方式來看，曾景來的佛陀自覺論雖屬於後者，但我們若將它昇華為「教、行、信、證」的自覺哲學時，會發現它又有接近前者的空間。因為任何宗教都必須有其教祖（被信仰者）、教法、弟子（信仰者、追隨者）以及被信仰者與信仰者之間的宗教實踐事實。這樣的宗教研究視野，當然還不完全具有哲學的意涵。然而，我們若從其法、佛的分離說與一致說，甚至是具有歷史維度的佛陀自覺論來思考，便會發現曾景來並沒有停留在教祖形象的平鋪直述。他以成道、自覺的歷史維度為基礎，思考法與佛陀的關係，亦即「對立的一致」、「二而一、一而二」的弔詭關係。曾景來若將法與佛視為一致而非二物時，便會產生佛滅法亦滅的情況。如此一來，佛陀的自覺、覺他之歷史維度便會消失，也就是說，後代的人既無法感受到佛陀的大悲心，亦無法和佛陀一樣達到無我、解脫境地。相反地，若將法與佛視為二物，只關注永恆不滅的佛法而忘卻無常寂滅的佛陀，將會帶

來「眾說皆是佛說」的荒誕現象以及「我即是佛」的幻想。這裡依舊能看出曾景來的佛陀自覺論，保留了超越與實存、主觀信仰與客觀研究的張力關係。我們可以說保留這種張力的宗教研究，具有一種普遍宗教哲學的要素，因為它是一種開放的立場，是一種論題的提出方式，而不是一個具統合暴力的論述。

這個具開放性論題的佛陀自覺論，反映在其宗教與道德論上。對曾景來來說，宗教與道德都是一種社會實踐，只是性質稍有不同。他在〈從道德到宗教〉中提出自他律區分在法律、道德及宗教上的差異，認為法律只看行為，道德看的是行為和觀念，宗教重視的是行為、觀念與情感。[50]道德和宗教的實踐差異就在情感。這個情感究竟指的是什麼？若從其文章來推斷，應該指的是萬物一體的情感，是一種無區別、超越的情感，或許也可解釋為無區別的悲憫之情。這和佛陀成道後對一切有情的態度並不相異。那麼，道德難道沒有像宗教般的情感嗎？若有的話，在曾景來的話語下，顯然已經不是道德情感而是宗教情感。因為道德總是奠基在相對價值上的，而不是奠基在超越價值上的。或許有人會指稱道德情感亦具超越價值，不侷限在相對層面。當然如此主張的哲學、思想比比皆是，但筆者在此只是順著曾景來的宗教與道德論來談，而不是無所不談。

透過以上對曾景來論著的探討，筆者試圖提供一個萌芽於臺灣日治時期的宗教哲學圖像，期望以這種拋磚引玉的方式，喚起眾人對此研究課題的興趣，同時也希望透過深化此課題來帶動東亞佛教現代化、東亞宗教哲學的跨文化研究。

---

[50] 參見同上，頁14。

第八章
東亞近現代語境下的《論語》詮釋：武內義雄、和辻哲郎、白川靜、張深切

一、前　言

　　在日本的近代化過程中，漢學扮演何種角色，歷經何種蛻變，一直是當代日本哲學思想界致力闡明的一個顯題。此研究課題不僅牽涉到日本如何辨別自我與他者這一自我認知系統的轉變，亦和它如何思索和東亞漢學圈之間關係的未來課題有緊密的關聯。若按傳統的單向思維來看，被貼上文明落後標籤的漢學，隨著西方勢力（政治、經濟、軍事、科技等）入侵，不得不被迫面臨轉型的危機。臺灣進入日本殖民統治，隨其近代化腳步以被動的姿態全面與西歐的近代化接軌。臺灣的漢學也從以中國知識系統為主的局面，轉向面對世界的格局。中國處於內憂外患，面臨西歐及日本侵略的情況下，亦無法抵擋外部的近代化浪潮。

　　臺灣、中國與日本的傳統學問，在急速西學東漸的壓境下，紛紛走向「救亡圖存」、「迎接新局」的道路。屬於漢學體系之一的儒學，在臺灣、中國與日本的近代化命運，顯然有很大的不同。朱子學在江戶幕府時代，雖成為官學，但在武人（執政者）的世界裡，卻無法取得舉足輕重的地位。民間儒學家（如中江藤樹1608-1648、山崎闇齋1618-1682、熊澤蕃山1619-1691、山鹿素行1622-1685、伊藤仁齋1627-1705、伊藤東涯1670-1736、石田梅岩1685-1744等）的出現，顯示出包含朱子學與陽明學在內的儒家思想或廣泛的漢學在江戶時代的百家爭鳴狀況。儒家思想與臺灣、中國的中華民族意識或自我認同息息相關，與日

本人的自我認同卻無法劃上等號。有趣的是：儒家思想卻在日本人如何辨別自我與他者這一自我認知系統的建構上，起了莫大的作用。

　　如溝口雄三的「作為方法的中國」一樣，「作為方法的《論語》研究」無論在伊藤仁齋的古義學，還是在荻生徂徠（1666-1728）的古文辭學，都能見其蹤影。不僅如此，就連處在進入現代化國家體制的明治日本，「作為方法的《論語》研究」亦不曾因文明落後的標籤，而有所動搖。本章在此將探討武內義雄、和辻哲郎、白川靜這三位近現代日本哲學思想家的《論語》研究，以及臺灣日治時期的文藝與政治運動家張深切的《孔子哲學評論》（1947年觀點成形、1954年出版），藉以思考東亞近現代語境下的《論語》詮釋面貌與意義。

二、原典批判下的《論語》：武內義雄

　　近年，中國關於武內義雄的《論語之研究》（東京：岩波書店，1939年）之探討首推劉萍的〈武內義雄與《論語之研究》〉[1]，此文是其《津田左右吉研究》（北京：中華書局，2004年）的延伸與發展。劉萍在此已將武內的個人簡介以及《論語之研究》進行了縝密的分析與探討，結論出《論語》並非傳統學問的經典，而是作為武內揭示日本精神史的思想史材料來被閱讀的。換言之，《論語》的研究只是近代日本人顯露自我精神的一種方法或手段而已。此一精闢的見解，不僅道出漢學發展在日本的境遇，亦指出中國漢學所應接受的異域漢學之挑戰。

　　武內的《論語之研究》始於〈《論語》原始〉[2]，經十年的深思熟

---

[1]　劉萍《《論語》與近代日本》，北京：中國青年出版社，2015年，頁53-73。

[2]　支那學社編《支那學》，京都：弘文堂，1929年，頁19-63。武內在此已對孔子的「親口說」進行分析，並以思想史的方法來檢視孔子思想的原型。本書第七章所探討的「原始的…」之研究，顯然和日本的漢學研究領域有相同的關心點。

慮後問世。武內研究古典的方法，如他自身所言，既不是以語言學解釋
字句、掌握其意的訓詁學，也不是以讀者自身思想為基礎，在無任何矛
盾的情況下，來說明古典的宋明理學家之態度，而是考察書物變遷、探
究其源流，並闡明「原始」意義的批判態度。[3]武內稱此方法為原典批
判。武內的治學方法分別受到狩野直喜（1868-1947）的漢唐訓詁學與
清朝考據學、內藤湖南的文化歷史觀或思想史觀的直接影響，因此在中
日的文獻考據學（訓詁學、目錄校堪學、原典批判）以及以其文獻考據
學為基礎的中國思想史學上，具有舉足輕重的地位。[4]

　　上述武內的研究方法，顯示出文獻考據學與中國思想史學，亦
即哲學與思想史（歷史）之間的張力關係。筆者認為此一立足於哲學
與思想史（歷史）之間的中國學研究方式，啟發了和辻哲郎處理「倫
理」、「倫理思想」、「倫理學」這三個概念的思考。和辻將此三者區
分如下。「倫理」是個人同時也是社會中之人的存在原理。「倫理思
想」則是人類存在的原理（「倫理」），在其實現的過程中（亦即以特
定的社會結構為媒介的表現）被人以理性的自覺所規定的特殊行為模
式。「倫理學」，即是對倫理思想產生懷疑，並經過不斷的理性根據之
追究，所產生的普遍性學問。簡言之，和辻想建構的倫理學便是「倫
理」、「倫理思想」、「倫理學」這三個概念的綜合體。[5]

3　參見武內義雄的《論語之研究》，頁254。
4　參見劉萍《《論語》與近代日本》，頁64-70、吳鵬〈武內義雄的中國思
　想史學〉（《文化環境研究》，第3號，2009年，頁30-39）。劉萍參考
　《中國思想史》（東京：岩波書店，1936年）、《論語之研究》、《儒
　教的精神》（岩波書店，1939年），認為武內的治學方法將傳統中國哲
　學的研究方式轉向思想史的研究方式，有其獨特性與貢獻，吳鵬則以其
　晚年的《支那學研究法》（東京：岩波書店，1949年。收錄於《武內義
　雄全集》，第9卷，東京：角川書店，1979年）為準，說明武內援用文獻
　考據學與中國思想史學，來打造自身的中國學。
5　參見《和辻哲郎全集》，第12卷，東京：岩波書店，1977年，頁7-11，
　以下引用該全集以（W卷數・頁數）來標示。另見廖欽彬〈近代日本哲
　學中的江戶儒學倫理觀：以和辻哲郎的日本倫理思想史為例〉，蔡振豐

　　武內的《論語之研究》，除了可見其文獻考據學的本領外，亦可見其思想史學的立場。[6]其《中國思想史》與《儒教的精神》，皆以孔子的思想為中國哲學的開端，恰好可作為探討《論語之研究》的參考文獻。《中國思想史》與《儒教的精神》的出版時間相差三年，後者的出版又只和《論語之研究》相差一個月，因此可視為同時期的思想產物。《中國思想史》與《儒教的精神》在解釋孔子之前的思想史變遷時，皆以一種文明進步史觀的方式來敘述。例如：相對於殷代祭政一致的政治體制，周代則逐漸擺脫帶有迷信的祭祀習俗。武內藉由解釋《周書》康誥篇「嗚呼！小子封，恫瘝乃身，敬哉！天畏棐忱；民情大可見，小人難保。往盡乃心，無康好逸豫，乃其義民。」的這一段話，來解釋天命雖潛藏在人心之中，人卻可透過內省自身、無自欺的方式，來直覺到天命。武內認為殷代人以龜卜窺知天命或預示行動方針或準則的迷信方式，尚屬人智未開的階段，到了周代，人們已經無法滿足此種充滿宗教儀式的世界觀，開始以合理的方式來說明世界。

　　關於這種文明進步史觀或理性主義觀點下的思想史解釋，正如加地伸行（1936-）在白川靜《孔子傳》（東京：中央公論社，1972年）的「解說」所指出，屬於明治時代學術界的主流思維。他如此說道：「明治時代開始開辦的大學裡，要談起中國哲學史都會模仿先走一步的西歐的那一套說法，以西歐哲學史作為一般哲學史的標準，並以此來

　　等編《日本倫理觀與傳統儒學》，臺北：臺灣大學出版中心，2017年，頁181-204。

6　武內的《論語之研究》雖參考了何晏的《論語集解》（訓詁學立場）及朱熹的《論語集注》（義理學立場），卻不滿足於此二人的方法，另援用伊藤仁齋的《論語古義》與山井崑崙的《七經孟子考文》以及王充的《論衡》王說篇與崔述的《洙泗考信錄》（見《論語之研究》，頁201-216）對《論語》的結構進行分判。關於武內的文獻考據學立場，劉萍已指出它仍不出「中國傳統經學體制內的自我補充與調適」（《《論語》與近代日本》，頁72）。本文不再探討此部分，將焦點放在武內的《論語》古層說及其思想史立場之間的關聯。

建構所謂近代化的中國哲學史系統，或者可以說就是盲目地追隨。況
且，看似充滿希望和活力的花樣一般的現代，都是以標榜人類的進步和
合理思維的自然科學為中心的。為此，所謂淫祠邪教之類都被稱作為落
後和迷信而遭到故意地抹殺。……因為這樣，所以，都在努力讓儒教定
位在一個合理的位置上。東京大學自明治時期建校到昭和二十年代的將
近八十年裡，經過不懈努力得出結論：儒教就是倫理道德，是與死亡無
關的一種理性思考。這一觀念幾乎成了定論，可以說，這是建立在以
大學的權威為背景的基礎上的。」[7]加地的見解，指出白川靜和武內義
雄、和辻哲郎這兩位明治期哲學思想家在解釋孔子思想上的差異。

　　武內對《論語》結構的重新判釋，借重許多前人的研究成果（多
達四、五百種《論語》文獻）與治學方法，不僅發揮了其文獻考據學的
本領，甚至借重內藤湖南的史學方法與富永仲基的「加上說」，[8]來判
別《論語》整體的形成結構。不同於木村英一（1906-1981）對武內與
津田左右吉（1873-1961）的批判[9]，筆者認為最關鍵的是：如何看待武

7　白川靜《孔子傳》，吳守剛譯，北京：人民出版社，2014年，頁255。本
　文以下的《孔子傳》引用皆依據此書。
8　關於富永處理佛教經典的學問方法「加上說」，武內於《支那學研究
　法》中有所檢討。「所謂加上法，則是指一切思想學說皆是在之前的思
　想之上加上一些東西而發展出來的。……也就是說，思想或學說是自然
　發展的，若沒有發展，思想學說的主張就不會發生。若有主張，必定是
　從前說汲取特異點，並反駁其劣處。」他在說明「加上說」之前，也
　述說了自己只遵守清朝考據學這一學問方法上的瓶頸，在受內藤湖南演
　講「大阪町人學者富永仲基」的啟發，開始探討富永的「加上說」及其
　中國思想的研究（參見《武內義雄全集》，第9卷，頁46-55）。
9　木村在《孔子與論語》（東京：創文社，1971年）第二篇「論語的成
　立」第一章「關於論語成立的序說」中，分別對武內以「文獻的原形
　究明」（意味著《論語》的解構）為目標與津田以「論語的語言究竟傳
　達了多少孔子語言的真實性」為目標的《論語》研究立場進行批判。他
　認為前者缺乏更精密的文獻考證，對原典的解讀，因其思想性而造成肆
　意的詮釋，後者解體《論語》的每個文字，不重視《論語》成形的整體
　性、一貫性、統一性及其成立的自律性，同時也忽視了語錄在傳承上出
　現的自然變化。這些都是批判《論語》不可忽視的點（參見《孔子與論
　語》，頁163-195）。

內立足在何種基礎來判定《論語》最古層的部分，也就是最原始的孔子語錄。

　　如前所述，武內在《中國思想史》與《儒教的精神》的開頭處，便先鋪陳商、周時代的世界觀之演變（從迷信、非合理的轉向自我反省、理智的態度），目的在於為孔子的思想進行一種歷史式的詮釋。這種為思想演變的歷史進行合理性詮釋的基礎，全然來自武內義雄這位具西方合理性思維的明治人之抉擇。此一抉擇透過檢視和辻哲郎與白川靜的《論語》或孔子思想詮釋之後，便可一目了然。演繹一下加地伸行的說法，其中最大的不同，來自於《論語》或孔子思想是否能和中國古代宗教信仰（某種神祕主義思想）進行完整的切割？也就是說，是否要以西方理性主義的思維來解釋《論語》或孔子思想？站在必須跟隨西方腳步來解釋《論語》結構或孔子思想的無疑是武內與和辻[10]。相對於此，白川靜則主張殷商以來的中國古代宗教信仰經周朝統治，雖不再是主流，但其後裔卻流散在中國各地，影響了春秋時代的思想家，孔子亦不是例外。[11]

---

[10] 和辻贊同西方社會學、人類學或地政學的反帝國主義立場或西方理性主義價值觀下的產物（參見《風土：人間學的考察》。另參見子安宣邦《閱讀和辻倫理學：另一個「近代的超克」》，東京：青土社，2010年）。事實上，此贊同態度其來有自。和辻試圖提升日本文化、思想的合理性地位、打造屬於日本人的倫理學，藉以和西方的倫理學較勁。這種西方理性主義思維的態度，自然也引導和辻在撰寫《孔子》（東京：岩波書店，1938年。收錄於《和辻哲郎全集》，第6卷）時將孔子與古代宗教信仰（迷信）進行完全的切割，將它理性主義化。關於此論述將在下節展開。

[11] 參見杉本憲司〈白川靜的中國古代史論〉、高木智見〈殷周革命〉（加地伸行編《白川靜的世界》Ⅲ，思想・歷史，東京：平凡社，2010年，頁90-120、148-170）。白川靜在《孔子傳》「稷下學派」的最後寫下「思想原本就是來自敗北」。這句話說明殷周革命時，多數殷氏族被分散賜予到各地（庶殷），因而造就了諸子思想成形於宋。依殷禮下葬的孔子，為亡殷後的宋人，因此其思想可說是改造擊敗巫史社會的天命思想之結果。

　　在說明武內原典批判態度下的《論語》結構之前，有必要論及在
《中國思想史》與《儒教的精神》中孔子之前的思想與孔子思想之間的
關聯。此二書皆指出《周書》康誥篇中「人的罪惡當中最大的罪惡是不
孝不友」的一段話[12]，說明人類道德的根本是孝與友。此二者既是人類
社會的倫理，亦是上天賦與人的本性，只要認知到人內在的天命，時時
藉由自我省察來掌握它並實踐它即可。此種主張的代表人物便是周公
（當然這和當時的政治統治有很大的關聯）。[13] 孝與友正是武內所強調
的孔子思想之源流，也是定調《論語》最古層的基準點。

　　武內承繼伊藤仁齋《論語》上下論之分判框架，認為《論語》的最
古層為屬於上論的河間七篇本（雍也第三、公冶長第四、為政第五、八
佾第六、里仁第七、述而第八、泰伯第九），此為以魯人曾子為中心
的《論語》，曾子、孟子學派所傳的孔子語錄。齊論語七篇（先進第
十一、顏淵第十二、子路第十三、憲問第十四、衛靈公第十五、子張第
十九、堯曰第二十）屬於下論部分，為以子貢為中心的《論語》，應為
齊人所傳孔子語錄。齊魯二篇本（學而第一、鄉黨第二）則為齊魯的儒
學，即折中子貢派與曾子派的學派之集成，應為孟子遊齊後的產物。
季氏、陽貨、微子、子張問、子罕為後人依據各種材料、收集孔子語
錄、進行補遺工作所產生的作品，內容駁雜，年代不一，最新部分甚至
到戰國末期才出現。[14]

　　武內認為上述篇章的順序，是儒教的中心隨著時代推移的結果。
河間七篇本顯示出孔子的理想在於復興周公的禮樂，此復興並不在禮樂
的形式，而是其精神的顯揚與實踐。孔子雖提倡仁，但仁必須奠基在實

---

[12] 「元惡大憝，矧惟不孝不友。子弗祗服厥父事，大傷厥考心；于父不能
　　字厥子，乃疾厥子。于弟弗念天顯，乃弗克恭厥兄；兄亦不念鞠子哀，
　　大不友于弟。惟弔茲，不於我政人得罪，天惟與我民彝大泯亂」。
[13] 參見《中國思想史》，頁9-11、《儒教的精神》，頁5-8。
[14] 參見武內義雄《論語之研究》，頁256-258。關於武內如何分判《論語》
　　的結構，劉萍〈武內義雄與《論語之研究》〉一文已有詳細說明，在此
　　不再贅述。本文關心的是河間七篇本何以是《論語》的最古層。

踐忠、恕之道上。《論語之研究》的結論處，並沒有重申孝、友在其中的位置，之所以未論及是為了闡述在那之後的儒教思想發展。武內指出，相對於河間七篇本強調仁與忠、恕，齊論語七篇則著重在恕，比前者更重視禮的形式。齊魯二篇本為前兩者的折中。但若回到該書第三章「河間七篇本的思想」，便可找到孝、悌（友）與忠、恕、仁之間關聯的詳細論述。

　　武內最重視的是為政、八佾、里仁，此三篇同時也是最古層的思想。為政篇的重點是孔子的主張在於家庭內的道德「孝」，並將它推廣到社會整體，透過該篇第1、5-8、21-22章內容的解讀，說明所謂政治便是打造出以孝道為中心的道德社會。要將孝推廣到社會，必須要以人與人之間的互信為基礎。到了八佾篇所說的禮，則變成了將孝推廣到社會的手段。該篇第1-5章在感嘆周禮的式微，第7-10章談的是三代禮制的變化，其中孔子所尊重的是周禮。第11-21談論的是周朝禮制的各種禮。第22-24章談論的是樂。第25-26章談禮的精神之重要性以及禮的基礎是仁。整篇雖談論禮，但最後還是強調禮的精神是仁。這種解讀恰好連接到里仁篇，此篇前半部都是仁的論述，此處所說的孔子之道便是仁道，而能實踐它的唯有忠恕一法。武內解釋忠即是反省自心而無欺瞞，恕即是己欲立而立人、己欲達而達人，忠恕乃是實踐仁的方法。除此之外，武內指出該篇第18-21章中的孝，來支撐「仁的具體行動從孝開始」這個理念。針對述而篇第24章的「子以四教，文行忠信」，武內則說明第二的「行」即是孝悌，亦是周公所說的孝友。[15]

　　綜上可知，武內所說的《論語》古層思想，亦即孔子思想承自《周書》康誥篇中周公所推崇的人類社會倫理（孝友）。人只要能認知上天賦與人的這種本性（孝友），並時時藉由自我省察來掌握它並實踐它即可。這種天命（孝友）由人自覺、反省，並推廣到社會整體的思維，正好成為武內分判《論語》結構的根據。這反映在所謂《論語》

---

[15] 參見武內義雄《論語之研究》，頁111-148。

古層思想中，則變成孝、悌經由忠、恕、信、禮而達到仁，範圍也從
天、個人內在、家庭、社會到國家政治。「從思想的源流來看思想的各
種演變」這種思想史的治學方式，似乎有超越文獻考據學的嫌疑。當這
種西方的文明進化史觀引導武內去尋找思想的源流時，必會產生「什
麼是源流？該如何界定？」的疑問。[16]針對此問題，筆者想透過探討和
辻哲郎與白川靜的《論語》研究，來尋找回應的思考材料。

三、和辻的倫理學與其《論語》觀

日本近代倫理學家和辻哲郎撰寫《孔子》（東京：岩波書店，1938
年）一書，正好是他自己在建構倫理學的時期（參見本書第一章）。他
一連串的宗教及倫理學著作，為我們提供如何了解其孔子傳的思考材
料。[17]《孔子》一書的內容結構如下：「序」、「一、人類的導師」、
「二、人類導師的傳記」、「三、《論語》的原典批判」、「四、孔子
的傳記及語錄的特徵」、「附錄、武內博士的《論語之研究》」。

如和辻在序所言，他所用的《論語》主要參考武內校訂、譯著的
《論語》（東京：岩波書店，1933年）。和辻在第三章的原典批判裡，
提及自身對《論語》結構的分判，來自武內演講內容的影響。[18]按照和

---

[16] 若說孝友思想的誕生來自周公的政治思想，那麼武內所謂源流，恰是出
自期望有何種好的政治體制這種願望。當然這也可能是武內自身的理性
趨向所致。或可思考為他對當時日本軍國主義者利用孔子與《論語》所
提倡的忠君愛國之口號的抵抗（另參見張士傑《學術思潮與日本近代倫
語學》，北京：北京語言大學出版社，2015年，頁170）。

[17] 比如有《原始基督教的文化史意義》（東京：岩波書店，1926年）、
《原始佛教的實踐哲學》（東京：岩波書店，1927年）、《作為人間之
學的倫理學》（東京：岩波書店，1934年）、《風土：人間學的考察》
（東京：岩波書店，1935年）、《倫理學 上中下》（東京：岩波書店，
1937-1949年）。

[18] 和辻的《孔子》雖參考武內學說，但出版卻先於武內的《論語之研
究》。後者相反地也參考了前者的研究成果。

辻的記憶，武內根據何晏的《論語集解》與王充《論衡》的正說篇，將齊魯二篇（學而、鄉黨。與河間七篇有重複）與河間七篇（為政、八佾、里仁、公冶長、雍也、述而、子罕。彼此無重複字句）歸類在論語的上論。和辻認為即使學而（孔子與弟子之言）與鄉黨（孔子之行）不是武內所說的齊魯二論，這兩篇也是現存《論語》的古老部分，很明顯帶有一個統一性，並說明《論語》的編纂不是隨意的（參見W6‧306-311）。

在進入和辻的原典批判前，先說明一下他解讀《論語》的立場。他在第一、二章將世界的四聖人孔子、釋迦、蘇格拉底、耶穌放在一起談論，稱這些聖人為「人類的導師」，並如此定義：「實際上，人類導師所說的主要是人倫的道或法，而不是人倫社會外的境地之消息。他們之所以是人類導師，是因為無論何時何種社會的人，都能接受他們的教導。事實上他們所教導的人，或許被限制在狹小的地方，但作為一種可能性，能得以教導所有人。這可說是作為人類導師的資格。此處所說的人類，並非指事實上的什麼，是指在地方及歷史上作為一種可能的任何人。因此人類不是一個事實，而是一個理念。」（W6‧264-265）

孔子在世，除了52-55歲這四年的從政之外，皆處於在野與外遊，晚年回魯國後的境遇亦不能算好。因此和辻才定義人類導師的境遇，都是生前被冷遇、不被認可，甚至是被妖魔化。這些人都是在死後經弟子、再傳弟子及其後學的宣揚與努力，才得以成為具普遍性的人類導師。孔子與《論語》的關係，便是如此。從這裡我們可以看到和辻強調共同體的意義所在。孔子在中國能流傳到現代，在於漢字文化於不同時代發展的結果。在這層意義上，魯國的一夫子孔子藉由中國的歷史演變，得以獲得作為人類導師的普遍性（參見W6‧265-276）。

據上可知，和辻評價孔子與《論語》的普遍性價值，並不是因為孔子個人，而是因為孔子與當時及其後的學派或教團（共同體）。從和辻倫理學的觀點來看，可以如此解釋：儒家思想之所以是具普遍性的思想，在於孔子個人及其學派（或後學）的相互運動，而不是孔子個人的

言行。對和辻而言，落實倫理學（儒學：筆者所添加）的主體，包含個
人及其賴以生活的社會共同體。倫理學（儒學：筆者所添加）並不是作
為認知的概念，而是帶有社會性的實踐哲學。它既不是精神自我認知的
理論，也不是忽略人與人之間的行為或實踐關係的學問，更不是實現人
類欲望與物質生活的理論（參見《作為人間之學的倫理學》）。[19]

　　和辻認為從人們現實生活與行為中掌握共同體規範，也就是「作
為共同態的行為相關模式」的倫理學，正是「人間」（日語：指人與其
社會共同體）的學問。因為「人間」建立在顯現人類彼此交互作用的
「關係（間柄）」上。此為和辻定義「倫理學」為「人間學問」的理
由。探討「人間」為何的「人間學問」，即是掌握「人間」的行為準
則（即共同體規範）的倫理學（參見《倫理學》上卷）。和辻在解釋
「朝聞道，夕死可矣。」（里仁・8）時，認為其道是人倫之道，非天
道、神道或悟道。孔子要興起的是以人為中心的立場，其道是人道，
也就是道德（參見W6・343-345）。這種將孔子與《論語》的思想視為
未具任何神祕色彩的倫理思想（思考人與人、人與社會國家的人倫之
道），正與上述的和辻倫理學立場不謀而合。和辻倫理學的建構和和辻
自身的《論語》觀有著密不可分的關係。

　　若比較武內與和辻分判的《論語》結構，可知兩者的最古層有顯著
的差異：

武內→上論：齊魯二篇＋河間七篇【最古層】＋子罕、下論：齊論語七
　　篇＋季氏、陽貨、微子、子張問四篇。
和辻→上論：齊魯二篇【最古層】＋河間七篇＋泰伯、下論：十篇。
　　（參見W6・322-323、333）

---

[19] 究竟是中國哲學影響了和辻的倫理學，還是他以自己的倫理學體系來解
　　釋孔子與《論語》？筆者認為無法將兩者進行切割。

　　差異就在於前者以思想史角度出發，思考的是商周→孔子→曾子―孟子學派、子貢學派這一思想的傳承與變化。後者以哲學角度出發，思考的是孔子學派中作為人類導師的孔子形象及其道德倫理思想。和辻的文獻考據顯然無法和武內相比，但若從他對齊魯二篇的解說來看，可了解齊魯二篇作為《論語》最古層的意義何在。

　　和辻表示，學而篇傳達的是孔子及其弟子（孔子學派）的智慧，並整理出此學派的三綱領：一、學問的喜悅（1-11）。二、學問中的共同體的喜悅（12-14）。三、學問修養的自我目的性（15-16）。緊接著出現的鄉黨篇，和辻認為是描繪孔子公、私生活的行為類型，以示學派弟子所見的孔子日常形象。這裡並沒有所謂具異常或非凡能力的孔子形象。和辻將齊魯二篇視為最古層的哲學動機顯而易見，因為在他的倫理學體系裡，個人必須是在集體中的個人，不會有一個超越共同體的個人，孔子作為人類導師的資格也在於此，人類的導師並非具有特異功能或超能力的存在（此點和武內觀點相通，也可對應到曾景來的佛陀觀、張深切的孔子觀上）。這裡並沒有武內分判的《論語》古層思想，即從孝、悌經由忠、恕、信、禮而達到仁，範圍也從天、個人內在、家庭、社會到國家政治這種思想史的想法。

　　接下來的河間七篇，是孔子學派因應再傳弟子們要求所增加的孔子言行錄，和鄉黨篇有類似之處，但相較之下此七篇，更像是在傳達孔子思想。像學而篇那樣記錄弟子們思想的內容，除一例外（里仁・26），卻不見於同七篇內容之中。相對於武內以此七篇為最古層，並將為政篇裡的孝作為孔子思想的根幹，和辻卻認為八佾、里仁、公冶長、雍也、述而、子罕這六篇皆各有其主題，唯有為政篇沒有特定主題，雖有四章關於孝的問答，但整篇內容和前六篇皆有關聯，因此可說是總論（參見W6・323-324）。顯然孝的思想並沒有受到和辻的重視。

　　關於《論語》中的孝，和辻在解釋最古層的學而篇時，先舉出第2章（有子曰：「其為人也孝弟，而好犯上者，鮮矣。不好犯上，而好作亂者，未之有也。君子務本，本立而道生。孝弟也者，其為仁之本

與。」）。和辻認為這是有子而不是孔子的話，再者這是給弟子的學
派綱領，亦是孔子給青年弟子們的教導。在此，和辻並沒有強調孔子
思想的根源是孝，反而是他在解說第5-7章時，將人倫之道、治國放在
第一位，淡化孝悌在孔子學派的重要性。因為和辻認為人倫之道首重
治國，而不是家庭內的孝。孔子重視的是信與愛在人倫之道的中心位
置，而不是單純談論家庭道德（孝）。第7章的子夏之語，更是談論接
近五倫的思想。和辻之所以將家族內部（私領域）的道德淡化，提升
家族以外（公領域）的道德，自然是要強調作為國家的人倫組織之實
現，必須依靠信與愛，孝悌則被包含在內。這種包含私的公（包含孝悌
的信與愛），可說是和辻倫理學的核心思想。當然這和當時日本的全體
主義以及將天皇視為父、日本國民（臣民）視為子，「國民對天皇盡
忠」等於是「子女對父親盡孝」的邏輯，有不言而喻的一致性。[20]

　　在此姑且不談那些問題，若回到「什麼是源流？該如何界定？」
的問題時，可發現和辻在說明何謂《論語》最古層的思想時，是以孔
子及其弟子，亦即孔子學派（即使是所謂作為人類導師的孔子亦不能
脫離孔子教團）作為界定的準則。此處透露出對思想的最古層、源流
之探討，代表著研究者各自以某種立場來進行的訊息，也意味著任何
一種客觀的文獻研究或實證研究，始終擺脫不了各自研究立場的主觀
性。此外，無論是武內還是和辻，對孔子或《論語》的思想之研究，不
免帶有加地伸行所說那種濃厚的西方理性主義色彩。此立場在和辻對
《論語》中有關生死、天命、怪力亂神等主題的合理性解釋中極為顯著
（參見W6・337-351）。

---

[20] 關口すゐ子指出，臣民要「如同對父母盡孝一樣」，盡忠於天皇，以
「如同盡孝於父母那樣盡忠於統治者」這種形式，將天皇與國民規定為
親子關係的一種，像這樣的教育被落實於當時。也就是說，天皇與國民
既是君臣又是親子，因此非得盡忠和盡孝不可（參見《國民道德與男女
差別（gender）》，東京：東京大學出版會，2007年，頁115以降）。

四、白川靜的《論語》觀與孔子形象

相為對於武內和和辻西方理性主義立場下的孔子形象，白川靜文字學下的孔子形象顯然帶有些許宗教神祕色彩。[21] 在武內思想史立場下的孔子承先啟後，成為儒教的創始人。和辻倫理學（哲學）立場下的孔子成為人類精神的導師。孔子的偉大在於其學派、後學以及漢字文化的存在。孔子一方面因武內的《論語》分判工作，突顯出個人的精神特質，另一方面因和辻的《論語》分判工作，顯示出關係（共同體、共同文化圈）底下的個人精神特質。白川靜透過探討儒的源流與孔子的出生、成長、與陽虎的對立、流亡、夢周公、晚年的言論等，來呈現出孔子的神祕主義傾向。其《論語》分判的工作，奠基在孔子的神祕主義思想以及其兩次的出遊（第一次陽虎專政、第二次政變失敗）體驗上。

如加地伸行所指出，白川靜《孔子傳》的成形，恰好處於日本六十年代以後的學運。這是個主體性與解構思潮，隨著時代氛圍渲染到校園及學術研究上的年代。白川靜的孔子及儒教印象，亦因他試圖解構明治期以來帶西方理性主義色彩的孔子與《論語》研究，帶有反叛的意味。[22] 但白川靜的此種學術（學說）革命和學運不同，是經過中國古代文字（甲骨文、金文）、文學（詩經）、神話、文化、民俗、社會、政治等的體系性研究後所產生的必然結果。在刻劃孔子的一生及其思想

---

[21] 白川靜擅長於從甲骨文與金文的研究，也就是從文字的研究來看中國古代社會文化及其變遷。他在《孔子傳》後記談到自己的〈狂字論〉（收於《文字遊心》，東京：平凡社，1990年）是《孔子傳》的延伸。在此因篇幅關係，無法進行白川文字學與孔子思想之間關聯的檢討。

[22] 與此一解構理性主義思潮有關的，還有以井筒俊彥（1914-1993）、上田閑照（1926-2019）從神祕主義、意識哲學、禪體驗的立場來對抗理性主義的脈流以及中村雄二郎（1925-2017）、湯淺泰雄（1925-2005）以身體性來對處理性主義的脈流。本人認為這些脈流亦可引導出形塑東亞哲學圖像的方向。比如楊儒賓的《儒家身體觀》（臺北：中央研究院中國文哲研究所，1996年）便是和後者脈流有所關聯。

時，白川靜尤重在孔子出生、成長背景、出遊以及與周公、陽虎、弟子
們之間的關聯。他藉由體制內（現實世界、從政）與體制外（理念世
界、追求道）的觀點，來解釋孔子思想的轉變以及孔子思想的核心。白
川靜雖然認為《論語》和《聖經》一樣，須進行嚴密的原典批判，而這
類研究也不少，但整體來說，因缺乏可信賴的方法，因此都不太具有說
服力。[23] 白川靜根據上述自身的幾個觀察點，思考了《論語》的原始資
料問題。他將資料類型分成八類。

　　第一類：《論語》中的孔子言行，包括孔子教團開始政治活動之
後、與陽虎之間的對立期、兩次流亡期及晚年歸國後的言行。重點在流
亡期間的思想成形，此期間和弟子們（子路、顏回、子貢、冉有）之
間的對話也很重要。第二類：《論語》中和子貢有關的三十多條記錄
（子貢為孔子守喪六年期間整理的記錄。此時已有學派派別出現）。
第三類：子游、子夏、子張的語錄（孔子逝世後，三派的對立持續到
荀子時代）。第四類：《論語》中曾子學派的東西（有子與曾子的
對立到孟子時代還持續著，最終由曾子學派勝出，孟子學派也加入其
中）。第五類：鄉黨篇（孔子形象的規範化。這類記錄能與《禮記》的
《曲禮》、《檀弓》相匹敵）。第六類：季氏篇（稷下之學加工而成
的齊學，出自齊國儒家）及其他含齊語的篇章。第七、八類：以古帝
王（堯、舜、禹等）與逸民的記載（大多出自南方儒家與莊周學派有
關）為主。[24]

　　顯然，武內的最古層思想（河間七篇本）屬於第四類，和辻的最古
層思想（齊魯二篇本的鄉黨）屬於第五類。和辻從人類精神的導師、共
同體中的孔子形象來判定《論語》的最古層思想（學而），某個程度來
說，和白川靜的第一類有共通之處（如白川靜認為學而篇是孔子晚年及
弟子們的語錄）。但不同的是，和辻認為這是學派綱領（共同體的規

---

[23] 白川靜《孔子傳》，頁223-224。
[24] 同上，頁224-225。

章、準則），白川靜卻反對這種說法，主張這裡顯示出孔子已成為一個卷懷者（第1、16章）。[25]關於卷懷者，可從以下一段敘述窺知。

> 俗世為了塑造出一個偉人，便會屢屢不惜犧牲眾多的東西。不過，反過來我們可以從《鄉黨》篇裡看到世間為了把一個人樹立成偉人的努力，是一個如何滑稽的過程。一般地來說，孔子比較多地是由這樣的虛像造就的。晚年的孔子成了一個卷懷之人。想接近這樣一個卷懷者的是《微子》篇裡的那些傳承者。他們大概屬於南方之儒，與莊周學派也有接觸，他們完全否定政治，否定法則化的社會。雖然他們從這一立場來批判孔子在政治上的彷徨，但是，這與其說是在否定孔子的那種生活方式，不如說是對這位在彷徨之極變成了一個卷懷者的孔子抱著同感。所以，《微子》篇這一篇收入進《論語》中了。但是，孔子的這一政治性的彷徨對樹立孔子的精神來說是絕對必要的。從一開始就作為一個卷懷者出現是不可能的，在處於極限的狀態下，只有通過解決內心所累積起來的糾葛，人才會得到成長，變得偉大。一開始就看破紅塵的人，不過是一個犬儒而已。孔子晚年的高徒們之所以不太容易接近孔子那高尚的精神，其原因在於他們未能嘗過亡命漂泊的苦難，不僅少年得志，一帆風順，還身處社會普遍尊重的地位。具有良好修養的這些人，成了法則性社會的指導者。只要有法則性的社會存在，他們就不得不是一個賤儒，不得不是一個犬儒。這榜樣就是孟子、曾子學派。[26]

白川靜在此，除了孔子出生、成長和陽虎的對立外，大致已經說

---

[25] 同上，頁130-131。
[26] 同上，頁242-243。

明了自己的孔子形象。[27]這裡的孔子既不是武內思想史方法下的孔子，
也不是和辻倫理學立場下的孔子。白川靜的孔子與後學派（曾子、孟子
學派）思想中的「孔子」迥然不同，是一個超凡脫俗的隱居者（比如
泰伯・13：「篤信好學，守死善道。危邦不入，亂邦不居。天下有道則
見，無道則隱」）。孔子儼然成了抗拒法制化時代的哲人（比如公冶
長・7：「道不行，乘桴浮於海」）。孔子的仁道思想，顯然與現實（法
制）世界背道而馳。在唯一思想繼承人顏淵過世時，痛哭自己沒有繼承
人的孔子，直到顏儒後學莊子的出現，才得以延續其思想的生命力。[28]

　　若回顧上述白川將《論語》的原始資料分成八類的構想可知，第一
類和第八類的距離，相反地卻透露出孔子思想與顏儒後學莊子思想之間
的無限親近性。此處重點就在於作為脫離或超越體制的卷懷者孔子14年
的流亡及歸國的思想轉變。白川指出孔子歸國後，不再夢見周公，以隱
居者自居，並致力於《詩》、《禮》、《樂》的整理與修訂，試圖將這
些東西流傳下去。[29]

　　白川認為，孔子在流亡（極限狀態）期間會夢見周公、知天命，是
因為孔子及其少數弟子在流亡後，反而能讓自身主體恢復其自由，即體
制外的大自在。在此情況下，跨越體制及其流亡困境的動力來源，便是
夢周公與知天命，亦即**聽神、至上命令者的聲音**。[30]這種說法正是白川

---

[27] 吉永慎二朗在〈白川靜的孔子論〉中，整理白川筆下的孔子一生之經
　　歷。（巫女之子：筆者加）巫祝社會→師儒（反體制、群不逞之人）
　　→參與國政→失敗→流亡（→歸國〔卷懷者〕：筆者加），參見加地伸
　　行編《白川靜的世界》Ⅲ，思想・歷史，頁47。

[28] 莊子（卷懷者）為顏儒後學的說法，是白川靜受郭沫若《莊子的批判》
　　（收於《十批判書》，重慶：群益出版社，1945年）一文的影響。關於
　　莊生傳顏氏之儒或莊子即儒家的議題，參見楊海文《「莊生傳顏氏之
　　儒」：莊生傳顏氏之儒或「莊子即儒家」》（《文史哲》，2017年第2
　　期，頁123-133）。

[29] 白川靜《孔子傳》，頁131。

[30] 同上，頁4、80、126。白川靜將孔子夢周公比擬為蘇格拉底聆聽德爾斐
　　神諭。

靜試圖連接晚年作為求道者、卷懷者的孔子和年少、青年時期作為巫女之子、師儒（巫史之徒）的孔子之證明。[31]

　　這裡的孔子並非所謂後世認識的「儒教」創始人，因為那些都是其後學派所營造出來的孔子形象（製造教主）。真正的孔子並無意迎合法制、規範社會，也不是制度規範的創始人，反而是追求仁道的隱居道人（里仁‧8：「朝聞道，夕死可矣」）。針對和辻哲郎認為孔子（不語怪力亂神、未知生焉知死、天非信仰對象或人格神）是一個理性主義者或倫理學家的說法，白川靜提出反對意見。這裡可看出加地伸行所說的西方理性主義立場與解構主義立場的對立面。當然白川靜並非解構主義者，亦非神祕主義者，而是主張中國古代文字（甲骨文、金文）的成立過程不能和宗教、巫術的要素進行切割。此種立場，亦即援引西方社會學、人類學來加持自身以象形來解釋甲骨文或金文的立場，也受到同時代的日本漢學家之批判（比如加藤常賢1894-1978、吉川幸次郎1904-1980、藤堂明保1915-1985）。

　　關於周公與孔子的關係，白川靜做出如下的整理。孔子是巫女之子，是被選中的人，他一生都在做夢，常夢見周公但卻不曾說出和周公談論什麼，或許是因為周公（至上的命令者）用命令的語氣叫他「勿喪斯文」，因此他才能安心談論天命，否則就是褻瀆天命。孔子一生都和陽虎（和孔子一樣都是師儒）形成對立，在此過程中，周公始終是他沒有放棄的理想形象。這一組影子（實際人物、壞榜樣）與聲音（幻想人物、好形象）直到晚年歸國，才逐一退去。[32]與周公有關的切確文獻，僅《周書》的數篇。孔子以周公為理想，應該是他開始研究《周書》

---

31 見白川靜《孔子傳》的第一章「東西南北之人」。白川靜先探討了孔子的出生（巫女之子）、成長背景（巫祝社會），接著談影響其一生的兩個人物：陽虎與周公。前者和孔子一樣，是師儒。後者是孔子想像出來的神或至上命令者。孔子晚年歸國已不再為這兩個人物所困擾，走的是自己的仁道。本文因篇幅關係，只針對孔子與周公的部分進行檢討。

32 同上，頁41-47。

時，但在《論語》裡，卻看不到和《顧命》、《大誥》、《紹誥》相關
的消息。事實上，託付周公是儒家的政治手法，是要把實際存在的常規
秩序作為古代聖王所制定的秩序固定下來，即所謂「託古改制」。孔子
的立場亦屬於這一類。[33]

　　白川靜試圖將一個現實與理想、法制社會與理念社會交織的張力
置放在孔子身上。其前者的言論傾向或後者的言論傾向，分別在不同時
間、空間出現，而且也因對話的人而不同，因此導致其後學派或各派儒
家各取其所需、加以發揮，似乎也是不爭的事實。後者情況往往容易衍
生出理想或理念的神祕主義色彩。這固然更能發揮出商周宗教因素與
孔子及其後儒家在思想上的演繹。白川靜將「孔子→顏儒→莊周→老
子」連在一線，恰好證明了孔子的思想是中國兩大思想的來源（此點和
張深切將孔、老視為中國哲學的兩大來源相反）。姑且不論其神祕主義
思想的內核為何。白川靜的孔子形象雖帶神祕主義色彩，但其方法卻是
建立在嚴密的文字學研究基礎。白川靜的《論語》研究恰好為他建構
中國古代社會文化的工作帶來合理的解釋。因為在白川靜筆下，作為
商、周文化的繼承人孔子，為其後的中國世界打開了兩個（儒家與莊
老）不同的思想脈絡。

五、重探孔子哲學的當代意義：臺灣殖民期到戰後的過渡

　　相對於上述三位日本思想家的《論語》詮釋帶有方法論色彩，此
節討論的張深切之孔學詮釋則帶有中華民族主義色彩。關於張深切的生
平、著作等請參閱《張深切全集》（臺北：文經社，1998年）的附錄，
在此不再贅述。根據黃英哲在全集第三卷的總論「張深切的政治與文
學」，可窺見他的留日背景、中國經驗、文藝與政治運動等。「戲劇與
政治運動、文學與政治運動」一直是張深切在臺灣日治時代推動民族主

---

[33] 同上，頁80-81。

義運動、抗日運動的主要口號。和楊逵（1906-1985）的社會主義主張「階級造成社會不公」的立場不同，張深切站在民族主義立場反抗日本帝國的壓迫，甚至是二戰後的蔣氏政權。[34] 這也是造就張深切日後以批判的方式重新詮釋孔子思想的遠因。張深切的中華民族意識的萌芽，可說是奠定他《孔子哲學評論》誕生、推動中國文化革新的基礎。

　　值得注意的是，簡素琤在〈日治時期臺灣文人的文化調和觀：從傳統文人到新式知識份子張深切〉中指出張深切的中華民族意識萌芽的時代背景及其漢學與中、日、臺儒學發展之間的關聯與比較。她主張「日治時期具啟蒙意識的傳統文人，依循明治啟蒙的調和模式，試圖調和中國古代的道德生命哲學與西方現代科學理性之間的不相容，找到其融通的途徑，與五四胡適、陳獨秀等棄絕傳統儒學的方式，有基本的差異，具有同時重視道德心性之學與實利、博愛、科學及世界主義的特徵」[35]，並如此評論：「他（張深切：筆者注）最具創意的貢獻，仍應是在對中國古代哲學的批判時，延續日治時期傳統文人的文化調和觀，而提出了異於胡適、梁啟超、馮友蘭等中國哲學家思想的臺灣觀點。」[36]、「1930 年代以後，張深切回歸中國古文化研究，成為文化民族主義者，文化哲學議題自此成為他不斷折返省思的關注點，也是他成熟期啟蒙思想最重要的部分。」[37] 顯然張深切受到臺灣新舊式文人及日本明治期漢學家的影響，其中華民族意識以及研究中國古典的立場在1930年代早已在中、日、臺儒學發展的張力中被淬鍊出來。

　　和簡素琤從儒家文化與政治學角度探討張深切的思想不同，林

---

[34] 張深切《張深切全集》，陳芳明等編，第3卷，臺北：文經社，1998年，頁27-45。

[35] 《中央大學人文學報》，第32期，2007年，頁171。另可參見簡素琤《日治時期啟蒙思想的五個面向：臺灣殖民地現代性的建立與張深切思想的指標性意義》，新北：花木蘭文化出版社，2013年。

[36] 簡素琤〈日治時期臺灣文人的文化調和觀：從傳統文人到新式知識份子張深切〉，頁178。

[37] 同上，頁179。

義正從哲學角度來處理張深切的思想。林義正在〈張深切的孔子哲學
研究〉中整理張深切治學的三個方法，即辯證、比較與批判，指出
「他（張深切）透過對儒派（孟、荀、董）與反儒派（老、墨、楊、
莊、韓）的『孔學評論』的批判，目的在檢討儒學的功過、孔學的價
值。」[38]、「張深切撰寫《孔子哲學評論》是有他的現實對治感的，他
要解答當今的中國為何成為科學落伍的國家。根據他的研究，由於西
漢以後帝王獨尊儒術，排斥異端的關係，若再往前追溯，孟荀就有問
題，他們把孔子的大乘學說弄成小乘，其中孟子是個關鍵。所以，此
書目的其就在檢討儒學（以孔子為代表的儒家）在歷史傳承中的功與
過，檢討孔子哲學的真實價值，並由此提出中國文化的自救方針。」[39]

　　根據上述的評論及張深切自身的中國哲學（儒學）認知，可明確掌
握到張深切一方面高舉孔學的基礎在《論語》，意在回歸孔子的思想本
身，另一方面透過對儒派與反儒派的孔學評論進行批判，意在從批判當
中重塑孔子本人的思想。因為他認為：「研究孔子哲學的基本資料只有
《論語》一書比較可靠」[40]、「老、孔兩學派，彷若冰炭不能相容，背
道而馳；其實未必盡然。因為道、儒的哲學路線雖不相同，其道卻是並
行而不相悖。況且老、孔俱出於儒，而只因為兩人的天性不同，故其感
受性亦不同，從而其思想與創作態度亦不同而已。」[41]

　　這一「回歸《論語》或孔子」本人言論、思想的學術觀點，在武
內義雄的孔子研究就能窺見，而儒學包含孔、老兩派主張的看法，亦可
在白川靜的「莊、老源於孔子」的主張看到蹤跡，只是張深切並不主張
「莊、老源於孔子」，而是假設孔、老之前有一個包含兩者的「道」存
在。雖然張深切與白川靜的孔、老觀有差異，但兩者將孔子的從政期與

---

[38] 林義正〈張深切的孔子哲學研究〉，收於洪子偉編《存在交涉：日治時期
　　的臺灣哲學》，頁179。括號內容為筆者注。

[39] 同上，頁185。

[40] 張深切《張深切全集》，陳芳明等編，第5卷，頁481。

[41] 同上，頁263。

亡命（漂泊）、隱居期的思想區分進行思考有相通處，不同的是張深切並無透露出孔子為師儒的說法，只說他出身低階因此更能透徹人性。如後所述，張深切以康德式的理性主義立場闡釋孔學，不把孔子視為超越者或神祕主義者。此立場和武內與和辻同調，和白川靜顯然不同。筆者認為這和他閱讀日本明治期漢學家的中國哲學研究有關。

　　那麼，張深切透過上述回歸孔子、批判儒派與反儒派的孔子評論，究竟要為吾人提供何種孔子形像或孔學體系呢？張深切認為孔子或許不是破壞周禮制度的改革者，但是一個十足的人道（唯人）主義者、中庸（無過與不及）主義者，甚至是一位倫理學家，但絕對不具有特殊超人的人格。此主張的思想根據，正來自孔子的仁論。須注意的是，張深切的這一立論有其參考的思想資源。筆者認為這可追溯到日本明治期倫理學家蟹江義丸的《孔子研究》（東京：金港堂，1904年）。蟹江為東京大學首位東洋哲學講座教授井上哲次郎的愛徒。他和井上一同編纂《日本倫理彙編》（共10卷，東京：育成會，1901-1903年），收錄了日本江戶儒者的論著，分為陽明學派、古學派、朱子學派、折衷學派、獨立學派、老莊學派。[42]關於這套書的編輯動機，簡單來說是井上有鑒於佛教、儒教、武士道衰微，導致日本道德界衰退、進入混沌狀態，認為日本人在學習西方道德倫理（特別是康德與黑格爾）必須有選定的標準，亦即東方道德倫理。換言之，要移植西方道德倫理、和它對接、融合，必須有東方道德倫理，方能奏效（參見《日本倫理彙編》卷一的「序」）。

　　對井上、蟹江而言，日本道德倫理的復興，必須奠基在接納西方

---

42 參見工藤卓司〈蟹江義丸與《孔子研究》〉，張曉生編《經學史研究的回顧與展望：林慶彰教授榮退紀念論文集》，臺北：萬卷樓圖書，2019年，頁1477-1521。此文已詳細梳理蟹江的《孔子研究》，在此不再檢討此書內容。筆者認為此書是蟹江與其師井上哲次郎，一同試圖建構日本道德倫理體系的階段性成果，接續此事業的是下一世代的和辻哲郎，但路徑又和前兩者有所不同。

道德倫理、和它形成對話、折衷、調和的過程中。中村哲夫在〈梁啟超
與「近代的超克」論〉中指出這一相對主義的日本倫理建構模式，具有
實證、客觀精神為當時主流，但卻由下一世代日本哲學家西田幾多郎以
排斥相對或多元的一元論立場，收攝在宗教氛圍的非實證、主觀精神
裡，實是一種時代精神的倒退。[43] 蟹江的《孔子研究》正是前者精神的
代表，參考許多東西方經典，並和西方宗教、哲學進行對話，受其影響
的中國思想家包含有梁啟超（1873-1929）、錢穆（1895-1990）等人。[44]

　　從張深切引用蟹江《孔子研究》集中在第二篇「孔子之學說」
（一貫之道、中庸、禮、仁）來看，可知張深切的孔學重構與復興，奠
基在蟹江的孔子研究上。我們可在蟹江將孔子的仁論視為孔子學說最重
要基礎的主張中看到。[45] 事實上，張深切特別引用蟹江主張一貫之道所
包含的中庸（形式）、禮、仁（質料）的圖式來說明孔子仁論的重要
性，只是他沒將一貫之道所包含的中庸放進來，而將樂放進來，作為一
貫之道的圖式。[46] 我們會感到困惑，何以張深切要改造成「一貫之道包
含仁、禮、樂」的圖式。能解開此困惑的是張深切對孔、老以前的儒學
或道之想像模式。張深切認為在孔、老之前有一個儒學的源流，也就是
未被具體化的道。他用倒Y字來說明孔學與老學的分流，又用此兩個分
流產生無數分流的系譜，來說明中國哲學的發展。[47]

---

[43] 參見中村哲夫〈梁啟超與「近代的超克」論〉，狹間直樹編《梁啟超：
　　西洋近代思想接受與明治日本》，東京：美篶書房，1999年，頁387-
　　413。

[44] 末岡宏在〈梁啟超與日本的中國哲學研究〉（狹間直樹編《梁啟超：西
　　洋近代思想接受與明治日本》，東京：美篶書房，1999年，頁168-193）
　　中，指出梁啟超的《孔子》（1920）與蟹江《孔子研究》的關聯，在於
　　和井上、蟹江「官學體制學派」的親和性。關於清末民初的中國大陸知
　　識分子的《論語》論述與日、臺之間的比較，因本文篇幅有限，有待日
　　後的檢討。

[45] 參見蟹江義丸《孔子研究》，頁325-326。

[46] 參見張深切《張深切全集》，陳芳明等編，第5卷，頁509。

[47] 參見同上，頁234。

　　關於孔、老的關係，廖仁義與林義正並沒有太大的著墨，後者宣稱必須等待張深切的佚失著作《老子哲學評論》，才能深入討論。廖仁義按張深切晚年的活動及《我與我的思想》（1948）判定張深切更接近老莊的遁世、無為。[48] 林義正和廖仁義持不同看法，認為張深切主張孔學透過和老學的比較，能突顯出孔學特色。筆者贊同林義正觀點，但和他有不同說法。筆者認為張深切將蟹江的一貫之道圖式改造成「一貫之道涵蓋仁、禮、樂」的圖式，目的在將它連結到老子的道思想體系，使孔、老學說融合為一。這從以下引文能清楚窺見。「綜上觀之，吾人當能了解孔子哲學的梗概。他以人為宇宙中心，又以仁為人的中心，由此中心而產生禮樂及其他萬般的文化。此與老子的哲學方式——道生一（人），一生二（仁），二生三（禮樂），三生萬物（一般文化）相同。」[49]

　　林義正雖指出張深切的孔、老學比較形成明顯的對立，孔學在此比較對立當中能顯現其特色[50]，但筆者認為張深切試圖在這個比較對立當中尋求同一。也就是說，此一「對立的同一」正是張深切藉由探討孔、老學的對立與同一所形成的方法論。林義正雖未觸及上述引文，但筆者認為這恰好可對照到他所謂的辯證。這種對立與同一的關係，亦可對應到西田幾多郎的「絕對矛盾的自我同一」邏輯，不同的是張深切的「絕對矛盾的自我同一」邏輯是涵蓋孔、老學的中國哲學（儒學），不是標榜絕對無的大乘佛教思想。

　　能夠檢視張深切構思孔、老學的對立與同一關係的還有一個重要概念，那就是中庸。林義正已指出在張深切的「回歸《論語》或孔子」的過程裡，《大學》與《中庸》扮演著奇特的角色。這個在二程以後發展、經朱子集大成而開花結果的四書思想，儼然成為張深切重構孔學的重要關鍵之一，有違張深切回歸《論語》、重新解釋孔學的立場。若回

---

48 參見同上，頁543、547。
49 同上，頁510。
50 參見洪子偉編《存在交涉：日治時期的臺灣哲學》，頁184-185。

顧蟹江的一貫之道圖式，可發現張深切將中庸從該圖式抽離出來，另闢
途徑來評價孔學的普遍價值。這可在張深切主張孔學不偏執於主觀或客
觀、唯心或唯物、禮或情的字裡行間看到。[51]

　　蟹江將中庸的「中」概念，追溯到孔子以前、堯舜以來的倫理政治
原理，並對照到亞里斯多德「過與不及」這兩端中間的中道，主張中庸
是一貫之道的形式，禮、仁是其質料，單看中庸、禮或仁都不足以窺見
一貫之道。[52]張深切所說的中庸和此說法有很大的差異。他說：「『中
和』為『中庸』的本體，中庸即實踐行為。此實踐行為需要配合理性的
發動；理性需要經過博聞博見博學的修養始增加其知識。這樣說來，中
庸彷彿極難實行，其實不然；因為這是屬於哲學的分析，並非實踐行動
的意識程序，所以吾人如欲付諸實行時『苟志於仁』就可以了。」[53]如
此對比看來，張深切賦予孔學的中庸概念，並非只是一個單純的理念或
哲學概念，還是一個具有實踐意涵的行動哲學，甚至直言「孔子哲學的
中心可以說是『中庸』，中庸亦即是孔子哲學，故孔子哲學一脫離中
庸，便無哲學價值」[54]、「孔子之『道』即是中庸，中庸即是孔子行道
的基本哲學。」[55]他認為孔子具普遍性的合宜言行即是中庸的表現，而
其中庸的言行又必須奠基在仁。中庸與仁，在他來看，處於密不可分的
關係。

　　那麼，張深切又如何解釋仁？他認為孔子的仁便是康德所說的理
性（Vernunft），「此種理性為人類共通的天性；人類苟能將此天性表
露出來，自能成為人道，人道則為人類應守的共同道德。」[56]、此理性

---

51 參見《孔子哲學評論》第四篇結論的「一貫之道：仁、禮、樂」（陳芳
　　明等編《張深切全集》，第5卷，頁500-510）及「孔子的人格及其哲學
　　價值」（同前，頁521-536）。
52 參見蟹江義丸《孔子研究》，頁267-274、328-329。
53 張深切《張深切全集》，陳芳明等編，第5卷，頁529。
54 同上，頁255。
55 同上，頁528。
56 同上，頁498。

「正如康德所謂的『純粹理性』，仁可謂即是道德理念，亦則是『實踐理性』」。[57]人的合宜（中庸）言行與純粹理性、實踐理性不可分，可說是張深切借用康德哲學中的道德理念重構孔學的基本論調。[58]筆者認為張深切主張中庸與仁密不可分、孔子的中庸哲學包含濃厚的老莊哲學，[59]目的在於對孔學進行體系建構以及對孔、老學進行一個統合的工作。

　　這種儒道的「一而二、二而一」的「對立且同一」論述，雖然不是以極為清晰的方式被呈現出來，但我們仍可從張深切藉由重新檢視孔、老學的論述過程中，看到他對現實世界的關懷。他在《孔子哲學評論》第一篇緒論中檢討何謂哲學時，明確表明自己的立場。他認為哲學到了當代，雖不可缺乏科學，相反地，科學亦不可缺乏哲學。科學若走偏，自然會變成殺人工具、威脅人類的生存與和平。哲學正是監督科學勿陷入盲走的重要指針。這也是他重構中國哲學的最大目的。為達成此目標而重建由中國哲學出發的人文學、精神文化甚至科學，顯然是張深切的治學動機。[60]這正好顯示出他認為孔子談論仁的動機說最為重要的理由。

六、結　論

　　張深切重構與復興中國哲學，和當時的歷史情境有密切關聯，可說有其現實性存在。支撐其治學立場的，無疑是他的中華民族意識以及他對中華文化的當代性想像。這點和上述三位日本思想家有極大的差

---

[57] 同上，頁504。

[58] 李明輝在〈當前儒家之實踐問題〉（收於《儒學與現代意識　增訂版》，臺北：臺灣大學出版中心，2016年，頁23-51）裡揭示了新儒家與康德的親近性，說明兩者的社會實踐奠基在具形而上學色彩的道德主體上，藉以主張新儒家道德理想主義的超越性與優先性。這和張深切將孔子的仁說與康德的道德理念進行結合有某種契合性。

[59] 參見張深切《張深切全集》，陳芳明等編，第5卷，頁510。

[60] 參見同上，頁71-72、84。

異。如上所述，中華文化的復興與當代發展，必須奠基在科學與哲學的
結合。張深切期待的是，能以這種中國哲學的發展帶來世界的和平。相
對於此，武內義雄、和辻哲郎、白川靜作為異文化漢學研究者，並無以
中華文化復興與發展為己任的想法，而是將漢學視為一種研究對象。我
們可以發現在他們對待漢學的背後，潛伏著日本民族意識。此意識正好
造就了《論語》或漢學作為方法的想法。這一態度可在他們近現代話語
下的《論語》研究中窺見。

　　在最古層說的方法論上，武內用的是思想史方法，和辻用的是哲
學方法。白川靜不採用古層說，採用自己文字學下的中國古代社會文化
史的論述框架，加上所謂後現代（敗者的思想創造）或解構（去除西
方理性主義思維）等要素來探討《論語》和孔子的思想。因此他只將
《論語》的內容劃分八種類型。要如何使用這八類材料，就得看研究者
或讀者需要何種訊息或想要表現何種訊息。其《孔子傳》當然是針對孔
子的思想撰寫的，但也間接顯示出自身中國古代研究成果的投影。從更
廣泛的觀點來看，這些研究成果，便是他們區分自己和中國學者治學態
度、立場之不同的根據。

　　武內以文獻考據學及思想史學為基礎的《論語》研究，雖有別於
和辻與白川靜援引西方哲學、宗教學、社會學、人類學的《論語》研
究，但透過檢視三者的《論語》和孔子思想研究，便可證明近現代日本
的《論語》研究之共通點，那便是《論語》研究只是作為方法而已。當
所有的古典研究能以一種方法被拿來進行思想創造或自我認同時，它還
肩負了一個「反過來讓研究者的思想再次進行自我反省或批判「（一種
主客互換）的重責。因為在武內那裡，缺乏了一個自覺自身文獻考據學
或思想史方法的解構意志。在和辻那裡，倫理學儼然成了一切學說的判
準，無法同等地容納跨領域、跨專業的研究視域。在白川靜那裡，雖然
文字學、宗教學、人類學、社會學等視角帶來理性主義思維下的世界觀
之瓦解，但就如木村英一所言，缺乏了《論語》與孔子思想中的整體
性、統一性，缺乏了保持孔子思想中現實與理想、法制社會與理念社會

的矛盾對立之立場。也就是說，那種入世與出世、法制與仁道之間的矛盾統一之辯證觀點，可以成為再進一步推進白川靜文字學或中國古代觀的動力。

　　張深切與上述日本漢學研究者的學者精神不同調，如張英哲所指出，無論日治期還是戰後期，張深切的「文藝與政治、社會運動」的基調，都沒有太大改變。他透過對現實面的關心，對中國哲學的重構與復興、文藝（戲劇、電影）的創造與展演不餘遺力。這種臺灣歷史語境下的人文學闡釋，也代表著其時代性的特徵與侷限。《論語》這部經典與近現代東亞歷史情境之間的張力，有待將來更進一步的研究揭示出來。《論語》經由東亞近現代語境的詮釋，不僅拓展了孔子思想的跨時代生命力與跨文化視域，其自身也將成為一種能動的主體來推動研究者主觀立場下的哲學、思想或學說。相信這種《論語》研究，不僅帶有現代性意義，還帶有未來的意義。

附錄
臺灣文學的哲學化之可能性：九鬼周造、田邊元、張文環的偶然論意象

一、前　言

　　哲學若不能帶給我們驚奇的話，那麼它必是一種陳腐、慣性的存在。那裡既不會有新意，也不可能有創造力。哲學若是一種驚奇的話，那麼它必屬於一種偶然，因為它始終是以一種「無常」（可以是有也可以是無）的姿態，無預期性地出現在我們的生活世界當中。偶然性作為必然性的相對概念，通常被認為是一種非因果關係性、非日常性、不確定性、不可預測性等的存在，人人避之唯恐不及。然而，此種被誤認為是「非存在」或「歹存在」的偶然性，為何以「無所不在」或「善存在」的姿態纏繞在我們的生命裡，它又會帶給我們何種意想不到的驚奇與未來可能性？

　　九鬼周造與田邊元在面對西歐哲學與思想所建構出來的充滿必然性、確定性的理性世界時，分別以自身的生命與思想脈動，提出能對峙任何一種代表固定形式或結構，亦即任何一種自我同一式理論的偶然論。本文透過對此種具後現代思潮之偶然論的探究，試圖闡釋日本哲學的特殊性與普遍性，以此為基礎在解析日治時期臺灣文學家張文環的作品同時，突顯出異於日本的臺灣風土所產生的另一種偶然論意象，並藉此工作思考文學與哲學之間會通的可能性。

二、為何要談偶然性

　　本節首先要探討的是，「九鬼周造為何要談偶然性的哲學？」。必然與偶然、通常與偶發、常有與偶有等對立概念，若使用在我們生活的所有層面上，會產生何種事態呢？譬如甲比乙聰明、努力、細心、恭謙有禮，心地又善良，所以比乙成就高是必然的現象。這是我們津津樂道與恆信不已的事態。然而，乙若成就比甲高，我們必會高喊「蒼天無眼」、「命運捉弄人」或直呼「不可思議」、「難以理解」。因為乙成就比甲高，是一種偶然、僥倖，根本不是其自身的實力，也不是其所應得的結果。本來成就的高低，必須和其人的努力成正比。然而很不幸地，成就的高低卻無關乎其人的努力。這是我們日常生活上的邏輯思考模式。必然與偶然，一般給予我們的印象便是：常態與非常態、理所當然與非理所當然、合乎道理、邏輯與背反道理、不合邏輯。前者給人正面、好的觀感，後者給人負面、不好的印象。因為前者可掌握、理解，使我們能感到心安，後者無法掌控、捉摸，令人措手不及、無法安心。自古以來，人們使用各種方法與手段，來追求、保障甚至是捍衛前者，對於後者則想盡辦法掩蓋、排斥，甚至是消滅。

　　然而，面對只能給予負面、不好印象、無法掌控與理解的偶然，九鬼為何要加以系統性探討，並證明它有正面、好印象、可能掌握與理解的一面呢？九鬼將「被汙名化」的偶然「正名化」、「被模糊化」的偶然「清晰化」、「被遮蔽」的偶然進行「解蔽」的意義何在？偶然問題的探討，在西方開始得很早，至少在亞里斯多德的《物理學》（*Physica*, 2-4, 5-6）與《形而上學》（*Metaphysica*, 5-30, 6-2, 11-8）就已經有詳細的討論。亞里斯多德舉出，種樹挖土偶然得到寶藏，在盛夏中出現冬天般的冷天氣，某人去了未預定要去的地方、卻遇到向他借錢的人、因而討回借款等例子，並將鮮少發生、罕見、稀有、附帶或不特定原因等視為偶然的本質。野內良三指出亞里斯多德的偶然論述，在西方偶然的哲學史脈絡中，早已定下「否定偶然」這一礎石。原因在於，亞

氏雖然在存在層面上承認偶然，但在認識層面上卻排除它，甚至認為偶然在認識論的建構上不足採用。偶然性自此成為學問或認識上的幽暗、邊陲。[1]

　　我們從野內良三的說法可間接推測到，九鬼正視偶然、致力於偶然的哲學化或理論化，至少在哲學問題史上有其必要性存在。不僅如此，這也是九鬼自身生命的內在需求所產生的哲學動機，亦可說是他對「被偶然性與無根據性所滲透的現實生命之關懷」。[2]從另一方面來說，偶然問題的探究，如嶺秀樹所指出，是順著海德格存在哲學的取徑所產生的。那是在一種受海德格解釋學現象學的影響下，對偶然進行理論化論述的過程。[3]也就是說，表面上九鬼似乎在建構偶然的邏輯學或形而上學，但事實上卻是在建構一種新的存在哲學（實存哲學）。九鬼和海德格不同的是，以邏輯學及形而上學為基礎探討偶然，目的在於顯現存在於本質上的多元樣態。另外，透過論及西田幾多郎的絕對無哲學及海德格的形而上學立場，來探討九鬼偶然哲學與無之間關係的，有田中久文的〈《偶然性的問題》：另一個可能性〉。[4]至於九鬼的偶然論與後現代思潮有不謀而合的地方，則可從磯谷孝的〈偶然性與語言〉

---

[1]　參見野內良三《活出偶然的思想：「日本的情」與「西洋的理」》，東京：日本放送出版協會，2008年，頁105-108。

[2]　嶺秀樹在《海德格與日本的哲學：和辻哲郎、九鬼周造、田邊元》（京都：密涅瓦書房，2002年，頁134）中指出，九鬼的哲學動機源自自身對充滿不確定性的現實生命之關心。小濱善信在《九鬼周造的哲學：漂泊的靈魂》（京都：昭和堂，2006年，頁219）中指出，九鬼對自己「為何以這種姿態活著」的問題，給予「只不過是偶然而已」這個答案，道出是其生命的內在需求所使然。從小濱的研究中可窺見，在九鬼的思想世界裡，世間的一切無寧說是必然壓制偶然，倒不如說是偶然牽引必然。

[3]　嶺秀樹《海德格與日本的哲學》，頁133。

[4]　坂部惠等編《九鬼周造的世界》，京都：密涅瓦書房，2002年，頁197-219。田中久文在此論及西田與海德格哲學對九鬼偶然論的影響以及九鬼偶然論中「形而上絕對者、無、實存、偶然性」之間的關聯，有其洞見。但此議論牽涉到西田、海德格與九鬼三者的存在論，在此不深入探討。

中，得到耐人尋味的啟發。[5]

　　磯谷孝著眼在九鬼談論「語言的音韻關係」時所提示出的偶然性。九鬼認為「鉢（hachi）」、「蜂（hachi）」、「八（hachi）」、或者是「線香（senkou）」、「詮衡（senkou）」、「專攻（senkou）」、「戰功（senkou）」、「仙公（senkou）」等語言中，彼此並沒有存在以理由與歸結（因為…所以…）為基礎的邏輯關係，但卻有音韻關係上的積極性，並稱此種關係為偶然。[6]磯谷孝稱之為「同音異義的偶然性」，並指出九鬼在思考此種偶然性時，側重在詩的語言脫離日常語言所帶出的變異或差異性上。根據他的說法，此種音與音之間的相遇（偶然性），正是打破日常生活的惰性、自動機制的異化作用。磯谷孝認為九鬼在《偶然性的問題》（1935）的哲學工作，悠遊於「偶然性的哲學語言」與「詩的語言中的偶然性」之間，而後者與俄國形式主義（Russian Formalism）的異化手法、洛特曼（Juri Lotman, 1922-1993）所主張的「藝術作品的偶然性」有共通之處。他最後藉由引用李歐塔（Jean-François Lyotard, 1924-1998）《後現代狀況》（*La condition postmoderne* , 1979）中談論到「後現代的知識不應屬於諸權力的裝置，應該是訓練人更能細微地感受差異與忍受不可共約性的能力」的一段話，來看待九鬼偶然哲學的後現代思維。

　　以上是種種先行研究對「九鬼為何要談偶然性的哲學？」所提出的觀點。筆者試圖以一種東亞偶然性及後現代性研究的觀點，首先先簡潔究明九鬼偶然哲學的形成、結構、問題點與意義。接著，闡明後期田邊哲學中的偶然論，藉以思考九鬼與田邊同以偶然性為論述對象，卻呈現不同後現代思維之面貌的緣由。最後，試圖追尋在臺灣日治時期及其以降不斷蓬勃發展的臺灣文學（張文環的文學）中帶有作為後現代思維的偶然論意象。

---

[5]　坂部惠等編《九鬼周造的世界》，頁78-114。

[6]　《九鬼周造全集》，第2卷，東京：岩波書店，1980年，頁56-57。以下引用該全集以（K卷數‧頁數）略示。

　　這裡必須先做一個聲明。在筆者有限閱讀裡，日治期臺灣文學濃厚透露出殖民與被殖民、統治者與被統治者、傳統與現代的社會結構，對日本帝國與世界之間的動態採取既迎合（指模仿）又對抗（指創新）的態度。潛伏在日治期臺灣文學根底的，可說是命定的宿命（這透露出對自由的渴望之訊息）。張文環的作品大多帶有這些特徵。面對這個命定的宿命，人應該如何生存？這問題自然成為文學家或作家最重要的課題。這也是筆者嘗試以哲學的方式將張文環作品中的偶然論意象勾勒出來的原因。

三、九鬼周造的偶然論

　　九鬼周造在《偶然性的問題》的序論中，第一句話便是「所謂偶然性是必然性的否定」（K2‧9）。接著如此說道：「必然意味著**必會如此存在**（必ず然か有る），也就是說，存在以某種意義在自身當中，擁有根據的意思。偶然則是**偶然如此存在**（偶々然か有る）的意思，也就是存在在自身當中，並沒有擁有充分根據的意思。偶然即是含有否定的存在，亦可以是沒有的存在。換言之，偶然性於存在之中，在和非存在有著不離的內面關係被發現時，才能得以成立。也就是介於有和無之接觸面的極限存在。它既是有根植於無的狀態，亦是無滲透有的形態」（K2‧9，底線和日語為筆者注）。必然因自身內的存在根據，足以顯示其確定性，偶然則因與無之間的緊密關係，顯示其不確定性。九鬼據此說明，偶然性的問題既是有又可能是無，因此是處理超越存在的形而上學必須面對的問題，並主張唯有形而上學才足以處理偶然性的問題（參見K2‧10）。

　　「所謂偶然性是必然性的否定」，這意味著九鬼論述偶然性時，必以必然性為出發點。關於必然性，九鬼如此說道：「何謂必然性，如方才所述，意味著**必會如此存在**，也就是反對的不可能。所謂反對不可能，即是指在自身當中擁有存在的理由，被給予的自己維持著原本被給

予的自己。像這樣，自己為了要澈底保持自己，則必須採取自我保存或自我同一的姿態。也就是說，必然性預設了同一性，因此『甲是甲』這種同一律的形式，表示出最嚴密的必然性。所謂必然，不外乎是從樣態的見地，來說明同一這個性質上的規定。」（K2・12-13）。

當九鬼試圖從必然性出發，檢視被輕視、遺忘甚至是被抹滅的偶然性時，援用洛采（Rudolph Hermann Lotze, 1817-1881）在《邏輯》（*Logik*, 1843）中提出三種通往對必然之認識的道路，即「普遍的判斷」、「假言的判斷」與「選言的判斷」。九鬼把判斷置換為必然，並分別稱此三種類型為「定言的必然」、「假言的必然」與「選言的必然」。既然「偶然性是必然性的否定」，則對偶然之認識的道路，則必為「定言的偶然」、「假言的偶然」與「選言的偶然」（參見K2・13-14）。九鬼分別從邏輯學中的概念見地、經驗界的因果關係及形而上的絕對者來論述「定言的偶然」、「假言的偶然」、「選言的偶然」，因此又稱三者為「邏輯的偶然」、「經驗的偶然」、「形而上的偶然」。但強調偶然性在根源上屬於邏輯學的樣態，因此還是以「定言的偶然」、「假言的偶然」、「選言的偶然」稱之（參見K2・16-17）。

何謂定言的偶然？九鬼如此定義：「定言的偶然，在定言判斷當中，必須在對於作為概念的主詞，謂詞意味著非本質的表徵時，才能得以成立。」（K・251）。針對此，我們可從他舉的例子來理解。三葉草（clover）是三片葉子，此為它現存的標準與法則。若用傳統邏輯學的法則來看，則是同一律（the law of identity），也就是「A是A」（AはA）。三葉草是三片葉子，即為定言的必然。然而，三葉草有四片或以上葉子的情況的話，因主詞與謂詞——三葉草與四片葉（或以上葉子）——不一致，所以違反同一律。這與三葉草概念之間缺乏同一性，因此只是偶然的表徵。這種被視為是非本質的、違反法則的例外，才會造就出「若發現四片葉的三葉草會帶來幸運」的說法。九鬼稱此例外為定言（或例外）的偶然（參見K2・34-38）。

此外，九鬼還提出綜合判斷的偶然性。他著眼於康德在《純粹理性

批判》中分析判斷和綜合判斷的區分，[7]認為前者為「定言的必然」，後者為「定言的偶然」，因為主詞與謂詞不一致（屬於偶然），因此所謂綜合是指脫離自我同一，在偶然情況下，和其他東西相遇而存在的意思。關於此類型的例子，尚有特稱判斷（這個……是……、那個……是……）的偶然性、孤立事實的偶然性等。

　　然而，九鬼並不滿足於偶然只能歸納在這一種類型。因為此種偶然是在「一般概念」探求意義底下的產物，所以九鬼才會說：「定言的偶然的核心意義在於，對於一般概念的個物及各個的事象。」（K2・252）。然而，任何一種特殊現象必有其所以然的理由，不也是我們一般人會有的反應嗎？譬如，三葉草有四片葉，或許是因為營養、氣候、外力等理由。九鬼認為對偶然性的探討，有必要從探求理由開始。從此理由的探討中，我們可以看到不屬於因果、目的、理由系列的偶然諸面向。接下來的假言的偶然，便是和它相關的探討。

　　「假言的偶然必須立於假言判斷中理由與歸結關係之外，才能得以成立。」（K2・251）。九鬼認為理由律根植於同一律，所以理由與歸結關係（由於……才……的關係）是一種必然關係，偶然性正是出現在這種關係以外的東西，並稱之為「理由的偶然」（明明是……卻……。參見K2・45-46）。此外，假言的偶然的另外兩種型態是，「因果的偶然」與「目的的偶然」，相對於理由的偶然屬邏輯學範疇，後兩者則屬經驗的領域（參見K2・66）。相同地，九鬼亦認為因果律與目的性，皆可還元到同一律，所以偶然性亦可從因果關係（若……就……、因為……所以……的關係）、目的手段關係（為

7　參見康德的這一段話：「或乙賓詞（謂詞：筆者注）屬於甲主詞而為包含於甲概念中之某某事物，或乙與甲雖相聯結而乙則在甲概念之外。前一類我名之為分析判斷後一類則名之為綜合判斷。分析判斷（肯定的）其中賓主連結，視為相同之事物；凡其連結，不以賓主不為相同之事物者，則應名為綜合判斷。」《純粹理性批判》（藍公武譯，北京：商務印書館，1997年，頁35）。

了……而不得不……的關係）這兩種關係以外的地方找到（參見K2‧62）。

　　關於目的的偶然，九鬼再次舉出幸運草的例子。他說道：「擁有三片葉，對三葉草而言，是應該實現之目標的話，那麼有四片葉的三葉草，則因缺乏目的的實現，屬於偶然的存在」，並指出亞里斯多德稱之為「違反自然」、黑格爾稱之為「自然的無力」，全都是根基在目的觀上所帶來的結果（參見K2‧75）。關於因果的偶然，亦有三葉草的例子。三葉草在成長初期受傷最後變成四片葉，是因為強風偶然颳起沙撞擊該部位所造成。像這種前後兩種不同因果系列的結合，九鬼稱為因果的偶然（參見K2‧112）。

　　然而九鬼認為，無論假言的偶然中所包含之任何一種偶然的型態，都無法阻擋人們繼續追問不同因果系列結合的原因。因此在這種可以繼續追問原因的情況下，他設置了一個作為理念的「原始偶然」（參見K2‧146-147）。同時這也是九鬼為何提出屬於形而上學領域的「選言的偶然」的理由。

　　「選言的偶然，必須在將被給予的定言判斷或假言判斷視為選言判斷（指形式邏輯學的「A或B」：筆者注）的一個區分項目，並認為另外還有其他幾種區分項目存在的情況下，才能得以成立。」（K2‧251）。簡言之，即是全體（一）與部分（多）之間的關係下所顯示出來的偶然性。譬如水和其液狀、固狀或氣狀的關係，作為部分的液體、固體或氣體，都可能是作為全體的水的一種形態。因此作為多的部分（無論是哪個狀態）對作為一的全體（水）具有偶然性，後者則對前者具有必然性（參見K2‧149-150）。

　　若用骰子做為例子的話，骰子與六面的點，即是全體與部分的關係。1-6的任何一點對骰子都具有偶然性，同樣地，後者對前者亦具有必然性。這裡若把賭博、骰子、偶然性做聯想的話，賭徒下注的點，可能每次都會中（有），也可能每次都不會中（無），要出現哪一點根本無法掌握，換言之，中與不中、有與沒有正是偶然性所處的境遇。當然

種種內外在的因素亦會影響結果，但若想要追溯造成某一結果之原因的話，想必會出現無限往上追溯的情況。針對這樣的情況，九鬼如此說道：「然而，當我們在『無限』的彼方掌握到理念時，我們必須要知道該理念即是『原始偶然』。」（K2‧146）。

　　九鬼認為原始偶然是起源，因此亦是絕對的必然，原始偶然與絕對必然是指同一個東西。換言之，此兩者是形而上絕對者的一體兩面。此形而上絕對者，雖具有亞里斯多德的「不動的動者」（自因者）的必然性側面，但它同時也具有「被推動者」（他因者）的偶然性側面。形而上絕對者除了有一個絕對肯定（必然）的靜態面，還有一個絕對否定（偶然）的動態面。前者是從形而上絕對者的層面，後者是從個體經驗的層面來看的。因此，不僅個體經驗有必然與偶然的糾結，就連絕對者的作用，亦不脫離必然與偶然。九鬼最後歸結出，形而上絕對者具有「必然―偶然者」的矛盾性格，因此可說是必然與偶然的辯證統一態（參見K2‧236-241）。小濱善信將此種絕對者解讀為一直丟骰子的「遊戲的神」，而不是創造、支配或愛的神，雖道出九鬼形而上絕對者（神）的偶然性特質，但卻不是全面性的掌握，因為「神」的特質，必須在必然性與偶然性之間的辯證關係裡，才能得到完整的掌握[8]。

　　以上是九鬼偶然哲學的基本結構。據上可知，九鬼無論是從邏輯學、經驗界或形而上學來探討偶然性，都在提醒我們，偶然性總是以令

8　參見小濱善信在《九鬼周造的哲學：漂泊的靈魂》（頁172-176）、及古川雄嗣〈透過偶然性來克服偶然性：九鬼周造對虛無主義的克服〉（《京都大學大學院教育學研究科紀要》，第54號，2008年，頁71-84）對小濱的「遊戲的神」之批判。至於「九鬼的偶然論思考在形而上學解構中可能的當代意義」，便在於形而上學的絕對地位之瓦解，也就是說，形而上與形而下的必然，已經不再是自我同一式的存在，因為絕對的必然和絕對的（原始的）偶然是密不可分的關係。總之，對九鬼而言，無論是討論形而上或形而下的問題，都不能忽略偶然與必然的辯證關係。有關九鬼針對形而上絕對者與偶然性的論述，因篇幅關係，將於日後探討。

人驚奇的方式出現在我們面前。九鬼在邏輯學層面上探討必然時挖掘出偶然，但卻在經驗層面上揭露出該偶然的必然性，在經驗層面上處理必然時不斷地突顯出偶然，然而卻在形而上學層面上藉由設置一個始源——原始偶然，來揭發該偶然的必然性。在形而上學層面上提出作為「必然—偶然者」的形而上絕對者，主張必然與偶然的同時不可或缺性。此種層層對偶然的發現與否定，以及對必然與偶然不可分割性的強調，正突顯出偶然性的重要。[9] 世間所有事物及其活動透過九鬼的哲學工作，不再像我們一直自以為是、理所當然的那樣運轉。因為它會告訴我們，偶然性總是有可能以無法預期的姿態（非常態、無常態）出現在我們面前，讓我們感到驚奇的同時，又讓我們感受到它所帶來的無限可能性。

四、田邊元的偶然論

　　田邊元與九鬼周造偶然論的接觸與交流契機，是在審查九鬼的博士論文《偶然性》（1932）。該論文內容的發展到了《偶然性的問題》（1935）時，有兩個大改變，一個是關於偶然性與形而上絕對者（有與無）之間的關聯，一個是偶然性的倫理學（存在與實踐）見地。此種轉變正是九鬼對田邊的批判所做出的回應。[10] 然而，野內良三論述九鬼偶然的三個型態後，在結論處，一方面高度評價他對偶然性的體系性考察，另一方面表示他把偶然拉到形而上學層面，並以形而上的高度來眺

9　這裡浮現出偶然性作為必然性的他者意象，更進一步來說，兩者互為他者的意象，正意味著以必然為基礎的自我同一性哲學之解體（參見K·254-260）。此種偶然性的他者意象以及與其相關的九鬼的倫理學（譬如我和你的問題），將於日後探討。

10　關於此內容的考察詳實，參見宮野真生子〈個體性與邂逅的倫理：從田邊元·九鬼周造往復書信來考察〉（《倫理學年報》，第55集，2006年，頁225-238）。另可參看《九鬼周造全集》別卷「月報12」中揭載的資料「田邊元·九鬼周造往復書簡」。

望偶然（巨視傾向），可說是一種敗筆。[11] 這顯露出後現代思維的「微視傾向」與對形而上學抱持警戒的態度。

　　筆者認為，這兩種立場正顯示出後現代思維的兩種發展可能性。一種是對現代性的批判式繼承立場，另一種則是對現代性的完全切割。本文所處理的田邊與九鬼的偶然論，則屬於前者（張文環文學作品中的偶然論意象亦是如此）。既然《偶然性的問題》已顯示出此一傾向，正意味著直接讚美、擁抱所有層面上的偶然性是非常危險的，因為那種做法有可能會產生另一種日本式的虛無主義或獨斷論立場。以下將論究田邊如何處理偶然性及其現代性意義。

　　田邊的偶然論，在戰後宗教哲學與藝術哲學的開展中，展露出其面貌。田邊並沒有像九鬼一樣，以偶然性為對象來做系統性的論述，但我們可以看到偶然性透過他所提倡的宗教實踐，關乎到吾人現實生活中的行動與時間的問題，並彰顯其倫理學意義及歷史意義。田邊在日本戰敗前夕的一場公開演講中，以「懺悔道」（1944）為題進行演講，說明自己的哲學由以理性為基礎的「自力哲學」轉向以理性與信仰交互辯證為基調的「他力哲學」。[12] 此即為田邊將自我同一性的「種的邏輯」轉向絕對矛盾的懺悔道哲學的真實告白。

　　懺悔道哲學的基礎結構，呈現在作為絕對他力的絕對者（佛）、媒介者法藏菩薩與眾生三者的絕對媒介關係（往相與還相的循環運動）上。[13] 絕對者之所以為絕對者，不僅須有自我限定的機制，還必須以相對者的「懺悔」（承認自力、理性無能的自我否定行＝他力信仰）為基礎。然絕對者作為否定相對者的形而上存在，和相對者並沒有接觸的可

---

[11] 野內良三《活出偶然的思想》，頁162-164。

[12] 此演講內容未收錄在全集，參見藤田正勝編《作為懺悔道的哲學》（2010年，東京：岩波書店，頁11-31）。田邊的戰後哲學，參見廖欽彬《近代日本哲學中的田邊元哲學：比較哲學與跨文化哲學的視點》。

[13] 《田邊元全集》，第9卷，1963年，東京：筑摩書房，頁196-201。以下引用該全集以（T卷數·頁數）略示。

能。田邊在此援用日本淨土真宗思想家曾我量深（1875-1971）的法藏菩薩論，提出法藏菩薩於兩者間的媒介作用。因為，佛雖已為佛，但悲憫眾生尚在苦海，遂發誓願只要有一人尚未得救（指尚未被引領到極樂淨土之意）自己就會一直處在法藏菩薩的修行階段，不願成佛。所以法藏菩薩成為絕對者與相對者的中間媒介。「絕對者（佛）⇔法藏菩薩⇔相對者（個人）」三者的絕對媒介關係（往相與還相的交互媒介關係），成為懺悔道哲學中哲學與宗教的辯證結構。

　　此結構與九鬼以下這段話的共通點在於，透露出絕對者與相對者之間的密不可分性。「絕對者並非空虛的抽象性全體，而是充實的具體性全體，只要是如此，就不會是單純的必然者，也不會是單純的偶然者，而是在必然與偶然相關下擁有意義的『必然─偶然者』，如此一來，絕對者因相對有限者，才能得以成為絕對者。換言之，藉由作為偶然部分的他在，才能獲得絕對全體的具體性意義，因此把作為『必然─偶然者』的絕對者，視為絕對者辯證法中即自且對自（自在且自為：筆者注）的階段，也無妨。」（K2・241）。

　　九鬼以「必然即偶然」的交互關係，處理絕對者與相對者的關聯（即彼此的存在根據），而田邊則以「自他懺悔即救濟」、「自他否定即肯定」或「死即生」的交互關係，處理絕對者與相對者的關聯（即彼此的存在與行動根據）。前者的形而上學體系，並沒有宗教慈愛（即宗教倫理）的出現，因此必然與偶然的交互關係，也僅止於理論的層面，缺乏具體的實踐或行動能力。至於宗教實踐，也就是以「自他否定即肯定」這種宗教實存式的轉換運動為內容的「懺悔」與偶然性，田邊如此說道：

　　　　時間的過去，不單只是作為偶然來讓我們背負的限定而已。其限定自身和自己如何承認它是何種限定、它是何種存在有關。因此，一般認為過去在某個意義上含有未來，並為未來所媒介。實際上，我們的經驗和主體如何承認它相即，其存在性才得以

決定。在這種意義上，在未來該如何媒介、定義它這問題限定
著過去，這裡存在著懺悔是代表行為根本形式的典型之理由。
（T9・79）

田邊認為支配、規定我們的過去的偶然性，會依據我們現在的行
動或在朝向未來時現在應該怎麼做而決定，並透過現在的懺悔，企圖統
一過去的偶然與未來的自由行動。偶然性既不再是十九世紀西方歷史學
派所說的「因為如此所以有這樣的東西」（T9・69）這種歷史事實所
擁有的絕對的偶然性，也不是應該被定義為普遍法則與自然法則所不能
捉摸的不確定性或突發性，而是應該被視為與企圖朝向未來的現在懺悔
相關聯的存在。[14]若是如此，我們可以得知，偶然性和「自他否定即肯
定」的懺悔行相關聯，並透過此關聯，將過去與未來這兩種時態作為
自己的本質。偶然性透過「自他懺悔即救濟」、「自他否定即肯定」
或「死即生」的宗教實存式實踐，傳達出其宗教倫理的意涵及歷史意
義。[15]然而，田邊哲學的偶然性不僅止於此，它和藝術及藝術創作亦有
極大的關聯。

田邊的最後著作《馬拉美筆記：關於《Igitur》、《骰子一擲》》
（1961），以批判海德格《在通向語言的途中》（Unterwegs zur
Sprache, 1959）為出發點，繼而轉向闡釋馬拉美（Stéphane Mallarmé,
1842-1898）的詩與詩的創作行為。田邊認為海德格意圖透過詩的創作

---

[14] 田邊對歷史與偶然性之間的論述，參見廖欽彬〈後期田邊哲學的偶然性
問題：以《作為懺悔道的哲學》為中心〉，《哲學・思想論叢》，第29
號，2011年，頁67-77。

[15] 關於田邊的歷史觀及他如何處理宗教哲學與歷史哲學的關聯，參見廖欽
彬〈田邊元與大島康正的歷史哲學：時代區分的成立根據〉，收錄於
廖欽彬《近代日本哲學中的田邊元哲學：比較哲學與跨文化哲學的視
點》，頁100-120。他認為歷史可以改變，是依據現在的行動或為朝向未
來而做出現在的決定有關。此立場有其一貫性，甚至田邊在談論偶然性
時，亦不曾改變。

行為，來超越西歐邏輯思考的侷限，也就是謂詞存在的觀念性，並突顯主詞存在的實在性，另一方面主張詩與思想的相即，不僅能突破語言的思想界限，還能藉由語言的詩與律動形成行為自覺，來克服思想的邏輯界限，有其創見之處。然而，海德格只停留在「思想即是解釋既存詩人的用語」，並沒有將打破思想的過去框架繼而在未來進行自由的創作這種詩的創作行為，帶到哲學來加以發展，相反地，哲學思考亦沒有轉入詩裡（參見T13・202-203）。

田邊這種對海德格的失望，轉而對馬拉美的期望。因為田邊認為馬拉美從《Igitur》（完成於1869-1870年，於1925年被發現並出版）到《骰子一擲》（*Un coup de dés jamais n'abolira le hasard*, 1897）的思想轉向，正意味著他透過詩的創作，將自身的知性拋擲到無，藉此再透過詩的創作將處於無的知性喚起的過程，而此過程顯示出馬拉美詩的創作立場，是從希臘的理智主義（intellectualism）到基督教的實存自覺之開展（參見T13・290）。

田邊對《Igitur》的著眼點在於，主角Igitur的自殺及詩內容中所出現的必然與偶然的關係。Igitur出生於貴族家庭，家族對他的期待非常高，他為了回報家族期待而做了一些努力，但不料後來卻因家族傳統的力量過於強大，迫使他無法承受，最後用自殺來結束生命，以示對家族的負責。父母過於自信的培養所產生的期望以及此期待和Igitur本人能力的不均衡所產生的絕望，形成強烈的對比（參見T13・215、229）。田邊認為馬拉美並不是要透過Igitur的自殺，來說明命運的必然勝過自由意志的偶然或代表合理、理性思維立場的必然摧毀在知性幽暗處的偶然。田邊透過對《Igitur》的解讀，為馬拉美進行辯護，認為他正處在必然與偶然的葛藤之中（參見T13・250-251）。[16]

然而，馬拉美最後讓Igitur走向自殺，放棄必然與偶然的葛藤狀

---

[16] 廖欽彬〈宗教實踐與「偶然」：以後期田邊哲學為中心〉（《比較思想研究》，2010年，第37號，頁82-91）有詳細的論述。

態，使得偶然（自由意志與行動）臣服於必然（家族傳統）。馬拉美最後奔向的是：否定偶然所帶來的安逸以及朝往保證知性的必然之路（參見T13・265-267）。這造成馬拉美相隔約三十年（指《Igitur》到《骰子一擲》之間）才再次拾筆創作詩的結果，同時意味著他在知性上的怠惰與安逸。《骰子一擲》即是馬拉美體認到：人即使處在必然與偶然的葛藤、矛盾、不安狀態中，仍然不能放棄偶然的著作。

《骰子一擲》的主角——觸礁船的老船長（即年老的Igitur），將骰子的一次拋擲視為決定命運的賭注，在和大海搏鬥中，骰子任何一面的出現雖然只不過是偶發性的，但他卻認為骰子絕不會放棄偶然。田邊指出此即為馬拉美從《Igitur》到《骰子一擲》的思想轉向。此轉向意味著在《Igitur》中被家族傳統（必然）淹沒的Igitur個人的自由意志（偶然）到了《骰子一擲》，則轉變成「必然即偶然」的辯證態勢。田邊認為老船長勇於接受在命運中包含必然與偶然的矛盾關係，在和大海搏鬥並試圖支配它時，犧牲自我、愛自己的命運，順從命運表層的必然並活用它，如此一來，反而能將命運裡的偶然轉到自由的境遇。此種老船長的行動，無疑是宗教實存自覺中的自我否定即肯定、死即生的宗教實存式實踐（參見T13・220）。馬拉美創作詩的動機，可說表現在老船長的行動上。也就是說，馬拉美自身因詩創作的窘境而陷入對自身能力的絕望，其結果，在經過被逼迫近乎自殺的失心狀態後，轉向死後復活的宗教實存式實踐，最終到達《骰子一擲》的創作。馬拉美之所以不放棄藝術創作的偶然，是因為偶然能為人類必然的宿命帶來自由的可變性及創造性。當然，這種馬拉美詩集中的偶然意象，全然是在田邊的宗教哲學體系下的被呈現出來的。

據上可看出，偶然性透過田邊所謂的宗教與藝術實踐，不再像九鬼的偶然性一樣，只停留在邏輯學與形而上學的層面，它隨我們在現實生活中的行動，展現出自身的具體性。在田邊與九鬼的往返書信裡，我們可以看到田邊對九鬼偶然論感到不足的正是道德、倫理的缺席。這也促使九鬼為了回應此問題，在《偶然性的問題》所鋪陳出來的「我

和你」的倫理性以及將《淨土論》「觀佛本願力，遇無空過者」轉釋為「觀佛本願力，遇勿空過者」，來補足其偶然論在實踐層面上的匱乏。然而，相較於田邊的偶然論，九鬼的偶然論顯然太過於唯美，作為相對者的個人，因實踐力的缺乏，顯得格外的浪漫與天真。但透過對兩者偶然論的比較，至少我們可以了解到，不能對偶然性的作用採取全面性的信任，因為它極有可能隨即會以虛無、開玩笑的方式，來瓦解我們對它的信任。

五、抵抗必然的偶然：張文環的嘗試

如果說偶然性在「詩人、詩、詩的創作」或「哲學家、哲學、思考」之間扮演極重要之角色的話，我們或許可以聯想到張文環以及其文學作品、文學創作這三者之間所交織出來的「必然—偶然」意象。張文環出生在嘉義梅山，就如一般所了解的情況一樣，是在臺灣封建傳統、日帝殖民體制、國民黨體制壓抑下過活的人。他自嘉義的公學校畢業後，前往日本就讀中學與大學。在東京參加左傾的「臺灣文化同好會」被逮捕，經釋放後立即組織「臺灣藝術研究會」並發行《福爾摩沙》（《フォルモサ》），之後合流到「臺灣文藝聯盟」的文學運動，活躍於東京與臺灣的文壇。1938年回臺後，繼續文學創作。在日帝統整臺灣文壇後，一方面為日帝組織「臺灣文學奉公會」撰寫皇民化文學與宣揚國策，另一方面組織「啟文社」繼續寫作屬於臺灣人的文學作品。其文學創作與活動，隨時勢、環境等不斷在改變，但日本戰敗國民黨來臺後，其文學創作因政治、語言等因素終告結束。當他再提筆寫作時已是1972年以後的事。[17]

張文環在〈我的文學心思〉（《興南新聞》1943年8月16日）一文

---

[17] 關於張文環的事蹟，參見臺灣現當代作家研究資料彙編《張文環》，2011年，臺南：臺灣文學館，頁51-66。

提到，臺灣文化必須由臺灣土地實情的環境產生，臺灣文學的問題是臺灣人的問題，不是文學本身的問題。文學是因為有一種人性的情感交流，才有文學的價值。[18]若將這段告白放在其文學作品中來看，可說極為貼切。陳芳明指出其文學作品在技巧上雖有現代主義的美學色彩，但基本上帶有強烈的寫實主義及自然主義傾向。寫實與自然代表的正是臺灣土地與人民的實情，因此其作品被視為1930年代的鄉土文學典範。[19]張文環的文學作品，可說是在殖民與被殖民、主流與非主流、中心與邊緣、傳統與現代、自我與他者、體制與反體制、命定與自由等種種情境的張力下形成的。本文試圖從其長篇小說《山茶花》（1940）到《滾地郎》（《地に這うもの》，1975）的文學創作轉向中，尋找出潛在其中的偶然論意象，並藉此思考在臺灣風土中所產生的另一種後現代思維面貌。[20]

　　《山茶花》的主角楊朝賢，出身在臺灣中部偏鄉地區，父親經營商行、買賣農山產及日常生活用品，母親則為家庭主婦，屬於中產階層的家庭。朝賢是家中的獨子，有兩位青梅竹馬的表姐妹（錦雲與娟）。孩提時代，三人時常在一起玩，朝賢與娟小學同班，成績總在娟的下面。錦雲則因家庭經濟因素沒上學，但卻具有漢學素養（影射她接受的是和新式教育不同的傳統漢學教育）。朝賢與娟的命運，在一場小學畢業旅行而分道揚鑣。娟和雙親吵架，不僅沒去旅行，還鬧到休學。原本前程看好的她，卻變成在家幫忙的鄉村姑娘。一條臺灣鄉下女性該走的路，自此降臨在她身上。即是相親（雙親指定）、嫁人、相夫教

---

[18] 前揭書，頁87-91。本書第二章討論洪耀勳為「臺灣文藝聯盟」的文學運動提供文學的理論依據時，極力避免張文環這種臺灣文學的主張。他認為應該從臺灣的特殊性及超越臺灣的普遍性來創作文學。筆者受到這個啟發，試圖在張文環的文學中帶入哲學的普遍視域。

[19] 陳芳明《臺灣新文學史 上》，2011年，臺北：聯經出版，頁187-189。

[20] 前著使用《張文環全集》（2002年，臺中：臺中縣立文化中心），後著則使用廖清秀翻譯的《滾地郎》（1976年，臺北：鴻儒堂）。引用時，分別以（張卷數‧頁數）與（滾‧頁數）略示。

子。朝賢則繼續學業，順利考上中學、高校與大學（一條文化紳士人的路）。錦雲循規蹈矩，走臺灣封建傳統的路，在嫁人後便相夫教子，娟則和朝賢譜出一段戀情。然而，兩人戀情在家勢、學識、文化等背景以及臺灣封建傳統的舊想法「門當戶對」（定言的必然）與父權絕對主義的籠罩下，遂告分離。

朝賢雖為當代知識分子，卻無法反抗上述種種必然的宿運，「對父母的命令是絕對的服從」（張4‧247），越是現代人越受傳統束縛，表面自由內心卻不自由。娟則和朝賢不同，為和戀人在一起想盡辦法，譬如用現代的獨自自主生活或傳統私奔方式（張4‧268, 279），越是傳統人越想掙脫傳統，表面不自由內心卻不斷湧現對自由的渴望。兩人的矛盾心情形成一股張力。然而，打破這股張力的卻是朝賢從東京來的一封信。此信是封分手的信，說明其理由是教育、環境、想法等等的不同，並坦承說：「因為我在遠方這裡，才會有理性看清楚這一點。假如我在臺灣，或許會惹出悲劇來也說不定」（張4‧282）。必須對現場保持一個高度，才能看清事物本質的理性、面對種種必然的宿命只能束手就擒的理性、可避免違反傳統所帶來之悲劇的理性，兩人的戀情因朝賢對理性與必然宿命的順從，而走向破局。這也顯示出，張文環在戰時想欲擺脫日帝統治的魔咒，卻不得不被掌控的矛盾心境。越接近文明的中心就越理性、越肯定必然，這似乎成了張文環不願意接受卻也束手無策的事實。日本戰敗，國民黨來臺，臺灣社會並沒有多大改變，在二二八事件、白色恐怖、戒嚴等種種專制統治下，張文環並沒有創作文學的空間，直到《滾地郎》的出現我們才能看到，必然與自由、必然與偶然在其文學作品中顯示出的張力。

《滾地郎》的男主角陳啟敏，是嘉義梅仔坑庄長陳久旺與吳氏錦的養子。夫婦因生不出小孩而領養啟敏，一是希望能幫自己快點生小孩，一是為添加熱鬧與人氣。久旺在收養啟敏後，生有一男（武章）一女（淑銀），經營商店因生意興旺在地方具有名望，庄長一職也是因此才得來的。女主角秀英和啟敏為同庄人，是王明通與阿媛的養女。夫婦

抱養秀英，一則為兒子（仁德）先預備好媳婦人選，二則為家裡添加幫手。前者家庭一帆風順，後者家庭卻一落千丈，但養子與養女的命運（奴隸的命運）卻相差不遠。啟敏自弟妹出生後，從少爺淪為長工、奴隸，有機會上學卻放棄，甘於撿柴與幫忙店務或家務。秀英則被已婚兄長染指，生下私生女阿蘭，卻還是認命地繼續待在王家，幫忙家務、養育女兒。養子與養女的命運（九鬼所謂兩個不同因果系列），本應無任何交集，而終其一生。但卻因阿蘭的出現（撿柴），使啟敏和秀英在一個偶然的情況下相遇。

兩人相遇、相戀到結合，卻因尚未名正言順而遇到波折。但王家礙於兒子（仁德）的面子和裡子而讓出秀英與阿蘭，陳家則因家境地位與兒子（武章）的面子和裡子，允許啟敏娶媳婦。一切都在傳統、規範以及計算中圓滿落幕，啟敏、秀英與阿蘭三人得以變成一家人。三人順從必然的命運並愛它、擁抱它，在不破壞理所當然磁場的前提下，努力工作、生產與求學。一方面按照傳統、習俗、禮儀和信仰，虔誠地投入生活，一方面抵抗必然的命運（被奴隸、主宰的命運）。阿蘭的偶然，雖已為三人帶來前所未有的喜悅，但張文環不讓不期而遇與自由意志的偶然戰勝傳統命定的必然。偶然與必然之間的拉扯，在這一家人的努力中展露無遺。

譬如，夫婦倆讓阿蘭吃營養的東西，使之成長得比別人健康美麗，讓她讀書接觸新知識，使她懂現代的知識與流行，避免讓她當弟弟（武章）兒子的小保母，使她免於再次淪為奴婢的可能，甚至沒讓她升學、提早撮合她和戀人的親事，以防外人因她是私生女或奴隸的女兒而隨時性侵她，使她無法走向正常人的生活等等。啟敏一家的人生，就如同臺灣人夾雜在必然與偶然的抗爭之中一樣。然而，張文環還是沒有讓偶然的抗爭成功，也不認為偶然才是唯一的戰勝者。因為他在最後設置了阿蘭丈夫的戰死及啟敏的氣絕身亡。小說最後以秀英的這段內心話收場。「神阿！我們沒有做過什麼壞事，我們不該碰到這種遭遇的！請別讓我丈夫遭到不幸……」（滾・309）。

　　命運的必然和自由意志的偶然（亦即人對命定的抵抗）之間的拉扯，從《山茶花》到《滾地郎》有很大的改變。在《山茶花》中命運的必然，以絕對的優勢駕凌在朝賢和娟的戀情與人生上。小說中的人物，大多像陀螺一樣，隨著既定的方向旋轉。令人窒息的是，理性（文明）的獲得，不是容忍偶然誕生的可能性，而是確認偶然的不可能。姑且不論朝賢在東京是否已移情別戀，至少他在面對理性時，是採取絕對信任的態度，甚至是利用理性來處理充滿不確定性的、作為悲劇的偶然性。另一方面，在面對必然的強硬態勢時，娟做了多方的抵抗，譬如休學、學習技能或計畫私奔等。偶然在此雖以敗北的姿態收場，然而到了《滾地郎》則有很大的活動空間。

　　啟敏、秀英與阿蘭三人那種愛自己的命運，虔誠地在命定的人生中尋求突破口，一點也不放棄任何可以改變命運的可能性，這讓我們不得不回想起《骰子一擲》中的老船長。必然與偶然之間的張力，為讀者所帶來的是一種莫名的感動與生命的躍動。然而，讀者讀到《滾地郎》的最後部分，似乎要感受到偶然、自由意志的勝利時，張文環卻將讀者拉回命運、必然不可抗拒的現實裡。奇妙的是，如此的結局，卻透顯露出「定言的偶然」的必然化以及「假言的偶然」。啟敏一家人愛命運的必然而創造出自由的偶然，但此偶然卻因必然的突襲而終告失敗。張文環在此作品所展現出來的文學創作活動，對我們而言，可說是一種作為驚奇、意外的偶然。因為「假言的偶然」就蘊含在其文學創作活動上。然而，若要我們（讀者）追問張文環之所以那麼做的原因為何時，我們可以想像任何一種答案，譬如A、B、C、D……。論述至此我們可以發現，這已屬於「選言的偶然」。

　　藉由以上論述，我們可以確認的是，張文環的文學透過對臺灣的歷史命運、風土、人情等的真實描繪，不僅描繪出偶然論的意象，還為我們帶來一種意想不到的後現代思維。一種對小地方、小人物的細膩與真實的描寫、一種對日本主流文壇、知識體系的抵抗、一種具偶然性的文學創作活動，皆可從其作品中窺見。

筆者試圖透過對張文環兩本小說的哲學式分析，來揭露出其思想中所包含的偶然論意象，藉此突顯出臺灣人未被顯題化的偶然思維傾向。但此不必然是張文環本人自覺下的偶然論。因此在其小說中的偶然論意象給人的印象，或許會是「無法掙脫的命運感不見得能導向政治反抗與對日本帝國統治的批判」。但這並不代表張文環的（特別是其戰後的）小說，沒有任何反抗政治體制或帝國統治的意涵。相反地，應該說，小說中的偶然論意象，是和政治體制或帝國統治相呼應的。筆者在此，僅能就其小說所帶有的偶然論意象，來思考抵抗傳統、主流、體制或帝國等（也就是必然）的可能性。透過上述分析，筆者期望能找到臺灣文學的哲學化之可能性。

六、結　論

關於後現代，李歐塔分別在《後現代狀況》的序言與最終章問答中，很明確地指出：「後現代知識並非為權威者所役使的工具：它能夠使我們形形色色的事物獲致更細微的感知能力，獲致更堅韌的承受力寬容異質標準。後現代知識的法則，不是專家式的一致性；而是屬於創造者的悖謬推理或矛盾論。」、「後現代在現代中，把『不可言說的』表現在『再現本身』中。後現代應該是一種情形，它不再從完美的形式獲得安慰，不再以相同的品味來集體分享鄉愁的緬懷。後現代尋求新的表現方式，並非要從中覓取享受，而是傳達我們對『不可言說的』認識。」[21]

很明顯地，九鬼與田邊的偶然論中的後現代性，更先於李歐塔的後現代論述。九鬼無論在任何一種偶然型態的論述，不僅突顯出在認識（知識）上屬邊陲、幽暗的偶然面貌，甚至強調其不確定性、不可捉摸、不可理解本身的積極可能性。須注意的是，他對偶然性並非採取直

---

[21] 李歐塔《後現代狀況》，島子譯，湖南：湖南美術出版社，1996年，頁 30-31、209。

接肯定的態度，而是在與必然的辯證關係上，間接地顯現其本身。這種後現代的路徑，顯然和李歐塔的後現代論述相較下，在不切割現代性的立場上有所不同。田邊的偶然論，就如馬拉美的偶然觀一樣，顯示出絕不放棄偶然的態度。這種態度全然來自對命運的愛及對未來自由行動的渴望。田邊偶然論中的後現代性雖與九鬼、李歐塔的立場有共通處，但他不忘強調的是，後現代性可能會帶來具有虛無性、荒謬性、頹美性、非倫理性的世界觀。[22] 這也是他對偶然性賦予宗教倫理及歷史意涵的原因。後現代思維關注不被談論或被摒棄、排除的事物，雖能有效地打破既定或被給予的框架與模式，並帶來令人意想不到的驚奇。但此種積極性必也會帶來驚奇過後又該如何生活或行動的倫理問題。這也是田邊偶然論所採取的防禦性措施。

　　至於在臺灣風土、民情中（亦即張文環的寫實文學中）所呈現的偶然性，全然出自臺灣自身的歷史與政治背景。對歷史與政治的必然進行反撲、對傳統習俗的規制採直接或間接的抗爭、對既定的框架進行解構、對同一性的暴力提出差異性的權利、對理所當然的價值觀提出異議、對華麗的文明高舉樸素的人文與自然，透過種種對現代性的抵抗，自然呈現出的是一種後現代思維的面貌。對偶然性的期待與表現，也跟隨著這些反動成正比。相對於九鬼與田邊的偶然論從哲學問題出發，張文環文學中的偶然論意象，則是從現實、具體的事物出發。從抽象的邏輯與語言談論偶然性與從風土、生活、文學或藝術創作中體現偶然性，是完全不同的取徑。然而，根據以上考察，我們反而可以看到一種東亞偶然性及後現代性發展的不同面向。與此同時，本人認為本章所企圖的文學與哲學之間的會通，將可提供更多形構東亞哲學與臺灣哲學的思想資源。

---

22 這也是李歐塔所擔心的地方。見《後現代狀況》的序言結尾。

結　論

　　本書以活躍於臺灣日本統治時代的哲學家及文學家為主，聚焦在他們透過吸收日本帝國知識體系後轉而重新認識臺灣、日本及世界的言論與思想之活動，從中編織出「臺灣哲學與日本、歐陸哲學之間」知識及思想連鎖的網絡，並試圖在此網絡中勾勒出「戰前臺灣哲學諸相」。在這個研究過程中，出現了許多如何形構臺灣哲學的根本問題。正如本人在《臺灣東亞文明研究學刊》的「日本哲學與臺灣哲學的對話」專號引言中所述，相繼於二十世紀末、二十一世初在東亞的哲學學術圈關於「中國、日本、韓國是否有哲學？若有的話，中國、日本、韓國的哲學又是什麼？」的問題討論後，必會出現「臺灣是否有哲學？若有又該如何定義？」的提問。[1] 本人認為針對這些問題的回應，並不能真正給予世人臺灣哲學的形象。臺灣哲學的面貌必須以一種具有開放性、多元性、全面性的哲學探討方式來呈現。當然這些討論或呈現方式，皆不能離開臺灣的人事物、風土、歷史、文化等。

　　本書在第一章到第五章，以京都學派哲學與洪耀勳哲學之間的歷史性及知識性關聯為主軸，探討了歐陸哲學在日本與臺灣被接受、發展與轉化的情況，目的便是在於將洪耀勳哲學的形成放在一個橫跨歐亞的脈絡之中進行探索。因此洪耀勳的哲學並非是一個海上孤島或無中生有的產物，它既具有一定的普遍性，又帶有特殊性，亦即所謂臺灣主體性。從西方近現代哲學史的角度來說，洪耀勳哲學的形成，處在一種從

---

[1]　參見廖欽彬〈「日本哲學與臺灣哲學」專號引言〉，《臺灣東亞文明研究學刊》，第 15 卷第 1 期，2018 年，頁I-V。

觀念論到實在論的轉變過程。當然京都學派的哲學亦正視了這個巨大的轉向，並試圖以絕對無或空的概念，來突破西方實在論的困局。[2]

在這個從「存在與認識」到「生存與實踐」的哲學轉捩點中，出現了兩個必須加以重視與正視的問題，即人的生存與生存空間的問題。前者關乎人的實存，後者關乎人的生存環境（比如國家、民族、政治、經濟、社會、文化、宗教、藝術等）。換個話來說，臺灣的哲學正關乎著臺灣人的生存及臺灣人的生存環境。當然這種說法只道出臺灣哲學的特殊性格，並不足以道出其普遍性格。如何解決此問題？顯而易見，那就是要將臺灣人與所有人的生存及臺灣人與所有人的生存環境納入「臺灣哲學是什麼？」的定義範圍或闡釋活動之中來探討。此種對臺灣哲學的形塑，恰好顯露出此運動的無限發展可能性。西田幾多郎在《日本文化的問題》（1940）談論日本文化的定義時，主張日本既是中心亦不是中心，每個地方既是中心亦不是中心。這個想法亦影響了京都學派的世界史論述，即「世界史必須是世界的世界史」。藉此意思，我們可以這樣思考：臺灣哲學乃至臺灣主體性的討論，既要作為中心來進行，又不能作為中心來進行。這種「即心離心」的立場，看似違反如何定義、形塑臺灣哲學或臺灣主體形象的原則，實則不然。這恰好能讓吾人更能在這種無限「即己非己」的背反塑造運動當中探討臺灣哲學或臺灣主體的形象。

當然讀者在本書第一章到第五章中所讀取到的，大多是在接受歐陸與日本哲學後的臺灣哲學或臺灣主體性是什麼的訊息。比如第一章以風土為中心，談論了和辻哲郎如何從歐洲的風土論中提煉出日本的風土論，洪耀勳又從中如何思考臺灣的風土論。這裡似乎能看到的是一種哲學在東亞開展的歷史脈絡。然而，若從上述「人的生存」與「生存環

2　關於此，本人於會議論文〈西谷啟治的虛無主義論及其海德格爾批判〉（法相唯識學與佛教量論學術研討會暨東方唯識學會第四屆年會2020年11月14-15日）、〈京都學派與虛無主義：以阿部正雄爲中心〉（《現代哲學》，2021年第4期，頁74-82）中有所討論。前文預定明年初出版。

境」這個普遍哲學視角來討論時，我們便會發現所有地區或文化圈，都具有其自身獨特的風土論。第二章以實存概念為中心，探討田邊元在如何論述實存概念在西方哲學史的發展與當時狀況後，發展自身獨特的實存論，洪耀勳在繼受該實存論後，又如何在面對臺灣文學與風土的同時打造出臺灣實存論或臺灣主體性的論述。這裡同樣還是以歷史線索為主軸，在闡明日本哲學與臺灣哲學之間影響關係時，提出洪耀勳的實存哲學面貌。若套上「人的生存」與「生存環境」這個普遍哲學視角，我們就能將臺灣的實存哲學和其他地區或文化圈的實存哲學進行比較，以便重新審視什麼是生存或生存環境。本人認為臺灣主體性的建構必能從這個跨文化研究視域中找到參考資源。

此種跨文化研究視野，比如在第五章中以海德格哲學在日本與臺灣的接受與轉化為主軸，展望中國與韓國（朝鮮）的海德格哲學接受史之論述中，便能窺見。這裡的主要討論固然是「歐洲—日本—臺灣」哲學之間的連動關係，但同時亦帶有以「未完待續」的方式將研究視野延伸到中國與韓國（朝鮮）的期望。之所以會以這種方式呈現，是因為本人試圖想讓東亞地區各文化之間的哲學論述，能在彼此互構的關係網中，得到更進一步闡釋與發展，藉以勾勒東亞哲學及臺灣哲學的圖像。當然這個嘗試只是一種過程的素描筆記而已。至於什麼是真正的完成品？此問題只能停留在發問的層面，不會有任何的確切答案來與之呼應。

這裡本人想稍微介紹西田幾多郎在《藝術與道德》（1923）的一個短篇〈從馬克思・克林格的『繪畫與素描』談起〉（1920）中談論「素描即是完成品」的主張。西田在同書的首篇文章〈美的本質〉（1920）中認為美就是包含每個個人人格的全人格中的具體、純粹感情或自由意志之表現。這個對峙於西方「知」的東方「情意」論，是奠基在人的主客對立以前的具體、整體生命之上的。西田針對西方世界只將素描視為繪畫的底稿（過程或手段），沒有給予素描一個獨立意義的立場表示不贊同，並指出拉斐爾的素描便是典型的代表。相對於此，他認為杜勒的

素描鮮少有這層意義，素描本身就是完成品，也就是西田說的「素描也有素描本身才能表現的真實」。事實上，素描不外乎是人的主客未分前的整體生命，亦即全人格的表現。這裡本人不敢說本人在這本書的所有臺灣哲學研究論文都是其本身才能表現的真實，但至少借用西田的素描論來說，亦可能捕捉到每篇文章的真實。至於作為時間軸的過程素描與作為空間軸的真實素描，如何取得一個辯證的關係則無法在這裡細談。

　　當然本書若只停留在洪耀勳的哲學研究，並不足以顯示出臺灣哲學的多元面貌。在選取研究對象與材料時，顯然本人有一些研究偏向與愛好，那就是大多選取與日本哲學或京都學派哲學有歷史關聯的臺灣哲學家。此種作法固然會遭到各種批評，比如為何只選定「歐洲—日本—臺灣」這個脈絡，不選擇「英美—臺灣」或「歐洲—中國—臺灣」這個脈絡？又為何只限定在戰前（1945年以前）的歷史片段，不選取「戰前與戰後」（1945年的前與後）這個轉捩點？此外，還有一個更重大的問題是牽涉到政治意識形態的問題。臺灣哲學的討論，為何能排除1945年後從中國移植過來的知識系統？日本與中國的知識系統，在臺灣哲學的形構上又該如何取捨與銜接？1990年代後臺灣因中國大陸改革開放、冷戰體制瓦解與島內政體動盪，逐漸醞釀出現關於臺灣與世界之間知識系統的重構運動，本書的臺灣哲學研究又和這個轉捩點有何關聯？這裡除了牽涉到本人的研究能力以及研究材料的缺乏外，另也道出這塊研究領域尚處於方興未艾的階段。臺灣哲學的形構仍需要許多學者的研究與參與。

　　本人在上述種種主客觀因素下，以哲學議題的方式選取了楊杏庭、曾景來與張深切，分別透過三者的著作及歷史背景的研究，梳理出各自所依據的知識脈絡。這三位哲學家的哲學素養，顯然還是和日本哲學或日本帝國的知識體系有密不可分的關係。

　　本書第六章以歷史哲學為主題，分別檢討了三木清、西田幾多郎、高坂正顯的歷史哲學並以此為考察的基礎，探討了楊杏庭的歷史週期法則論。其中高坂在探討歷史定義時，一方面雖舉出歷史的周邊與中

心之區分，另一方面卻又指出周邊與中心未分這種具體普遍的史觀。簡言之，就是每個具體的話語與超越的價值密不可分的歷史，正是高坂認為的歷史定義。當然這背後還必須有歷史參與者的宗教自覺。相對於此，楊杏庭則以「獨裁政權」與「議會制政權」這種社會科學觀點，提出循環、進化史觀。此史觀的建構又取決於他本人的游動性生存與生存環境。在本人看來，無論哪種史觀都和人的實存或生存境地有極大的關聯。透過檢視這些史觀及其形成的理論根據，都有引領本人形構東亞各地區的哲學接受與發展史，乃至這些地區的哲學研究無論在歷史層面或超歷史層面上的彼此連動關係之價值。歷史是什麼？書寫或談論它的主體是什麼？歷史要如何不斷地被討論與建構？談論或書寫的人之生存及其環境要如何被掌握與表現？這些問題同樣可以折射出如何研究東亞哲學與臺灣哲學的問題意識。用田邊元的「種的邏輯」來說，個人或共同體的歷史敘述以及個與個、共同體與共同體之間的歷史敘述，不僅會關係到東亞的東亞史，甚至會關係到世界的世界史問題，其中宗教的超越與救贖扮演著重要角色。在這種問題意識下所產生的歷史哲學論述，無疑是現今迫切的課題。

　　第七章以宗教哲學為主題，試圖在日本近代宗教及宗教學發展脈絡中找出曾景來的宗教論述之位置。從當代哲學研究領域來說，或許曾景來的宗教言論，尚不足以稱為哲學。但本人認為在某個程度上，從歷史的角度梳理曾景來的佛陀觀或其大乘非佛說論、理性主義的立場，可以建構出該言論與東亞近代化之間的親緣關係，並藉此進入各種宗教近代化議題的探討。在這些議題的探討中，必能找到將其言論哲學化的可能性。在東亞宗教近代化議題方面，比如龔雋對比李提摩太譯與鈴木大拙譯《大乘起信論》，強調前者佛教觀的基督教色彩及後者佛教觀的對抗西方文明立場。鈴木的英譯版《大乘起信論》，更多是針對西方佛教觀（南傳、小乘佛教）而產生的。[3]若將此章中日本與臺灣的宗教近代化

3　參見龔雋〈鈴木大拙與近代東亞大乘觀念的確立：從英譯《大乘起信

歷程對比進來，便會發現日本佛教的近代化呈現出多元面貌的景象。曾景來的佛陀觀或其大乘非佛說論，顯然是否定大乘佛教而發的。其背後不僅有西方比較宗教學的理性思維，亦有日本近世（江戶）佛教學的理論在起作用。至於將曾景來的佛陀論哲學化的論述，在此不再贅述。

　　第八章以《論語》這部經典為主軸，串聯日本近現代的漢學家及哲學家的起源考，以此為基礎將日治時期臺灣社會運動家、思想家的張深切之《論語》闡釋，進行一個東亞脈絡式的解讀，不僅可以看出經典在異文化的多元面貌，還能看到經典在東亞近代化的曲折經歷。此章舉出的日本漢學家及哲學家之《論語》起源考，具體來說即是原始孔子形象及孔子原話的考究，和第七章日本近代宗教家或哲學家探討原始佛陀形象及其原話，有共通的時代關聯性。一種理性思維下的科學、實證式起源論考，成為近代日本學術研究的時尚潮流。即使白川靜的孔子觀與此精神相反，亦不能脫離此種前提的設定。這種研究立場一方面表現出日本哲學思想家的自我與自他重構的精神，另一方面也反映出科學、實證式起源論考的缺漏。能彌補這一缺漏的，就是仰賴思想的推論工作，也就是思想史的研究工作。這在武內義雄的研究中就能看到。而張深切的《論語》理解有一大部分便是來自上述理性思維下的科學、實證立場或亦比較思想立場，以及與這種近代性不同調的思想史立場。當然迫使他進行這種思想工作的，還有他自身的生存及其生存環境（比如文化革命與文化復興的兩岸對峙）。臺灣主體性的思考必不能遺漏這個歷史片斷。

論》（1900年）到《大乘佛教綱要》（1907年）），《臺大佛學研究》，第23期，2012年，頁77-120。此文爾後收錄在龔雋、陳繼東《作為「知識」的近代中國佛學史論：在東亞視域內的知識史論述》，北京商務印書館，2019年。這本書揭示中國內部一直以來停留在教理、教史或教科書式的中國近代佛教史或知識史研究的陳腐，在介紹新一輪的近代佛教研究之立場與方法以及西方研究中國近代佛教的新動態後，主張此領域研究的範式必須轉型，並強調「闡明近代佛教知識史的形成與建構」這種「元史學」立場的重要性（參見導論）。

關於東亞儒學、漢學這塊研究領域的開拓，從當代臺灣學者黃俊傑、高明士、蔡振豐、徐興慶、李明輝、林月惠、張崑將等的東亞文明與東亞儒學團隊工作中，已可以找到很多足跡。中國大陸在這塊研究領域的代表則有陳來、吳震、韓東育等。至於如何打通此領域與東亞哲學、臺灣哲學研究之間的關係，則成為本人今後的研究課題。

本書的附錄是本人透過閱讀張文環從日治時代到戰後臺灣的文學作品，萃取出關於臺灣人的生存、命運、生存環境之概念，並將此三者與九鬼周造、田邊元的偶然哲學連結在一起來達到文學哲學化之目標的嘗試。偶然概念與臺灣人的生存、命運、生存環境，無疑是密不可分也須進一步深入挖掘的議題。臺灣文學的誕生與發展早於臺灣哲學，[4] 從早期的明清古典文學開始，歷經日治期殖民文學（新文學）、白話文的新舊文學論戰到臺灣鄉土話文論戰等，逐漸在新舊、自他之間的辯證關係中走出一條新道路。洪耀勳在一篇短文〈創造臺人言語也算是一大使命〉（《臺灣新民報》，第400號，1932年1月30日）談論臺灣人及其語言，在《臺灣文藝》的〈悲劇的哲學：齊克果與尼采〉（1935）與〈藝術與哲學：特別是與其歷史性社會的關係〉（1936）談論西方哲學與臺灣人的實存及文學理論的建構，這些都說明了臺灣哲學與文學之間的密切關聯。[5] 在臺灣主體性的建構中文學必不會缺席。

關於上述臺灣人的實存、語言、文學或亦哲學之發展，本人想舉

---

[4]　臺灣早期的哲學、思想論述，雖已可從李春生（1838-1924）著作中窺見，但真正的發展還必須等待林茂生、廖文奎（1905-1952）、洪耀勳等接受學院派哲學訓練的新一世代哲學家的出現。

[5]　近來林巾力在中研院人文社會科學研究中心主辦的《洪耀勳文獻選輯》書評會（2020年11月27日）中便強調了洪耀勳哲學和臺灣文學關係的重要性（參見林巾力〈密涅瓦的貓頭鷹在殖民地文學的黃昏裡飛起：洪耀勳及其文學論述〉，《政治與社會哲學評論》，第73期，2020年，頁221-234）。參與此書評會的還有黃雅嫻、鄭會穎、黃柏誠，三人分別從法國哲學、分析哲學、德國觀念論的角度來討論洪耀勳哲學的當代意義。

出法國統治時期的越南情況來進行對照。越南法治時期最重要的綜合雜誌《南風雜誌》（1917年7月-1934年12月）使用漢語、越南語、法語三種語言發行。其中越南語的創造，便是殖民期越南人最大的課題。從漢語、喃字、法語轉化過來的新越南語，恰好顯示出越南人的實存、語言、文學、哲學等發展的最重要命脈。法國哲學在越南被接受的情況，亦可在此雜誌中窺見。笛卡兒的《談談方法》（*Discours de la méthode*, 1637）成為越南人在教育、處世與思考自身及世界的哲學方法。柏格森的〈法國哲學概觀〉（1915）亦成為越南人理解「什麼是哲學」的入門教材。這些材料分別由范瓊（1892-1945）與楊伯濯（1884-1944）譯成越南語及漢語。笛卡兒的《談談方法》可說是連接中國、日本、臺灣、越南接受法國哲學脈絡的重要哲學書之一。臺灣方面，比如田邊元的學生、臺灣大學哲學系已故教授黃金穗翻譯的《方法導論》（臺北：協志工業叢書，1959年）便是一個重要線索。[6]

　　當然，在上述臺灣文學的發展脈絡中，不可忽視的是左翼文學的出現。典型的作家比如楊逵，他便是從馬克思主義立場出發，以臺灣國族主義、社會主義、反帝國主義、反資本主義、反封建主義的姿態書寫文學作品，並展開自己的社會運動。若要理解楊逵背後的馬克思主義或共產主義思想在東亞的接受與發展，除了研究福本和夫（1894-1983）外，亦可閱讀河上肇（1879-1946）或三木清、戶坂潤等京都學派左派哲學家之著作。這些解讀工作可讓我們在一定程度上掌握到左翼文學與哲學之間的關聯。戶坂潤的《日本意識型態論》（1935）可說是一個方便的切入點。

　　臺灣哲學的輪廓在本書的內容中以「歐陸哲學─日本哲學─臺灣

6　參見廖欽彬〈殖民時期越南的思想狀況及其哲學的接納：以《南風雜誌》爲中心〉，《哲學與現代》，第36號，2021年2月，頁157-189。臺灣的越南研究可參考蔣爲文、張學謙、羅景文等人的著作，在此不一一詳舉。關於柏格森在中國、日本、臺灣被接受的情況之比較，亦是一個極爲重要的東亞哲學研究課題。

哲學」的脈絡呈現，試圖以從「存在與認識」到「生存與實踐」的哲學轉捩點為基礎，進一步探討「人的生存」及其與「生存環境」之間的關係，藉以闡明「臺灣人」與「臺灣時空」甚至「東亞人」與「東亞時空」之間的特殊性與普遍性關聯。

　　為了持續形構這種臺灣哲學乃至東亞哲學的面貌，本人除了挖深與拓展上述內容的關聯部分外，目前正將研究目光轉向中國大陸。時處半殖民狀態、內憂外患不斷的中國大陸，有為數不少的留學生或流亡思想家到日本去吸取西方文明（韓國、臺灣、越南的情況亦是如此）。其中最代表的人物莫過於梁啟超。以和本人目前最有關係的廣州中山大學哲學系，便有一位名叫馬采（1904-1999）的哲學家。馬采為中國近現代美學家、美術史家，直接向深田康算（1878-1928）、植田壽藏（1886-1973）、西田幾多郎與田邊元等人學習西方美學、哲學或藝術哲學。1931年自京都帝國大學畢業後，轉往東京帝國大學學習，師從瀧精一（1873-1945）。1933年回國後，於廣州中山大學哲學系任教，1952年因全國院系調整，曾在北京大學哲學系執教，1960年，因廣州中山大學復辦哲學系才得以返回執教，晚年於廣州度過。[7] 馬采的美學思想雖成形於西方與日本哲學的土壤之中，卻又牽連出美學思想在東亞世界的糾纏與曖昧關係。移情（Einfühlung）恰好成為這個關係鏈的重要哲學、美學之概念。

　　另外，和馬采一樣在京都帝國大學哲學科受教於西田幾多郎、田邊元的，還有中國近代革命家、馬克思主義哲學家彭康（1901-1968）。彭康於1924年和同為創造社的同人李初梨（1900-1994）、馮乃超（1901-1983，曾任廣州中山大學副校長）一起進入京大哲學科就讀。在學期間認為西田、田邊的哲學課過於抽象，充滿觀念論色彩，傾向唯

7　參見徐文俊〈馬采先生及其學術貢獻〉，馬采著、徐文俊編《馬采文集》，廣州：中山大學出版社，2020年。

物論哲學，逐漸走向社會主義與共產主義，參加河上肇、三木清等左派哲學家的講座及讀書會。彭康在修完大學課程後，未完成畢業論文，於1927年11月回上海參加革命活動。1930年被逮捕入獄，1937年獲得釋放出獄後，參與共產黨的各種革命活動。1952年任交通大學校長。1956年將交大遷到西安，成立西安交通大學。1968年死於文化大革命。[8]

　　彭康於1929年出版譯著《費爾巴哈論》（上海南強書局出版，當時署名為彭嘉生）。他在此書「譯者後記」中，簡要地介紹了此譯書使用德文版本（董克耳編註，Hermaun Duncker）及參考英譯版本（奧斯汀・劉易斯譯，Austin Lewis）與日譯版本（佐野文夫譯），並說明此書是傳達馬克思主義哲學之精要的最重要書籍之一。[9]此說明所勾勒出來的「黑格爾—費爾巴哈—馬克思」這條哲學發展脈絡，和臺灣哲學的形成與發展脈絡有個看似異趣卻有同旨之妙的關係。在同樣是關乎「人的生存」及「人的生存環境」的實存維度上來看，這兩條脈絡並沒有太大的差異，但在社會實踐的層面上來看，日治期的臺灣哲學還缺乏改革的動力。以上述哲學史與比較哲學角度來看，從觀念論到實踐（革命）論、唯心論到唯物論的發展，並未真正在臺灣哲學家的論著當中，而是在文學家的作品當中生根，耐人尋味。

　　這條「歐洲—日本—中國大陸」的知識脈絡顯然和本書的脈絡不同，因此呈現出的東亞哲學面貌也會出現許多差異。類似的情況在韓國（朝鮮）亦有不同的開展，其所呈現的東亞哲學面貌也會有所不同。至於在串連這些論述的同時如何形構一個東亞哲學的面貌以及從比較哲學視野中所建構的臺灣哲學形象，則成為本人一生的研究課題。今後本人

8　彭康年譜，參見《彭康文集（下卷）》，上海：上海交通大學出版社，2018年，頁498-530）。根據《京都帝國大學一覽　自大正十三至大正十四年》（頁416-418），彭康於大正13年（1924年）入學，當時名字為彭堅，李初梨、馮乃超與他同期。馬采於昭和2年（1927年）入學，當時名字為馬貴臣（參見《京都帝國大學一覽・昭和四年》，頁410）。

9　參見《彭康文集（上卷）》，上海：上海交通大學出版社，2018年，頁133-135。

希望能持續以「生存與生存環境」這個普遍的哲學視角，來進行此課題的研究。相信這種臺灣哲學的研究，無論在東亞的歷史脈絡或超歷史的哲學議題脈絡中，都能挑起標誌性的旗幟。這也是實存概念在東亞的行跡中所標示出的跨時代意義。

2021年5月11日

廖欽彬

於廣州中山大學錫昌堂

參考文獻

專　書

《日本的哲學》，東京：岩波書店，1969年

《哲學・思想事典》，東京：岩波書店，1998年

《哲學事典》，東京：平凡社，1971年

《彭康文集》編輯委員會編：《彭康文集》，上、下卷，上海：上海交
　　通大學出版社，2018年

貝爾克：《風土的日本》，東京：筑摩書房，1992年

九鬼周造：《九鬼周造全集》，第2、3卷、別卷，東京：岩波書店，
　　1980年

三木清：《三木清全集》，第3、6、10卷，東京：岩波書店，1984、
　　1985年

三木清：《三木清全集》，第7卷，東京：岩波書店，1967年

三木清：《唯物史觀與現代的意識》，東京：岩波書店，1928年

三木清：《歷史哲學》，東京：岩波書店，1932年

大竹晉：《超越大乘非佛說：大乘佛教為了什麼而存在？》，東京：國
　　書刊行會，2018年

大野育子：《日治時期佛教菁英的崛起：以曹洞宗駒澤大學臺灣留學生
　　為中心》，2009年，淡江大學歷史系碩士論文

子安宣邦：《閱讀和辻倫理學：另一個「近代的超克」》，東京：青土
　　社，2010年

小林敏明：《「主體」的去向：日本近代思想史的一個視角》，東
　　京：講談社，2010年

小濱善信：《九鬼周造的哲學：漂泊的靈魂》，京都：昭和堂，2006年

山內舜雄：《續道元禪的近代化過程：忽滑谷快天的禪學及其思想「駒澤大學百年史」》，東京：慶友社，2009年

井上哲次郎、蟹江義丸編：《日本倫理彙編》，卷一，東京：育成會，1901年

井上哲次郎：《井上哲次郎自傳》，東京；冨山房，1973年

井上哲次郎：《釋迦牟尼傳》，東京：文明堂，1902年

井上圓了：《妖怪學講義錄・總論》，蔡元培譯，香港：香港中和出版，2015年

木村英一：《孔子與論語》，東京：創文社，1971年

加地伸行編：《白川靜的世界》III，思想・歷史，東京：平凡社，2010年

末木文美士：《作為思想的近代佛教》，東京：中央公論社，2017年

田邊元：《田邊元全集》，第3、4、5、6、7、9、10、13、15卷，東京：筑摩書房，1963-1964年

田邊元：《作為懺悔道的哲學》，藤田正勝編，東京：岩波書店，2010年

白川靜：《孔子傳》，吳守剛譯，北京：人民出版社，2014年

白川靜：《孔子傳》，東京：中央公論社，1972年

白川靜：《文字遊心》，東京：平凡社，1990年

立花俊道：《原始佛教與禪宗》，東京：更生社書房，1926年

伊藤益：《愛與死的哲學：田邊元》，東京：北樹出版，2005年

合田正人：《田邊元與海德格：被封印的哲學》，京都：PHP新書，2013年

江燦騰：《東亞現代批判禪學思想四百年（第二卷）：從當代臺灣本土觀察視野的研究開展及其綜合性解脫》，新竹：元華文創，2021年

江燦騰：《臺灣佛教史》，臺北：五南圖書出版，2009年

西田幾多郎：《西田幾多郎全集》，第15卷，東京：岩波書店，1979年

西田幾多郎：《西田幾多郎全集》（新版），第4、5、7卷，東京：岩波書店，2002年

西田幾多郎：《西田幾多郎全集》，第9卷，東京：岩波書店，1978年

西谷啟治：《西谷啟治著作集》，第8卷，東京：創文社，1986年

余安邦編：《人文臨床與倫理療癒》，臺北：五南圖書出版，2017年

坂部惠等編：《九鬼周造的世界》，京都：密涅瓦書房，2002年

杉本耕一：《西田哲學與歷史的世界》，京都：京都大學學術出版
　　會，2013年

李光來：《韓國的西洋思想接受史：以實現哲學管弦樂團為目標》，高
　　坂史朗、柳生真譯，東京：御茶水書房，2010年

李明輝：《儒學與現代意識　增訂版》，臺北：臺灣大學出版中心，
　　2016年

李歐塔：《後現代狀況》，島子譯，湖南：湖南美術出版社，1996年

村上專精：《大乘佛說論批判》，東京：光融館，1903

村上專精：《佛教統一論第一編・大綱論》，東京：金港堂書籍，1901年

村上專精：《佛教統一論第三編・佛陀論》，東京：金港堂書籍，1905年

赤沼智善：《阿含的佛教》，京都：丁子屋書店，1921年

京都帝國大學編：《京都帝國大學一覽（自大正十三至大正十四
　　年）》

京都帝國大學編：《京都帝國大學一覽・昭和四年》

和辻哲郎：《孔子》，東京：岩波書店，1938年

和辻哲郎：《作為人間之學的倫理學》，東京：岩波書店，1934年

和辻哲郎：《和辻哲郎全集》，第6、8-13、20卷，東京：岩波書店，
　　1962-1963年

和辻哲郎：《風土：人間學的考察》，東京：岩波書店，1935年

和辻哲郎：《風土》，陳力衛譯，北京：商務印書館，2006年

和辻哲郎：《倫理學》，上、中、下，東京：岩波書店，1937-1949年

和辻哲郎：《原始佛教的實踐哲學》，東京：岩波書店，1927年

和辻哲郎：《原始基督教的文化史意義》，東京：岩波書店，1926年

姉崎正治：《佛教聖典史論》，東京：經世書院，1899年

姉崎正治：《現身佛與法身佛》，東京：文榮閣，1925年

忽滑谷快天：《禪學批判論》，東京：鴻盟社，1905年

林義正等編：《曾天從教授百歲冥誕紀念集》，臺北：富春文化事
　　業，2011年

林維杰編：《近代東西思想交流中的西學東漸》，臺北：中央研究院中
　　國文哲研究所，2016年

武內義雄：《中國思想史》，東京：岩波書店，1936年

武內義雄：《支那學研究法》，東京：岩波書店，1949年（《武內義雄
　　全集》，第9卷，東京：角川書店，1979年）

武內義雄：《論語》，東京：岩波書店，1933年

武內義雄：《論語之研究》，東京：岩波書店，1939年

武內義雄：《儒教的精神》，東京：岩波書店，1939年

苅部直：《光的領國：和辻哲郎》，東京：創文社，1995年

金谷治：《論語》，東京：岩波書店，2001年

長谷川宏：《黑格爾《精神現象學》入門》，東京：講談社，1999年

柄谷行人：《世界史的結構》，東京：岩波書店，2010年

洪子偉、鄧敦民編：《啟蒙與反叛：臺灣哲學的百年浪潮》，臺北：臺
　　灣大學出版中心，2019年

洪子偉編：《存在交涉：日治時期的臺灣哲學》，臺北：中央研究院・
　　聯經出版，2016年

洪耀勳：《實存哲學論評》，臺北：水牛出版社，1970年

洪耀勳：《實存哲學論評》，臺北：水牛出版社，1989年

海德格：《存在論：實際性的解釋學》，何衛平譯，北京：商務印書
　　館，2016年

海德格：《康德與形而上學疑難》，王慶節譯，上海：上海譯文出版
　　社，2011年

狹間直樹編：《梁啟超：西洋近代思想接受與明治日本》，東京：美鈴
　　書房，1999年

馬克斯・舍勒：《人在宇宙中的地位》，李伯杰譯，劉小楓校譯，貴
　　州：貴州人民出版社，2015年

馬采著、徐文俊編：《馬采文集》，廣州：中山大學出版社，2020年

高坂正顯：《高坂正顯著作集》，第1卷，東京：理想社，1964年

高坂正顯：《康德》，東京：弘文堂，1939年

高坂正顯：《康德解釋的問題》，東京：弘文堂，1939年

高坂正顯：《歷史的世界》，東京：弘文堂，1937年

高坂正顯：《歷史的世界》，長谷正當解說，京都：燈影社，2002年

高坂節三：《注視昭和宿命的眼：父親高坂正顯與兄長高坂正堯》，京
　　都：PHP新書，2000年

務臺理作：《務臺理作著作集》，第2、9卷，東京：拳書房，2002年

務臺理作：《黑格爾的研究》，東京：弘文堂，1935年

康德：《純粹理性批判》，藍公武譯，北京：商務印書館，1997年

康德：《康德著作集》，第12卷，東京：岩波書店，1926年

張士傑：《學術思潮與日本近代倫語學》，北京：北京語言大學出版
　　社，2015年

張文環：《張文環全集》，第4卷，臺中：臺中縣立文化中心，2002年

張文環：《滾地郎》，廖清秀譯，臺北：鴻儒堂，1976年

張深切：《張深切全集》，陳芳明等編，第1、2、3、5卷，臺北：文經
　　社，1998年

張曉生編：《經學史研究的回顧與展望：林慶彰教授榮退紀念論文
　　集》，臺北：萬卷樓圖書，2019年

笛卡兒：《方法導論》，黃金穗譯，臺北：協志工業叢書，1959年

郭沫若：《十批判書》，重慶：群益出版社，1945年

野內良三：《活出偶然的思想：「日本的情」與「西洋的理」》，東
　　京：日本放送出版協會，2008年

陳芳明：《臺灣新文學史 上》，臺北：聯經出版，2011年

富永仲基、山片蟠桃：《富永仲基　山片蟠桃》，水田紀久等校注，東
　　京：岩波書店，1973年

曾天從：《真理理念論：純粹現實學序說》，東京：理想社，1937年

曾景來：《臺灣宗教與迷信陋習》，臺北：臺灣宗教研究會，1938年

黑格爾：《黑格爾著作集3：精神現象學》，先剛譯，北京：人民出版社，2015年

黑格爾：《精神現象學》，賀麟、王玖興譯，上卷，北京：商務印書館，2015年，第12刷

楊杏庭：《歷史週期法則論》，東京：弘文堂，1961年

楊儒賓：《儒家身體觀》，臺北：中央研究院中國文哲研究所，1996年

溝口雄三：《作為方法的中國》，東京：東京大學出版會，1989年

鈴木成高：《蘭克與世界史學》，東京：弘文堂，1939年

實存思想協會編：《作為可能性的實存思想》，實存思想論集ＸＸ，東京：理想社，2006年

廖欽彬：《近代日本哲學中的田邊元哲學：比較哲學與跨文化哲學的視點》，北京商務印書館，2019年

廖欽彬編校、張政遠審訂、林暉鈞翻譯：《洪耀勳文獻選輯》，臺北：臺灣大學出版中心，2019年

廖欽彬編譯：《日本哲學與跨文化哲學》，廣州：中山大學出版社，2020年9月

熊偉：《自由的真諦》，北京：中央編譯出版社，1997年

臺北帝國大學研究通訊編輯小組編輯：《Academia：臺北帝國大學研究通訊》，臺北：南天書局，1996年

臺灣現當代作家研究資料彙編：《張文環》，臺南：臺灣文學館，2011年

劉萍：《《論語》與近代日本》，北京：中國青年出版社，2015年

劉萍：《津田左右吉研究》，北京：中華書局，2004年

蔡振豐、林永強、張政遠編：《東亞傳統與現代哲學中的自我與個人》，東亞文明研究叢書100，臺北：臺灣大學出版中心，2015年

蔡振豐、林永強編：《日本倫理觀與傳統儒學》，東亞儒學研究叢書22，臺灣大學出版中心，2017年

鄧敦民、洪子偉主編：《啟蒙與反叛：臺灣哲學的百年浪潮》，臺北臺灣大學出版中心，2019年

嶺秀樹：《西田哲學與田邊哲學的對決》，京都：密涅瓦書房，2012年

嶺秀樹：《海德格與日本的哲學：和辻哲郎、九鬼周造、田邊元》，京都：密涅瓦書房，2002年

簡素琤：《日治時期啟蒙思想的五個面向：臺灣殖民地現代性的建立與張深切思想的指標性意義》，新北：花木蘭文化出版社，2013年

蟹江義丸：《孔子研究》，東京：金港堂，1904年

關口すみ子：《國民道德與男女差別（gender）》，東京：東京大出版會，2007年

龔雋、陳繼東：《作為「知識」的近代中國佛學史論：在東亞視域內的知識史論述》，北京商務印書館，2019年

期刊、報紙

大橋良介：〈海德格是誰？〉，《Heidegger-Forum》，第3號，2009年

小倉雅紀：〈洌巖・朴鍾鴻的「韓國哲學」之創造〉，《東海大學紀要・外國語教育中心》，第19輯，1998年

川谷茂樹：〈關於和辻哲郎《風土》中的他者理解：「旅行者」這一視角〉，《北海學園大學學園論集》，第127號，2006年

太田裕信：〈瞬間與歷史：西田幾多郎的時間論・永恆的現在的自我限定〉，《日本的哲學》，第12號，2011年

古川雄嗣：〈透過偶然性來克服偶然性：九鬼周造對虛無主義的克服〉（《京都大學大學院教育學研究科紀要》，第54號，2008年

冰見潔：〈應現存在與方便存在：田邊哲學的國家觀所提示的東西〉，《人間存在論》，第9號，2003年

石神豐：〈西田幾多郎的黑格爾：追究到昭和六年的描述〉，《言語文化研究》，第4號，1985年

宇井伯壽：〈出現在阿含的佛陀觀〉，《思想》，第60號，東京：岩波
　　書店，1926年

江燦騰：〈日據時期臺灣新佛教運動的先驅：「臺灣佛教馬丁路德」林
　　德林的個案研究〉，《中華佛學學報》，第15期，2002年

吳鵬：〈武內義雄的中國思想史學〉，《文化環境研究》，第3號，
　　2009年

志野好伸：〈存在搭橋：曾天從與洪耀勳的真理觀〉《臺灣東亞文明研
　　究學刊》，第15卷第1期，2018年

貝爾克：京都大學大學院文學研究科『自然這種文化』座談會演
　　講稿，「全球化時代的多元性人文學的據點形成」http://www.
　　hmn.bun.kyotou.ac.jp/sympo02-02/keynote.html。（Last modified：
　　2003/7/8）

和辻哲郎：〈風土〉，《思想》，第83號，東京：岩波書店，1929年

林巾力：〈自我、他者、共同體：論洪耀勳〈風土文化觀〉〉，《臺灣
　　文學研究》，創刊號，2007年

林巾力：〈密涅瓦的貓頭鷹在殖民地文學的黃昏裡飛起：洪耀勳及其文
　　學論述〉，《政治與社會哲學評論》，第73期，2020年

武內義雄：〈《論語》原始〉，支那學社編《支那學》，京都：弘文
　　堂，1929年

城塚登：〈人學的可能性：關於三木清的「人學」〉，《日本的哲
　　學》，東京：岩波書店，1969年

洪子偉：〈臺灣哲學盜火者：洪耀勳的本土哲學建構與戰後貢獻〉，
　　《臺大文史哲學報》，第81號，2014年

宮野真生子：〈個體性與邂逅的倫理：從田邊元・九鬼周造往復書信來
　　考察〉，《倫理學年報》，第55集，2006年

畠中和生：〈舍勒的海德格批判：關於情緒的實在性問題〉，《廣島大
　　學大學院教育學研究科紀要》，第2部第56號，2010年

荒木正見：〈黑格爾《精神現象學》中的場所性萌芽：和西田幾多郎的比較〉，《黑格爾哲學研究》，第8號，2002年

務臺理作：〈黑格爾精神現象學與客觀的精神〉，《臺北帝國大學文政學部哲學科研究年報》，第1輯，1934年

許雪姬：〈1937至1947年在北京的臺灣人〉，《長庚人文社會學報》，第1卷第1期，2008年

鹿島徹：〈楊杏庭的「歷史週期法則論」〉，《早稻田大學大學院文學研究科紀要》，第64號，2109年

奧谷浩一：〈舍勒的哲學人學與海德格的對決〉，《札幌學院大學人文學會紀要》，第86號，2009年

曾景來：〈佛陀的成道怎麼樣？〉，《南瀛佛教》，第8卷第3號，1930年

曾景來：〈阿含的佛陀觀（二）〉，《南瀛佛教》，第5卷第7號，1927年

曾景來：〈阿含的佛陀觀（八）、（九）、（十）〉，《南瀛佛教》，第7卷第1-3號，1929年

曾景來：〈阿含的佛陀觀（三）〉，《南瀛佛教》，第6卷第1號，1927年

曾景來：〈阿含的佛陀觀（四）、（五）、（六）、（七）〉，《南瀛佛教》，第6卷第2-6號，1928年

曾景來：〈阿含經〉，《南瀛佛教》，第5卷第6號，1927年

曾景來：〈從道德到宗教（一）、（二）、（三）〉，《中道》，第58-60號，1928年

曾景來：〈善惡根源之研究（一）、（二）〉，《南瀛佛教會會報》，第4卷第5-6號，1926年

曾景來：〈善惡根源之研究（三）、（完）〉，《南瀛佛教》，第5卷3-4號，1927年

曾景來：〈對宗教之管見〉，《中道》，第47號，1927年

湯淺弘：〈和辻哲郎《風土》的諸問題〉，《川村學園女子大學研究紀要》，第14卷第2號，2003年

楊海文：〈「莊生傳顏氏之儒」：莊生傳顏氏之儒或「莊子即儒家」〉，《文史哲》，2017年第2期

靳希平：〈海德格研究在中國〉，《世界哲學》，2009年第4期

廖欽彬：〈「日本哲學與臺灣哲學」專號引言〉，《臺灣東亞文明研究學刊》，第15卷第1期，2018年

廖欽彬：〈井上圓了與蔡元培的妖怪學：近代中日的啟蒙與反啟蒙〉，《中山大學學報》，2017年第2期

廖欽彬：〈田邊元的宗教哲學與禪的近代化：和西田與大拙的華嚴哲學比較〉，《求真》，第25號，2020年

廖欽彬：〈田邊元的國家論〉，《求真》，第17號，2010年

廖欽彬：〈京都學派與木村敏的臨床哲學：與臺灣哲學諮商的比較〉，《臨床哲學：東亞哲學會議專號》，第20號，2019年

廖欽彬：〈京都學派與虛無主義：以阿部正雄為中心〉，《現代哲學》，2021年第4期

廖欽彬：〈兩個關於世界史的哲學論述：京都學派與柄谷行人〉，《現代哲學》，2016年第3期

廖欽彬：〈宗教實踐與「偶然」：以後期田邊哲學為中心〉，《比較思想研究》，第37號，2010年

廖欽彬：〈後期田邊哲學的偶然性問題：以《作為懺悔道的哲學》為中心〉，《哲學‧思想論叢》，第29號，2011年

廖欽彬：〈殖民時期越南的思想狀況及其哲學的接納：以《南風雜誌》為中心〉，《哲學與現代》，第36號，2021年

廖欽彬：〈戰後京都學派的歷史哲學與「近代超克」：以田邊元與大島康正為中心〉，《臺灣東亞文明研究學刊》，第8卷第1期，2011年

歐素瑛：〈臺灣西洋哲學教育的引介者 洪耀勳〉，《教育愛 臺灣教育人物誌III》，臺北：國立教育資料館，2006年

嶺秀樹：〈日本接受海德格的一個側面：以西田的海德格批判為線索〉，《日本的哲學》，昭和堂，2015年

簡素琤：〈日治時期臺灣文人的文化調和觀：從傳統文人到新式知識份子張深切〉，《中央大學人文學報》，第32期，2007年

鎌田學：〈和辻哲郎與風土性的問題〉，《弘前學院大學文學部紀要》，第39號，2003年

藤田正勝：〈「種的邏輯」是如何成立的？：前往田邊哲學成立的道路〉，《思想》，第1093號，2015年

藤田正勝：〈和辻哲郎「風土」論的可能性與問題性〉，《日本哲學史研究》，第1號，2003年

龔雋：〈鈴木大拙與近代東亞大乘觀念的確立：從英譯《大乘起信論》（1900年）到《大乘佛教綱要》（1907年）〉，《臺大佛學研究》，第23期，2012年

後　記

　　本書收錄的九篇文章，分別由以下十篇文章的修改、增補而成，內容為求一個整體的連貫性有些許更動，不盡相同，現按年代順序揭示如下：

1. 〈和辻哲郎的風土論：兼論洪耀勳與貝爾克的風土觀〉，《華梵人文學報》，第14期，2010年6月，頁63-94

2. 〈試論倫理學與宗教實踐：和辻哲郎倫理學的「人間」與慈濟宗的「慈濟人間」〉，《慈濟大學人文社會科學學刊》，第11期，2011年6月，頁236-258

3. 〈東亞偶然論的諸相：從九鬼周造、田邊元到張文環〉，林永強、張政遠編《東亞視野下的日本哲學：傳統、現代與轉化》，臺北：臺灣大學出版中心，2013年12月，頁73-98

4. 〈東亞脈絡下的實存哲學發展：日本哲學與洪耀勳之間〉，蔡振豐、林永強、張政遠編《東亞傳統與現代哲學中的自我與個人》，臺北：臺灣大學出版中心，2015年12月，頁231-259

5. 〈洪耀勳的真理論〉，洪子偉編《存在交涉：日治時期的臺灣哲學》，臺北：中央研究院　聯經出版，2016年2月，頁119-139

6. 〈探析近現代日本中作為方法的《論語》研究：從武內義雄、和辻哲郎到白川靜〉，《孔子研究》，2017年第6期，頁50-57

7. 〈務臺理作與洪耀勳的思想關連：「辯證法實存」概念的探索〉，《國立臺灣大學哲學評論》，第55期，2018年3月，頁1-32

8. 〈海德格哲學在東亞的接受與轉化：從田邊元與洪耀勳談起〉，《臺灣東亞文明研究學刊》，第15卷第1期，2018年6月，頁49-84

9. 〈楊杏庭與京都學派的歷史哲學：臺灣歷史哲學初探〉，《思想》，第39號，2020年1月，頁297-362
10. 〈曾景來的宗教哲學：其佛陀觀與近代日本佛教研究的關聯〉，《法鼓佛學學報》，第27期，2020年12月，頁33-66

　　本書內容並非單篇、散亂的論文之集結，而是本人一直想為「東亞哲學」與「臺灣哲學」這兩個議題提供方向的整體成果。本人從事本書內容的撰寫工作，前後超過十年光陰，在經過從對臺灣思想界的無知，到挖掘、認識、研究、推廣的過程後，對「臺灣哲學究竟是什麼？」的問題，又開始產生疑惑、迷惘。理由就在於其本身的動態性發展。這一動態則又取決於形塑它的時空條件。東亞地區的近代化歷程，乃是東西方文化交匯、碰撞的顯露。這一顯現，必不會凝固成一個永恆不變的形象。該如何思考「東亞哲學」與「臺灣哲學」的問題，亦不能離開這種文化的連動。

　　如本書導論所示，「東亞哲學」乃至「臺灣哲學」的運動，不僅因哲學對自身的反思、批判精神具有超越、普遍的精神，還因與造就其動態發展的異文化、風土之間的關聯，而具有時空、特殊的精神。今日對臺灣哲學、日本哲學，甚至歐陸哲學的探究，亦無法離開東西方以及東亞地區的文化連動。這也是本人在本書建構臺灣哲學的某種形象後，又對「臺灣哲學究竟是什麼？」的問題產生疑惑、迷惘的緣由。因為這必須要有更廣泛的視域、更多的人文社會學研究者，甚至是跨領域研究者參與其中，才能找到尋求答案的出口，而不是停留在對命題提出反命題的回應。

　　本人原本計畫將日治時期臺灣醫療（精神分析）、藝術（戲劇、繪畫、雕刻）與哲學之間的關聯，納入本書內容，藉以呼應本書附錄嘗試探索能提供形塑臺灣哲學之資源的思路，但由於各種因緣的尚未具足與到來，只能暫且休筆，等待下一個時機成熟的機會。藉由本書的出版，期待能拋磚引玉、吸引更多學者來參與哲學、思想的對話以及跨文

化、跨領域的討論。

　　本書因新冠疫情延宕出版等種種不預期事件，幾經波折後，在政治大學華人主體性研究中心主任林遠澤教授的幫助下，得以用「華人思維模式研究群」書系的方式問世。本人首先要感謝中央研究院歐美研究所的洪子偉教授，若沒有他大力推動臺灣哲學的研究，此書將不可能成形。接著，要感謝政治大學哲學系退休的林鎮國教授，若沒有他的精神指導與學術建議，本人也不會有繼續走下去的勇氣。此外，還要感謝林遠澤教授，若沒有他的賞識與魄力，此書將石沉大海、不見天日。最後，本人想藉此向支持本人完成、出版此書的所有臺灣、香港、日本、中國、韓國、越南的師友致上最高的謝意，並感謝陪伴本人在新冠風暴的恐懼當下完成此書的家人。

2020年5月6日
2021年7月23日修訂

廖欽彬
於日本京都、中國廣州

人名索引

事項索引

二十五畫

華人文化主體性研究叢書 A2004

4B0P

戰前臺灣哲學諸相：實存的行旅

作　　　者 —— 廖欽彬

發 行 人 —— 楊榮川

總 經 理 —— 楊士清

總 編 輯 —— 楊秀麗

主　　　編 —— 蔡宗沂

校　　　對 —— 瞿正瀛、張邁譽

封 面 設 計 —— 談明軒

出 版 者 —— 五南圖書出版股份有限公司

地　　　址 —— 台北市大安區 106 和平東路二段 339 號 4 樓

電　　　話 —— 02-27055066（代表號）

傳　　　眞 —— 02-27066100

劃 撥 帳 號 —— 01068953

戶　　　名 —— 五南圖書出版股份有限公司

網　　　址 —— https://www.wunan.com.tw

電 子 郵 件 —— wunan@wunan.com.tw

法 律 顧 問 —— 林勝安律師事務所　林勝安律師

出 版 日 期 —— 2022 年 6 月初版一刷

定　　　價 —— 380 元

GPN　1011100609

國家圖書館出版品預行編目資料

戰前臺灣哲學諸相：實存的行旅 / 廖欽彬著. -- 初版 -- 臺北市：
　五南圖書出版股份有限公司，2022.06
　　面；公分
　ISBN 978-626-317-673-7（平裝）

　1.CST: 哲學　2.CST: 臺灣

128　　　　　　　　　　　　　　　　　　　　　　111002508